PRESS

C. A. PRESS

EL CARTEL

Sylvia Longmire fue agente de las Fuerzas Armadas de Estados Unidos y Agente Especial con la Oficina de Investigaciones Especiales de las Fuerzas Armadas, donde se especializó en contrainteligencia, contraespionaje y análisis de la fuerza de protección. Luego de jubilarse por razones de salud en el 2005, la Sra. Longmire trabajó durante cuatro años como Analista Superior de Inteligencia para el Centro de Evaluación de Amenaza de Terrorismo del Estado de California, donde brindaba a funcionarios superiores del gobierno estatal información diaria sobre el balance de la situación de la violencia al suroeste de la frontera y sobre eventos importantes relacionados a la guerra contra la droga en México. Ella recibió su Maestría en Estudios Latinoamericanos y Caribeños de la Universidad del Sur de California, con especialidad en las revoluciones cubana y guatemalteca. Es columnista galardonada de la revista *Homeland Security Today*, y colaboró con regularidad con los productores de la serie "Border Wars" del National Geographic Channel. Estaciones de televisión nacionales, internacionales y locales de cadenas como Fox News, CNN, MSNBC, PBS, BBC News, CBC y Al Jazeera-English entrevistan con regularidad a la Sra. Longmire debido a su conocimiento y pericia sobre los temas de la violencia fronteriza. Su primer libro, *Cartel: The Coming Invasion of Mexico's Drug Wars*, fue publicado en septiembre del 2011, y ha escrito para numerosas revistas y publicaciones en línea arbitradas. Actualmente, la Sra. Longmire es consultora y escritora por cuenta propia, y funge como testigo de experiencia en casos federales de inmigración.

EL
CARTEL

LA INMINENTE INVASIÓN DE LA
GUERRA DE LA DROGA DE MÉXICO

SYLVIA LONGMIRE

PRESS

C. A. PRESS
Penguin Group (USA)

C. A. PRESS

Published by the Penguin Group
Penguin Group (USA) Inc., 375 Hudson Street, New York, New York 10014, U.S.A.
Penguin Group (Canada), 90 Eglinton Avenue East, Suite 700, Toronto, Ontario,
Canada M4P 2Y3 (a division of Pearson Penguin Canada Inc.)
Penguin Books Ltd, 80 Strand, London WC2R 0RL, England
Penguin Ireland, 25 St Stephen's Green, Dublin 2, Ireland
(a division of Penguin Books Ltd)
Penguin Group (Australia), 707 Collins Street, Melbourne, Victoria 3008, Australia
(a division of Pearson Australia Group Pty Ltd)
Penguin Books India Pvt Ltd, 11 Community Centre, Panchsheel Park,
New Delhi – 110 017, India
Penguin Group (NZ), 67 Apollo Drive, Rosedale, Auckland 0632, New Zealand
(a division of Pearson New Zealand Ltd)
Penguin Books, Rosebank Office Park, 181 Jan Smuts Avenue,
Parktown North 2193, South Africa
Penguin China, B7 Jaiming Center, 27 East Third Ring Road North,
Chaoyang District, Beijing 100020, China

Penguin Books Ltd, Registered Offices:
80 Strand, London WC2R 0RL, England

This Spanish-language edition first published by C.A. Press, a member of Penguin Group (USA) Inc. 2012
Published by arrangement with St. Martin's Press, Inc.

10   9   8   7   6   5   4   3   2   1

Translation by Omar Amador

ISBN 978-0-14-242457-5

Printed in the United States of America

ALWAYS LEARNING   PEARSON

Este libro está dedicado al pueblo mexicano, cuyo espíritu y amor por su país le ayudará a superar cualquier conflicto o tragedia que le suceda.

CONTENIDO

NOTA DE LA AUTORA

Los hechos que se describen en este libro son verídicos. No obstante, se han cambiado algunos nombres y detalles para proteger la privacidad y la seguridad de personas reales. En algunas situaciones, se describen las realidades de las guerras de la droga, pero se presentan como situaciones hipotéticas en las que se utilizan personajes imaginarios.

LISTA DE SIGLAS
Y ABREVIATURAS

AFO   Organización Arellano Félix
AMOC   Centro de Operaciones Aéreas y Marítimas
ATF   Oficina de Alcohol, Tabaco, Armas de Fuego y Explosivos
BLO   Organización Beltrán Leyva
CBP   Oficina de Aduanas y Protección Fronteriza de Estados
           Unidos
DEA   Dirección de Control de Drogas de Estados Unidos
DHS   Departamento de Seguridad Nacional de Estados Unidos
DoD   Departamento de Defensa de Estados Unidos
EPIC   Centro de Inteligencia de El Paso
FBI   Buró Federal de Investigación
FFL   Licencia Federal para Armas de Fuego
GAO   Contraloría General de Estados Unidos
HIDTA   Área de gran intensidad de narcotráfico
ICE   Servicio de Inmigración y Control de Aduanas de Estados
           Unidos
LFM   La Familia Michoacana
NDIC   Centro Nacional de Información sobre Drogas
NICS   Sistema Nacional de Verificación Instantánea
NRA   Asociación Nacional del Rifle
NVG   Gafas de visión nocturna
ONDCP   Oficina de Política Nacional de Control de Narcóticos
POE   Puerto de entrada
USBP   Patrulla Fronteriza de Estados Unidos
USDOJ   Departamento de Justicia de Estados Unidos
VCFO   Organización Vicente Carrillo Fuentes

AGRADECIMIENTOS

Aunque llevo varios años escribiendo sobre México, la idea de consolidar mi trabajo en un libro no me había pasado por la mente hasta principios de 2010. En marzo de ese año, me contactó el escritor/director/productor Don Sikorski, que me quería hacer algunas preguntas acerca de la pandilla callejera Barrio Azteca para un reportaje que estaba preparando para el programa de televisión *60 Minutos*. Cuando le dije lo que sabía sobre ese tema, me preguntó si alguna vez se me había ocurrido presentar mi trabajo en forma de proyecto para televisión o de libro. Le dije que no, pero que la idea me parecía interesante. Le agradezco a Don por haberme indicado un camino que en realidad no pensaba recorrer, pero que ahora me alegro de haberlo explorado.

Desde que me comprometí a escribir este libro, empecé a hacer muchas investigaciones sobre el engorroso proceso de publicación. Afortunadamente, esto me llevó a conocer a mi agente, Diane Stockwell, de Globo Libros. Agradezco muchísimo su entusiasmo por este proyecto y sus comentarios sobre este trabajo me han sido invalorables. Gracias a sus tenaces esfuerzos, también pude ponerme en contacto con mi editora en Palgrave Macmillan, Luba Ostashevsky, y su asistente, Laura Lancaster. Su experta orientación me ayudó a hacer la transición de analista y bloguera a toda una autora de libros. También me siento eternamente agradecida a mi publicista, Siobhan Paganelli, y a mi gerente de marketing, Christine Catarino, por ayudarme a coordinar mis comparecencias ante los medios, en charlas y en entrevistas.

Ya que hablo de mi transición como escritora, me resultó interesante hacer el cambio de redactar informes analíticos para la Fuerza Aérea y el gobierno estatal de California a escribir para un público general. Barnard Thompson, de MexiData.com, me dio la oportunidad de empezar a hacer ese tipo de trabajo para su sitio web, y las ideas que me dio para escribir artículos me ayudaron a explorar aspectos de la guerra contra la droga que tal vez nunca hubiera descubierto por mi propia cuenta. Asimismo, me siento eternamente agradecida a David Silverberg, editor de la revista *Homeland Security Today*. Asumió un gran riesgo al decidir publicar como artículo de portada en su número de diciembre de 2009 el primer artículo periodístico que escribí en mi vida. Esto ha dado como resultado una magnífica y duradera relación profesional.

En los últimos años he descubierto que la comunidad de personas que siguen con regularidad los sucesos de la guerra mexicana contra la droga es muy pequeña, tanto desde el punto de vista personal como profesional. Entre estas personas, que han tenido la amabilidad de ayudarme ofreciendo ideas y opiniones, escribiendo notas de apoyo, o simplemente dándome inspiración para escribir este libro, se incluyen el Dr. George Grayson de la Universidad de William y Mary, Fred Burton de Stratfor, el autor y periodista Samuel Logan, el Teniente John P. Sullivan, Paul Hagerty, Dane Schiller, Nick Valencia, Leo Miele, Garrett Olson, Molly Molloy, Tony Kail, Gerardo Carrillo, el Mayor General (retirado) Jim Dozier y Tom Boerman.

Hay decenas de analistas que están librando una buena batalla por la seguridad de la frontera y que merecen mi mayor respeto. Trabajamos muchísimo juntos, unidos en la distancia y mediante teleconferencias, para dilucidar las amenazas que se ciernen sobre nuestros estados de la frontera del suroeste. Agradezco especialmente a mis "compañeros de travesuras" Tom Carroll (editor y mentor extraordinario), James Parker, Tony Frangipane, Juanita Guy y Lora Mae Stewart. También expreso mis agradecimientos a funcionarios como Terry Goddard, ex Fiscal General de Arizona, por encontrar tiempo en sus apretados calendarios para ayudarme con la verificación de datos y proporcionarme un contexto general sobre el problema del tráfico de armas hacia el sur.

Hay miles de agentes, inspectores, policías y ayudantes de alguaciles que arriesgan sus vidas cada día en sus esfuerzos por impedir que las drogas entren en nuestro país y que las armas y el dinero en efectivo no salgan. He tenido la suerte de conocer a muchas de estas personas que trabajan en la frontera del suroeste y siento un enorme respeto y agradecimiento por la labor que realizan y los peligros que a menudo enfrentan. Algunos tuvieron además la gentileza de contarme algunos de sus "relatos de guerra" para incluirlos en este libro. Les agradezco su servicio y su contribución a la seguridad de la frontera a pesar de los desafíos, frustraciones y obstáculos que a veces parecen insuperables.

Mi entrada en la blogosfera empezó como un trabajo colateral: una forma de escribir sobre otros sucesos de la guerra contra la droga que no estuvieran relacionados con California. Desde que empecé mi blog en marzo de 2009, mi número de lectores ha ido aumentando paulatinamente y gracias a ello he establecido excelentes contactos. También he acumulado un número considerable de seguidores en Twitter y Facebook, y a cada rato me siento humildemente halagada al ver que personas a quienes nunca he conocido siguen con regularidad lo que escribo. Debo dar un especial agradecimiento a los lectores y seguidores de mi blog, cuyos comentarios han contribuido al establecimiento de debates civilizados e interesantes y me han ayudado a ampliar mis horizontes analíticos.

El hecho de escribir con regularidad sobre la guerra mexicana contra la droga puede resultar bastante deprimente. Por fortuna, mi vida cotidiana no tiene nada que ver con las drogas y las armas ilícitas. Tengo que dar crédito a las personas que me rodean por ayudarme a mantener la cordura y recordarme que hay cosas más importantes y enaltecedoras que el trabajo. Gracias a Warren, Adrianne, Sarah y Ally por su apoyo, y por siempre estar dispuestos a ayudarme cuando lo necesité. Si alguna vez me invitan al programa *The Daily Show*, me aseguraré de conseguirles asientos en primera fila y la oportunidad de estrechar la mano a Jon Stewart. A mis amigas de Metro-East MAM, ¡ustedes son el más increíble grupo de mujeres que existe! Su fuerza, humor y espíritu me hacen sentir sumamente bendecida por tenerlas en mi vida. A Erin y Alana, aunque están a muchas millas, siempre sé que basta con llamarlos, mandarles un mensaje de texto o comunicarme con ustedes por Skype para recibir sus consejos, opiniones, amistad y cariño.

El mayor y más entusiasta agradecimiento se lo envío a mi esposo y mis hijos; sin su amor y su apoyo, nunca hubiera llegado a escribir este libro. También me siento eternamente agradecida a todos mis familiares —la familia inmediata, la extendida y la familia de mi esposo. No es fácil tratar de hallar el equilibrio adecuado entre ser autora, consultora, esposa y madre. Gracias a ellos, he tenido la oportunidad de llevar este importante mensaje a todo el país. También he conseguido mantenerme con los pies sobre la tierra y (relativamente) mantener la humildad durante este proceso. Para ellos no es tan importante lo que yo sepa sobre los carteles mexicanos, ni cuántas veces salgo en la radio ni en la televisión. Lo único que quieren es que su Mami les siga preparando sus comidas favoritas, los despida cuando se van a la escuela o al trabajo y los arrope antes de dormir. Por último, pero no por ello menos importante tengo que agradecer a mis padres por ser mis mayores promotores y por haber leído cada una de las palabras que he escrito en mi vida.

INTRODUCCIÓN

E ra uno de esos días de finales de año en el sur de California, en que puede haber 27°C en el alto altiplano desértico durante el día y bajar rápidamente a los 15°C o incluso a los 10°C después que se pone el sol, que de hecho se estaba poniendo más temprano cada día que pasaba. El agente Mike Miller, de la Patrulla Fronteriza de Estados Unidos, se encontraba en el turno de tarde, y era muy fácil que cayera en esa trampa del cambio de temperatura, pues únicamente llevaba puesto su uniforme de campaña, con solo una camisa de mangas cortas y tal vez un chaleco, que le servía de capa extra de protección. En el carro solía llevar una chaqueta ligera, colocada encima del asiento del pasajero —allí mismo estaba cuando la necesitó más tarde esa noche. Su única arma era la pistola que estaba autorizado a llevar, una Beretta de calibre .40 a la que los agentes habían puesto con desdén el mote de "misil Tomahawk", porque consideraban que esa pistola era más útil como objeto para lanzar como proyectil que como arma de fuego. En esa época, el arsenal de la estación tenía escopetas y fusiles M-16, pero muy pocos agentes los llevaban. El propio peso de la escopeta la convertía en un lastre si el agente tenía que correr detrás de un sospechoso o caminar un largo trecho, y a los superiores de la estación no les entusiasmaba la idea de enviar al terreno a agentes jóvenes armados con un M-16 completamente automático.

La zona donde patrullaba Miller era el típico altiplano desértico de la frontera entre California y México. Los achaparrados robles venenosos y los retorcidos arbustos rojizos de manzanita eran lo único que se destacaba entre la rala vegetación típica, y a los grupos de migrantes y mulas de la droga les parecían buenos lugares para parar en su camino mientras contorneaban los pequeños cañones, arroyos y surcos creados por la lluvia que conducían hasta la carretera rural más abajo. Desde el punto de vista táctico, los malos tenían la ventaja de la altura en la mayor parte del tramo que patrullaba este agente. El área estaba apenas recuperándose de un inmenso incendio que la había arrasado el año anterior hasta dejar las rocas tiznadas de negro, en contraste con el caliche rojo, y dejando solo en pie los arbustos y malezas más resistentes. Ante este paisaje tan agreste, Miller no podía evitar recordar las imágenes que en su niñez le habían sugerido los cuentos de H. G. Wells, que leía en la tenebrosa comodidad de una tenue bombilla dentro del clóset de su hermana mayor.

Lo bueno que tenía la destrucción ocasionada por el fuego era que, tanto al norte como al sur, se había eliminado gran parte de la vegetación que antes los adversarios usaban para protegerse y esconderse. Miller permaneció en la zona de una colina alta, que se podía identificar por el demarcador numerado de la frontera que había en su cima. Aunque el demarcador estaba claramente situado a cincuenta yardas de la cara norte de la colina, los exploradores de los contrabandistas acostumbraban a colocarse entre los peñascos del montículo. Desde allí podían observar la actividad de la Patrulla Fronteriza en la zona, guiar a grupos al norte de la carretera por rutas en las que creían que podrían evitar los sensores de los patrulleros y comunicarse con los vehículos que pasaban por la carretera mientras esperaban para recoger a inmigrantes ilegales o narcóticos.

No había ningún camino trazado hasta la cima de la colina, por lo que era preciso ser muy silencioso y furtivo para acercarse a los contrabandistas sin ser detectado por estos, además de estar en muy buena forma para poder escalar alturas de cientos de pies a través de un terreno rocoso a tres mil pies de elevación. Cuando Miller entró en la Academia de la Patrulla Fronteriza, era un ávido surfista, ciclista de montaña y jugador de raquetbol y, cuando salió, estaba aun en mejor forma gracias al entrenamiento de la academia. Pero esto no impidió que una señora cincuentona de Oaxaca lo dejara completamente atrás en una persecución a pie cuando atrapó al primer grupo de inmigrantes ilegales durante su entrenamiento.

Volvamos a la colina. Lo bueno que tenía era que estaba situada en tal forma que, si se acercaba por el oeste, después de rebasar varias curvas, podía pegarse contra el borde de la carretera fronteriza, que había sido excavado en la propia base de la ladera. Si aparcaba allí, podía conseguir que su vehículo no fuera detectado por nadie desde la cima, con lo que podía ascender por la ladera oeste y llegar hasta la parte más alta o sorprender a cualquiera que se encontrara allí. Aquel día, Miller había llegado temprano, había terminado su labor de buscar huellas de pasos o de vehículos y había acabado de dejar unas buenas huellas con sus neumáticos antes de que se pusiera el sol. Otra ventaja del incendio de maleza era el hecho de que grandes tramos de terreno abierto cubiertos de ceniza y de arcilla quemada y pulverizada facilitaban la tarea de buscar señales o hacer seguimiento, justo después del fuego. Desafortunadamente, cuando muchas personas han pasado por una zona así, toda el área se satura de huellas, con lo que los patrulleros no pueden llevarse una buena idea del tipo de huella que están siguiendo cuando empiezan su labor. Por esto es que hay que procurar dejar nuevas huellas de neumáticos en la carretera.

Miller lo había hecho a lo largo de toda su ruta de patrullaje y tenía planes de tomar por asalto la colina en la noche, con la intención de usar sus gafas de visión nocturna para detectar grupos o vehículos de recogida que podrían estar reuniéndose al sur de donde se encontraba. En este punto, los senderos creados por los camiones y camionetas de transportar contrabando seguían un sinuoso contorno junto a la maleza y los arroyos del lado de México y no se detenían en la solitaria cerca de alambre de púas que tantas veces había sido cortada y vuelta a atar con cordeles.

Miller se entretuvo un rato conversando con otro agente que operaba una mira infrarroja al este de su posición y, cuando ya estaba bien oscuro, volvió a dirigirse hacia la colina, procurando no ser visto. En aquel momento, conducir con los faros apagados era una práctica común y algunos de los vehículos tenían interruptores generales instalados especialmente para apagar cualquier tipo de luz. Debido a los golpes y abolladuras que recibían los vehículos, alguien de la dirección había decidido que esa práctica no era conveniente, pero los agentes siempre se las arreglaban para sortear los obstáculos. Cuando Miller apenas se estaba situando en posición, recibió del despacho la notificación de que se había activado un sensor. Se dio cuenta de que este se encontraba aproximadamente a una cuarta parte del camino por la ladera oriental de su colina, justo en un punto común de cruce.

La adrenalina le hizo efecto de inmediato. Miller avisó al despacho de la Patrulla Fronteriza de que había recibido la notificación del sensor y esperó unos minutos para asegurarse de que el grupo pasara al norte de la carretera. Estaba claro que lo sentirían acercarse, así que no tenía sentido apagar los faros. Pero, si salía muy rápido, los ilegales simplemente volverían corriendo al otro lado de la frontera y se pasarían la noche jugando al gato y el ratón. En cambio, si los dejaba llegar un poco más al norte, los guías se separarían de los demás al oírlo venir. Probablemente atraparía al grupo escondiéndose tras los matorrales cercanos y luego los contrabandistas y Miller podrían intercambiar lindas frases sobre sus madres desde sus respectivos lados de la frontera.

Miller salió con los faros encendidos y fue rodando lentamente hasta el lado este de la colina, haciendo como que estaba examinando rutinariamente la carretera en busca de huellas. Se imaginó que varios ojos lo vigilaban desde la cima de la colina y que había muchos movimientos furtivos y advertencias transmitidas por radios baratos. Casi que esperaba ver la retaguardia de un grupo que cruzaba de un lado al otro de la carretera al rebasar una curva o mantas cuadradas abandonadas en rápidas huidas del camino al verlo aproximarse, pero no encontró nada de esto. De pronto sintió paranoia y pisó el acelerador para colocar el vehículo en ángulo hacia la derecha, un tanto cuesta arriba, de modo que pudiera iluminar la cerca. Sintió alivio al constatar que aún estaba intacta y que su errada estrategia de "respuesta retardada" no había contribuido a que algún vehículo cruzara al otro lado de la cerca.

Miller volvió a poner en posición su Ford Bronco, tomó su linterna y salió de un salto para examinar el entorno. Los seres humanos no eran las únicas criaturas que solían cruzar a un lado y otro de la frontera. Los coyotes, linces, liebres, pumas y venados también acostumbraban a pasar sin importarles un bledo la seguridad de la frontera ni el valioso tiempo de este agente. Estaba medio decidido a descartar el alerta del sensor como actividad de animales, y no había logrado nada al revelar su ubicación. Pero esa hipótesis se desvaneció con rapidez cuando Miller subió la cuesta a pie y casi inmediatamente detectó huellas nuevas en la suave tierra en dirección norte por la ladera, hacia la carretera fronteriza.

La adrenalina hizo que se le erizaran los vellos de los brazos y de pronto se percató por primera vez de lo fresco que estaba el aire de la noche. Sabía que las huellas no estaban allí cuando había cruzado la carretera desde el otro lado de la colina, por lo que consideró que la gente debía estar cerca y decidió no volver a su camioneta para buscar la chaqueta. Miller empezó a seguir las huellas, sin tener en cuenta nada más que la emoción de la persecución y la repentina satisfacción de que su jugada parecía haber salido bien. Pero había algo que la inquietaba, algo que en los primeros minutos no pudo definir bien, hasta que al fin cayó en la cuenta: las huellas que seguía, que parecían ser como de cuatro personas, eran todas de botas como las suyas.

Los inmigrantes ilegales casi nunca llevan botas de campaña; ni siquiera las llevan las mulas de la droga. Aquel trazo en ángulos, con su claro diseño en forma de trébol en toda la suela, significaba que algo andaba mal. ¿Se había tropezado con un grupo de agentes de operaciones especiales que estaban haciendo una operación muy discreta, o quizás eran cadetes de la marina que realizaban un entrenamiento? No parecía probable, pero era posible. Entonces, casi a punto de llegar a la carretera, a unas cincuenta yardas al norte de la frontera, las huellas daban un giro y se dirigían hacia el sur. Las siguió hasta la cerca fronteriza, donde se veía que cruzaban hacia México, casi en el mismo punto desde donde claramente habían enfilado hacia el norte.

Miller se imaginó que, fuese quien fuese, lo habían visto venir y habían cambiado de parecer. Supuso que probablemente se habían escondido entre la maleza, y en ese momento deseó haber traído consigo sus gafas de visión nocturna cuando salió de la camioneta. Como ya se le había pasado el efecto de la adrenalina, también empezó a desear haber traído su chaqueta. Pero ya se encontraba junto a la cerca, por lo que alumbró con su linterna hacia la izquierda para luego abandonar el lugar. Fue entonces que los vio.

Al principio vio a seis personas, agachadas, inmóviles. Estaban de espaldas a él y sus chaquetas negras ocultaban el resto de sus vestimentas y de su apariencia. Es común usar chaquetas negras, por lo que Miller no vio nada extraño en esto y empezó a llamarlos en un intento de hacer que el líder que guiaba al grupo le hablara. Había sostenido muchas conversaciones con este tipo de líderes en circunstancias similares. Tratan de convencer a los agentes de que los dejen pasar y les preguntan a qué hora piensan irse. Entonces los agentes les preguntan a qué hora piensan cruzar y les dicen que, si quieren, pueden cruzar en ese mismo momento, aunque siempre rechazan cortésmente esa oferta. Puede hasta resultar muy entretenido cuando los agentes se topan con un guía de buen sentido del humor a quien le gusta bromear de forma respetuosa. Además, así los agentes tienen la ventaja de ya saber quién es el guía si más adelante atrapan al grupo.

Miller interpeló al grupo, que no se encontraba a más de veinte pies de él. Se identificó y les explicó que no tenía intenciones de seguirlos hasta el otro lado de la cerca de alambre de púas y que solo quería hablar un momento con el guía. Después de varios intentos de entablar contacto, notó que dos de los sujetos giraban las cabezas para hablar entre sí. También se dio cuenta de que llevaban pasamontañas que les cubrían toda la cabeza, salvo los ojos. Entonces Miller vio claramente la boca del cañón de una ametralladora que el individuo de la derecha llevaba colgada del cuello y lo que parecía ser la culata de otro fusil que sobresalía contra la chaqueta del sujeto de la izquierda. De pronto se sintió muy solo y superado en poder de fuego. Empezó a retroceder hacia un grupo de rocas y a revisar toda el área con su linterna.

A la izquierda del primer grupo de hombres, Miller vio entonces a otros doce, todos vestidos de negro y agachados en la maleza. Algunos empezaron a moverse cuando les daba la luz de la linterna y Miller vio que todos estaban fuertemente armados con fusiles automáticos. También se percató de que en el suelo había varios petates de color negro, aunque probablemente los hombres armados los habían colocado en una forma específica para disimularlos. Los petates estaban repletos y tenían una silueta cuadrada, como Miller había visto anteriormente en numerosos sucesos de contrabando de narcóticos. Pero esta vez estaba solo y estaba convencido de que se había acabado de meter en una situación muy mala.

Miller decidió seguir tratando de hablar con algún líder del grupo, a fin de hacerlos relajarse, a pesar de su rudimentario conocimiento del español, y de convencerlos de que él no representaba una amenaza inmediata. Consideró que tratar de comunicarse por radio en ese momento podría incitarlos a proceder de una manera no deseada, y quería mantener la situación en calma y aumentar sus probabilidades de sobrevivir. Miller preguntó si los hombres eran soldados mexicanos y les pidió hablar con su comandante para intercambiar información. Después de un rato que le pareció una eternidad, uno de ellos se puso de pie, declaró que el grupo era del ejército mexicano y se identificó como capitán. Para Miller, esto era un avance, aunque el hombre estuviera mintiendo y en realidad fuera miembro de un cartel. Le explicó que todas aquellas armas pesadas le producían nerviosismo y le pidió al hombre que se quitara la máscara, dejara su arma y se aproximara a la cerca. El hombre accedió y se le acercó más; así Miller no tenía que gritarle desde su posición semiprotegida, que no tenía intenciones de abandonar.

Miller le preguntó al "capitán" qué estaba haciendo el grupo y le dijo que tal vez tuviera cierta información que podría ser de ayuda para sus patrullas. El hombre, de más de treinta años, bien rasurado y con el porte de una persona que manda, le explicó que eran un grupo especial del ejército asignado a las operaciones antinarcóticos. Después de esta somera identificación, empezó inmediatamente a hacerle preguntas a Miller en tono informal sobre las operaciones de la Patrulla Fronteriza en el área —específicamente, la distancia que había del lugar donde se encontraban hasta la carretera, cuánto tiempo tomaba el recorrido y otras indagaciones que eran evidentemente intentos de obtener información de inteligencia. En su mayor parte, Miller se hizo el tonto, le dijo que era más nuevo en su trabajo de lo que realmente era y le explicó que se estaba familiarizando con el área cuando notó unas pisadas. El capitán se disculpó y le respondió que ellos también eran nuevos en el área y que no se habían dado cuenta de que la cerca de alambre de púas representaba la frontera entre los dos países hasta que varios de sus hombres y él habían llegado a lo que evidentemente era la carretera fronteriza.

Después de unos minutos de "intercambio internacional", Miller ya se aprestaba a regresar a su camión y alejarse de allí cuando se le fue un poco la mano al preguntar por qué llevaban tanto equipo, en referencia a los petates. El capitán vaciló un instante y miró fijamente a Miller como si de repente no lo entendiera, pero luego desestimó la pregunta, respondiéndole que siempre llevaban mucho equipo. Se despidieron y Miller trató de no caminar demasiado rápido hacia su vehículo, pero no le fue fácil. Recuerda haber sentido un nudo en el pecho, como si fuera una indigestión, cuando arrancó el camión y un calor como de sarpullido que le recorrió el cuerpo cuando tuvo que hacer un giro de dos puntos en el que la parte trasera de su Ford Bronco quedó frente a los narcotraficantes. Dos o tres de ellos habrían podido alcanzarlo corriendo en cuestión de segundos y acribillar su vehículo a balazos.

Desde aquel entonces, Miller ha oído muchas otras historias sobre encuentros con supuestos efectivos armados del ejército mexicano (o muy buenos imitadores), relacionados a menudo con sucesos de contrabando de narcóticos. Aún se considera afortunado de haber sobrevivido al encuentro y da gracias a Dios por la oportunidad de aprender de esa experiencia. Este incidente tuvo lugar hace 11 años y, hoy por hoy, la frontera es más peligrosa que nunca.[1]

En la guerra mexicano-norteamericana a mediados del siglo XIX, casi 1.200 estadounidenses murieron en acción. En 1941, casi 2.900 personas resultaron muertas en el ataque contra Pearl Harbor. El 11 de septiembre, casi 3.000 personas murieron en los ataques terroristas contra el Centro Mundial del Comercio y en el vuelo 93 de United Airlines. Todos esos ataques contra la soberanía y la seguridad de Estados Unidos dieron lugar a una respuesta rápida y aplastante.

Entre diciembre de 2006 y abril de 2012, más de 53.000 personas han resultado muertas en asesinatos relacionados con las drogas en México, y aproximadamente 17.000 estadounidenses mueren cada año por el uso de estupefacientes, la mayoría de los cuales son introducidos en Estados Unidos por los carteles mexicanos. Le están vendiendo veneno a los norteamericanos, están tomando su dinero, comprando armas y secuestrando a sus ciudadanos —todo esto en suelo estadounidense y, a menudo, en el propio corazón del país, lejos de la frontera. La guerra de la droga ya ha llegado oficialmente a suelo estadounidense, pero parecería que nadie se ha dado cuenta.

Los norteamericanos que leen sobre sucesos de actualidad y asuntos internacionales suelen hacerlo por interés profesional o por curiosidad personal. La mayoría de los ciudadanos estadounidenses no se sienten afectados en absoluto por las escaramuzas fronterizas en Cachemira, las incursiones de grupos terroristas de Colombia en Venezuela, ni las disputas territoriales en lugares tales como Osetia y Abjasia. Además, en el caso de las personas que viven en Montana, o Kentucky o Rhode Island, es posible que les importe muy poco la guerra de la droga en México. Seguramente la violencia registrada en la zona de la frontera del suroeste ocupa un lugar muy bajo en su lista de preocupaciones prioritarias.

Cuando el lector termine de leer este libro, comprenderá claramente lo que significa para los estadounidenses la guerra mexicana de la droga. ¿Por qué? Porque, independientemente de en qué parte de Estados Unidos viva, lo más probable es que esta guerra ya haya llegado a su ciudad, su pueblo y quizás a su propio barrio. Esta situación merece que nos pongamos las pilas cuanto antes.

El narcotráfico mexicano ha infectado a Estados Unidos. En 2009, más del 8,7 por ciento de los estadounidenses de más de 12 años de edad habían usado algún tipo de droga ilícita. Más del 18 por ciento de los estadounidenses entre los 18 y los 25 años de edad habían usado marihuana en ese mismo año. A pesar de los mejores esfuerzos de los gobiernos y los padres por educar a adultos y a niños sobre los peligros del uso de drogas ilícitas, en 2008 casi tres millones de estadounidenses probaron por primera vez un estupefaciente ilegal, o un medicamento por receta con un fin no médico. Esta cifra representa más de 8.000 nuevos usuarios por día. La marihuana es la droga preferida para los que se inician; 2,4 millones de personas la probaron por primera vez en 2009.[2]

Las drogas ilícitas tienen varias formas de llegar de México a Estados Unidos. Los narcotraficantes utilizan compartimentos ocultos en carros y camiones para traerlas de un lado al otro de la frontera por los puestos de control, y también hay personas que se dedican a traerlas a pie sobre sus espaldas por áreas remotas ubicadas a medio camino entre los cruces fronterizos oficiales. Con menos frecuencia, los contrabandistas utilizan lanchas rápidas, narcosubmarinos, trenes de carga e incluso aviones ultraligeros. Una de sus proezas más creativas es la construcción de túneles bajo la frontera —corredores subterráneos de contrabando de drogas que a menudo cubren una distancia equivalente a un campo de fútbol entre México y Estados Unidos. A veces estos túneles tienen incluso paredes y pisos de concreto, luz fluorescente y aire acondicionado. Las drogas ilegales entran en Estados Unidos literalmente bajo nuestros pies y, a menudo, nadie puede detectarlas siquiera.

Una vez que las drogas ilícitas entran aquí desde México, se hacen llegar a cada ciudad, pueblo y aldea gracias a la inmensa red de carreteras de Estados Unidos. Las ciudades principales, como Houston, Denver, Atlanta, Nueva York, Detroit y Miami, sirven como centros de distribución desde donde las drogas llegan a otros lugares. Los carteles mexicanos tienen presencia física en más de 1.000 ciudades y pueblos de Estados Unidos, desde el estado de Washington hasta la Florida y desde California hasta Maine.

Lo que es peor, algunas drogas ni siquiera hay que traerlas desde México porque se producen aquí mismo. En decenas de estados del país se pueden encontrar grandes cultivos de marihuana, que son fuertemente protegidos por individuos peligrosos que portan armas potentes contra cualquier despistado que se tropiece con uno de esos cultivos. La metanfetamina, la segunda droga más común objeto de contrabando por los carteles mexicanos, también se produce en Estados Unidos. En cada estado hay un laboratorio de metanfetamina y, en muchos casos, estos son controlados por los carteles mexicanos. De hecho, uno de los laboratorios de metanfetamina más grandes que hayan sido descubiertos por las autoridades estadounidenses se encontraban las cercanías de Atlanta, que no es exactamente una ciudad fronteriza. En 2004, Iowa —no hay lugar más intrínsecamente norteamericano que este— fue considerada "capital mundial de la metanfetamina".

Los gobiernos de México y Estados Unidos están tratando de combatir los efectos de la violencia de la droga en sus países respectivos a través de diversas agencias y estrategias. El gobierno mexicano recurrió al uso de su ejército en 2006 porque ya no podía confiar más en sus fuerzas policiales plagadas de corrupción. También se está valiendo en mayor grado de sus organismos federales de cumplimiento de la ley, cuyos agentes suelen estar mejor entrenados y mejor pagados que los policías locales y, por lo tanto, son levemente menos vulnerables a la intimidación y el soborno. El gobierno de Estados Unidos se vale de diversas agencias federales, estatales y locales de cumplimiento de la ley en las zonas fronterizas para interceptar los cargamentos de drogas que se dirigen al norte e impedir el flujo de armas y dinero hacia el sur.

Si hay una constante en el negocio de la droga, es el cambio. Los carteles mexicanos son administrados como corporaciones que buscan ganancias, por lo que, cuando hay un movimiento en el mercado, ellos también cambian. Con el paso de los años, han demostrado una increíble capacidad de ajustarse tanto a los gustos cambiantes de los consumidores de drogas como a las iniciativas cada vez más numerosas de parte de las autoridades. Por ejemplo, en los años 80 la cocaína era muy popular, y muy cara. Los grandes cárteles colombianos que suministraban esa cocaína fueron desapareciendo, como también lo fue la aceptación y el uso en general de este narcótico en Estados Unidos. Los carteles mexicanos sustituyeron a los colombianos en la distribución de la cocaína, pero ya había empezado a aumentar la demanda de marihuana y metanfetamina (ambas fáciles de producir en México). Son mucho más baratas y más fáciles de conseguir que la cocaína, por lo que los mexicanos aprovecharon estos cambios.

Hasta el día de hoy, los carteles se mantienen constantemente al tanto de la demanda de drogas en Estados Unidos a fin de mantener contento a su cliente principal. Cuando la pseudoefedrina (uno de los componentes principales de la metanfetamina) fue restringida por ley, empezaron a producir metanfetamina con otras sustancias químicas. Cuando la demanda de cocaína subía o bajaba, hacían los convenios correspondientes con sus proveedores sudamericanos para compensar inmediatamente ese efecto.

Los carteles mexicanos extraen miles de armas de fuego y miles de millones de dólares por concepto de ganancias de la droga de su anfitrión estadounidense y, con esos recursos, causan grandes estragos en pleno territorio mexicano y a lo largo de la frontera con Estados Unidos. En 2006, se pensaba que los carteles mexicanos y colombianos ganaban entre $8.000 millones y $35.000 millones anualmente por la venta de drogas a clientes estadounidenses. Para protegerse, sus miembros utilizan un método conocido como "compra por testaferro" que les permite adquirir armas de fuego legalmente en Estados Unidos y contrabandearlas ilegalmente a México. Allí, los ejecutores de los carteles las usan para asesinar a rivales, soplones, policías y políticos. Hay armas de fuego bastante conocidas por los estadounidenses que estén familiarizados con este tema —Berettas de 9mm, revólveres .38 Special y fusiles Bushmaster XM15— que son algunas de las preferidas por los carteles mexicanos. Estos se aprovechan de las leyes estadounidenses y compran este armamento en tiendas y en exposiciones de armas en estados de todo el país —no solamente en los cuatro estados fronterizos del suroeste. Los carteles también se valen de la intimidación, el soborno y los secuestros a ambos lados de la frontera para doblegar la voluntad de policías, funcionarios del gobierno y del público. Los secuestros, que antes afectaban casi exclusivamente a personas que de algún modo estuvieran involucradas en el comercio de la droga, ahora afectan cada vez más a personas inocentes. También están ocurriendo con mayor frecuencia en Estados Unidos, a veces en lugares muy distantes de la frontera.

A finales de marzo de 2010, un ranchero de toda la vida en Arizona —y ciudadano estadounidense— fue muerto a tiros en su propia finca por una persona no identificada. Las circunstancias del hecho dieron lugar a la especulación de que el asesino podría haber sido un inmigrante ilegal que se asustó o incluso un sicario profesional de un cartel con fines de represalia. Sea como fuere, el asesinato del ranchero sirvió de catalizador para intensificar el debate acerca de la inmigración ilegal y de si el "desbordamiento" de la violencia de la frontera es real o potencial. Los cuatro estados fronterizos han dejado claro que su tolerancia llegó a un límite y que era hora de que el gobierno empezara a prestar verdadera atención a la guerra de la droga que tiene en su propio umbral. Desde hace años, estos estados han pedido el despliegue a la frontera (en algunos casos, el redespliegue) de efectivos de la Guardia Nacional, pero esas peticiones han sido negadas categóricamente. Por último, a finales de mayo de 2010, el Presidente Obama decidió enviar a 1.200 efectivos de la Guardia Nacional a diversos lugares a lo largo de la frontera del suroeste y solicitar financiación adicional para las iniciativas de seguridad de la frontera.

Pero, ¿serán suficientes los esfuerzos del gobierno estadounidense, y del gobierno mexicano, para detener o, cuando menos, refrenar, el "virus" de los carteles que ha infectado al país? Después de todo, Estados Unidos representa un entorno muy cómodo para el narcotráfico: alta demanda de drogas, una red de transporte avanzada, varios lugares donde las drogas se pueden cultivar o producir, una frontera vulnerable en el suroeste y una población que, en su mayor parte, no está al tanto de la magnitud de esta infección.

EL
CARTEL

CAPITULO 1

LA GUERRA DENTRO DE MÉXICO

E l pueblito de La Tuna de Badiraguato, en las montañas de México, no tiene mucho de especial. Tiene 200 habitantes, es un sitio tranquilo con pocas perspectivas de futuro para quienes nacieron allí. Los campos de amapolas cubren la tierra hasta donde alcanza la vista. Es el tipo de lugar que los estadounidenses llamarían un pueblo de un sólo semáforo, y aun eso sería demasiado exagerado. Allí no existen servicios básicos que consideramos normales como el agua potable por tuberías y un sistema de alcantarillado, ni tampoco servicios públicos esenciales como hospitales y escuelas. Algunos maestros itinerantes son quienes enseñan a los niños hasta quizás los 12 años de edad. De allí en adelante, comienza una existencia de trabajo duro y escasas recompensas.[1]

En Badiraguato, las oportunidades de trabajo están probablemente relacionadas con el narcotráfico. La mayoría de los nacidos allí nunca se van. En vez de eso, laboran en los campos de amapolas a los pies de la Sierra Madre Occidental, a menudo hasta que envejecen, no pueden trabajar más y mueren. Así fue la triste vida en la que nació Joaquín Guzmán Loera. Sin embargo, era una vida que él no iba a tolerar durante mucho tiempo. Joaquín, conocido con el popular apodo sinaloense de "El Chapo", debido a que era bajito y regordete, vivió una infancia típica de La Tuna. Trabajaba noche y día en los campos de amapolas, su padre lo golpeaba con regularidad y no recibió ninguna educación que valiera la pena. Joaquín quería dejar atrás todo eso. Su salida de La Tuna hacia una vida de más posibilidades fue un regalo de su tío, Pedro Avilés Pérez. Por fortuna para Joaquín, su tío Pedro fue el pionero del narcotráfico mexicano.[2]

A los 20 años o poco más, Joaquín entró en el comercio de las drogas bajo la protección de ese experto traficante, en una parte de México conocida por su anarquía y violencia al estilo del Lejano Oeste. Comenzó como un narco más, trabajando junto a los hermanos que al cabo del tiempo formarían la organización Beltrán Leyva. Pero Joaquín era ambicioso en más de un aspecto. Estaba ansioso de demostrar a sus jefes lo que era capaz de hacer, tanto en el movimiento de la droga hacia el norte como en el castigo a los rivales y los incompetentes. Ascendió de rango rápidamente y muy pronto trabajaba directamente para Miguel Ángel Félix Gallardo, conocido como "El Padrino" debido a su papel como líder de las operaciones de narcotráfico en México.

A pesar de sus crecientes responsabilidades y riqueza, Joaquín llevaba una vida bastante tranquila. Se casó —dos veces— y tuvo hijos. Cuando no estaba trabajando, prefería pasar el tiempo con amigos y parientes. No pasó mucho tiempo antes de que su empeño y brutales prácticas de negocio le dieran buenos resultados. En 1987, Félix Gallardo dividió su imperio de narcotráfico y le entregó a Joaquín el control de la plaza Tecate, un corredor de tráfico de drogas. Por fin era jefe; jamás ha vuelto a mirar atrás.[3]

En los veintitrés años desde que El Chapo asumió el mando por primera vez, por así decirlo, se ha ganado una tremenda reputación en México. Está a cargo de la organización de narcotráfico más grande, rica y poderosa de México: la Federación de Sinaloa. Su imperio se extiende hasta Centro y Sudamérica, donde los contactos le suministran la cocaína que con tanta pericia lleva hacia Estados Unidos. En su estado natal de Sinaloa, supervisa amplias franjas de territorio donde se produce marihuana y heroína, en la Sierra Madre Occidental o sus cercanías, y también los "superlaboratorios" que producen enormes volúmenes de la tremendamente adictiva metanfetamina.

Sin proponérselo, El Chapo también se ha convertido en el rostro internacional del narcotráfico mexicano. En marzo de 2009, la revista *Forbes* lo situó en el lugar número 701 de su lista de los 1.000 multimillonarios más ricos del mundo.[4] Con posterioridad, ese mismo año, *Forbes* lo colocó en el puesto número 41 en su lista de las personas más poderosas del mundo.[5] El hecho de que se diera esta clase de publicidad a un delincuente y asesino profesional enfureció a mucha gente a ambos lados de la frontera entre Estados Unidos y México, pues sentían que ese tipo de reconocimiento debería reservarse para personas que hubiesen ganado su riqueza y poder por medios más legítimos.

A pesar de su éxito fenomenal en el mundo de la droga, en realidad El Chapo no busca estar en el ojo público, pues eso es malo para el negocio. Por lo general no exhibe los símbolos de estatus que disfrutan otros capos. Es un tipo "de vaqueros y gorra" a quien no le interesan los trajes caros ni las joyas llamativas. Por supuesto, se rodea de una fuerte protección con guardaespaldas armados y vehículos blindados y convoyes, y no para de moverse de un lado al otro. Con todo, teniendo en cuenta su estilo de vida estresante, el de un hombre que siempre está mirando por encima de su hombro (el más buscado de México, y por quien el gobierno de Estados Unidos ofrece una recompensa de $5 millones), El Chapo siempre se comporta de manera tranquila y controla sus emociones. Hace ya mucho que salió de La Tuna de Badiraguato y la única manera en que pudiera regresar allí sería en un ataúd.[6]

LA EVOLUCIÓN DE LAS ORGANIZACIONES DE NARCOTRÁFICO MEXICANAS

Cuando Félix Gallardo dividió su imperio de narcotráfico en pedazos más pequeños, tal vez no se imaginó la matanza que sobrevendría al paso de dos décadas. En aquellos tiempos, era la única figura importante en el narcotráfico mexicano, por lo que él era quien tomaba todas las decisiones. En realidad, había sido entrenado como agente de la policía federal y posteriormente fue guardaespaldas del gobernador de Sinaloa antes de entrar en el comercio de drogas ilícitas. Además de crear los cimientos de la Federación de El Chapo, Félix Gallardo asignó territorios a la familia Arellano Félix, la familia Carrillo Fuentes y Juan García Abrego. Estas familias quedaron a cargo, respectivamente, de lo que luego serían los poderosos carteles de Tijuana, Juárez y del Golfo. Con el paso de los años, la composición e influencia de los carteles principales en México fluctuaría, pero las organizaciones principales de Félix Gallardo persisten hasta el día de hoy.

Eso no quiere decir que ahora se llevan bien, como lo hacían a finales de los años 80. En aquel entonces, las cosas funcionaban de una manera distinta en el narcotráfico mexicano. Los capos de la droga podían reunirse y acordar repartirse las ganancias de la droga obtenidas en plazas que compartían. También podían establecer ceses del fuego si algún lugarteniente descarriado se extralimitaba. Los carteles principales se daban el lujo de operar en un país gobernado por un partido político que más o menos se conformaba con no cruzarse en el camino de los capos con tal de que hubiera una paz relativa. Así eran las cosas, hasta la inesperada muerte de Amado Carrillo Fuentes.

A finales de los años 90, Amado, conocido como "El Señor de los Cielos" por la flotilla de aviones que usaba para transportar drogas, era probablemente el hombre más poderoso del mundo mexicano de la droga. Era buscado tanto por las autoridades mexicanas como por las estadounidenses y pronto encontró que le resultaba extremadamente difícil viajar u operar con ningún grado de anonimato ni seguridad. Como hacen algunos capos, Amado decidió someterse a un drástico procedimiento de cirugía plástica para modificar radicalmente su apariencia. Durante la larga operación, Carrillo Fuentes murió debido a complicaciones relacionadas con los medicamentos o con el mal funcionamiento del respirador artificial. Dos de sus guardaespaldas se encontraban con él en el salón de operaciones y, hasta el día de hoy, abundan las teorías de conspiración en cuanto a si su muerte fue accidental o si fue perpetrada por el cirujano o por sus guardaespaldas.

Fuese como fuese, la ausencia de Carrillo Fuentes creó un inmenso vacío de poder en el mundo del narcotráfico mexicano y sus antiguos aliados y nuevos rivales estaban deseosos de llenar dicho vacío. Todo el mundo supuso que los hermanos rivales Arellano Félix serían los primeros en lanzarse al ruedo, en vista de que El Chapo (su principal competidor) se encontraba en esos momentos en una prisión mexicana de máxima seguridad. La situación en Ciudad Juárez se puso candente cuando empezó la lucha por el control del territorio, pero eso era solo un pequeño avance de lo que vendría después.

En 2001, El Chapo escapó de aquella "prisión mexicana de máxima seguridad" (concepto que para muchos es contradictorio). La versión oficial que dio el gobierno mexicano fue que El Chapo trabó amistad con un trabajador de mantenimiento de la prisión, llamado Javier Camberos.

El Chapo les dijo a los guardias (que también se convirtieron en asalariados suyos) que Camberos iba a sacar de la prisión un cargamento de oro en un carrito de ropa sucia y que no debían registrar el carrito. Pero, en la noche del 19 de enero de 2001, El Chapo se escondió en el carrito y Camberos lo sacó así de la prisión. La versión extraoficial según muchos mexicanos es que los mismos funcionarios de la prisión lo dejaron salir por sus propios pies. Nunca conoceremos la verdad porque las cintas de vigilancia correspondientes a esa noche fueron convenientemente borradas.[7]

Después que El Chapo volvió a entrar con todas sus fuerzas en el escenario de los narcos, empezó la verdadera pugna por el control de la lucrativa plaza de Juárez. De hecho, El Chapo estaba rodeado por sus rivales por ambas partes: la Organización Vicente Carrillo Fuentes (VCFO) y el Cartel del Golfo al este, y la Organización Arellano Félix (AFO) al oeste. Con el paso de los años, El Chapo y sus rivales fueron librando una batalla sangrienta, sin precedente en la historia de México, por controlar los territorios y los ingresos de la droga, que se iban haciendo cada vez menores.

Los carteles principales de México siguen evolucionando, en parte por razones propias y en parte debido a los arrestos o muertes de sus miembros a manos de las fuerzas del gobierno mexicano. Las alianzas que hace apenas unos años parecían indestructibles pueden disolverse como resultado de un solo incidente, sin importar si este es verídico o imaginado. Por otra parte, los carteles que durante años han sido rivales acérrimos pueden decidir unir fuerzas para combatir a algún enemigo mutuo, por lo general más poderoso que ellos. Por ejemplo, la organización Beltrán Leyva fue durante muchos años una parte importante de la Federación de Sinaloa, controlada por El Chapo. No obstante, la Organización Beltrán Leyva se separó de la Federación tras el arresto de su líder Alfredo Beltrán Leyva en una casa segura de Culiacán en enero de 2008. Los hermanos dijeron que El Chapo tenía la culpa del arresto de Alfredo, pues según ellos aquel les había dicho a las autoridades donde se encontraba este. En represalia, formaron su propia organización y se alinearon con el Cartel del Golfo. Su golpe de gracia fue el asesinato, unos meses después, de Édgar Guzmán López, el hijo de El Chapo.

Después de la división, la Organización Beltrán Leyva pasó a ser uno de los carteles más poderosos de México, capaz de contrabandear narcóticos, luchar contra sus rivales y demostrar que estaba dispuesto a mandar a asesinar a funcionarios de alto rango del gobierno. No obstante, esta organización sufrió un serio revés en diciembre de 2009 cuando Arturo Beltrán Leyva, el hermano de Alfredo y uno de los jefes principales del cartel, fue muerto en una redada por comandos de la marina mexicana. El gobierno mexicano afirma que determinó la ubicación de Arturo mediante el uso de buenos datos de inteligencia y de una labor policial diligente, pero hay muchos que creen que El Chapo les reveló su ubicación a los comandos para eliminar así a un competidor.

Héctor, el hermano de Arturo, fue la selección natural para llenar el vacío de poder que dejó Arturo. En 2010, la propia Organización Beltrán Leyva resultó dividida, entre la facción principal controlada por Héctor y la controlada por Edgar Valdez Villarreal, conocido como "La Barbie", el jefe del grupo de ejecutores de la organización. Héctor decidió cambiar el nombre de su fracción, por lo que la antigua Organización Beltrán Leyva pasó a ser el nuevo Cartel del Pacífico Sur, aunque también es conocido como "El H" y "La Empresa". Además, Héctor mantiene la amistad con sus antiguos aliados, Los Zetas, y está utilizando esta alianza para luchar contra La Familia Michoacana (LFM) y la Federación en el estado de Guerrero.

Entretanto, La Barbie fue arrestado por las autoridades mexicanas finales de 2010 y se supone que su facción de la antigua Organización Beltrán Leyva quedó desintegrada casi por completo. Debido a que su captura por las autoridades mexicanas transcurrió sin ningún contratiempo, la gente supone que hizo un convenio para entregarse y recibir un trato favorable a cambio de dar datos de inteligencia sobre sus rivales. En noviembre de 2010, el gobierno mexicano accedió a extraditar a La Barbie a Estados Unidos.

Cualquiera pensaría que la Federación de Sinaloa y el Cartel del Golfo, que en aquel momento eran los principales rivales entre los carteles de México, nunca podrían llegar a una tregua y mucho menos a ningún tipo de alianza. No obstante, eso fue exactamente lo que pasó en la primavera de 2010. El Cartel del Golfo llevaba varios años recibiendo duros golpes de las fuerzas mexicanas y había perdido gran parte de su poder y su territorio. Su antiguo brazo de ejecutores, Los Zetas, se habían dividido dos años antes y se había convertido en uno de los nuevos carteles más poderosos, y despiadados, de México. Los Zetas son un grupo de antiguos miembros de las Fuerzas Especiales del ejército mexicano, que se han convertido en un cartel bien entrenado, bien armado y bien financiado que realiza asesinatos, genocidios de migrantes, secuestros a cambio de rescate y actividades de extorsión. Se han convertido probablemente en la mayor amenaza que ha experimentado El Chapo contra sus operaciones desde que ocupó el trono de la Federación.

Como El Chapo no es de quedarse cruzado de brazos mientras las cosas suceden a su alrededor, hizo lo impensable: entró en una alianza con el Cartel del Golfo y el nuevo cartel LFM para hacerles la guerra a Los Zetas. Este convenio recibió el nombre de la Nueva Federación, que no perdió tiempo en emprender una campaña de relaciones públicas. En marzo de 2010, publicaron en YouTube un mensaje de video al pueblo mexicano, en el que entre otras cosas decían:

> "Sin Z se vivirá sin miedo . . . Si eres Z, córrele porque ahí viene el MONSTRUO. . . la nueva alianza se levantó en armas para ching… a los Z porque estos últimos han desvirtuado el negocio del trasiego de la droga con sus levantones, cobro de piso. etc… valiéndole madre la libertad y tranquilidad del pueblo mexicano".[8]

Luego el Cartel del Golfo empezó a tener sus propios problemas en 2011 como resultado de una lucha intestina por el poder y por el control de las plazas. La organización se dividió en dos facciones: *Los Metros*, que siguieron a Jorge Eduardo "El Coss" Costilla Sánchez y *Los Rojos*, que se mantuvieron leales a la familia Cárdenas. Los Zetas empezaron a ampliar su alcance territorial y sus alianzas, para lo cual se unieron con "minicarteles" más pequeños, como el Cartel del Pacífico Sur, derivado de la Organización Beltrán Leyva. La Familia Michoacana se dividió a principios de 2011: la facción antigua pasó a denominarse "Los Caballeros Templarios" y se mantuvo leal a su difunto líder, Nazario Moreno González, "El más loco", y el nuevo grupo mantuvo el nombre de LFM y se alineó con Los Zetas.

Resulta difícil decir con seguridad qué aspecto tendrá el panorama del narcotráfico dentro de uno o cinco o diez años. De aquí a que el lector empiece a leer este libro, es posible que muchos de estos carteles grandes y pequeños se hayan dividido o unido, o que se hayan disuelto por completo y dejado de existir. También es posible que El Chapo sea capturado al fin, o que se formen nuevos carteles pequeños para llenar los vacíos de poder dejados por otros capos muertos o condenados a prisión. Además, México tendrá un nuevo presidente y el país esperará ansioso para saber si habrá grandes cambios en la estrategia del gobierno en la lucha contra los carteles cuando dicho presidente asuma su cargo en diciembre de 2012. La única constante que siempre estará presente en la evolución de los carteles mexicanos de la droga es el cambio.

LA BATALLA POR EL TERRITORIO Y LAS GANANCIAS DE LA DROGA

Desde que la guerra del presidente Calderón contra el crimen organizado empezó en serio en 2006, en México han muerto más de 53.000 personas hasta abril de 2012 por hechos de violencia relacionados con la droga. Estas muertes han sido de muy diversa índole, desde el convencional asesinato a tiros hasta formas más creativas como, por ejemplo, dejar intencionalmente que los buitres o zopilotes se coman los restos de las víctimas. La violencia también va dirigida a una gran variedad de objetivos: funcionarios del gobierno y diversos políticos, agentes de seguridad pública, miembros de carteles rivales, narcotraficantes de poca monta, empresarios prominentes, testigos e informantes. Ocurre en pleno centro de ciudades importantes, a menudo a plena luz del día y a la vista de muchos testigos. También ocurre en áreas rurales en medio de la nada, en tramos aislados de carreteras poco transitadas y en inhóspitos desiertos. Lo que resulta más preocupante para muchos mexicanos es que la violencia los acecha también en barrios de clase media y alta, que a menudo tienen rejas y alarmas y cámaras de seguridad, todo lo cual les da una falsa sensación de seguridad.

La violencia relacionada con la droga en México generalmente corresponde a una de tres categorías: violencia contra las autoridades, contra otros carteles o contra el público en general. Es importante examinar ejemplos de incidentes en cada una de estas categorías para poder entender a plenitud lo increíblemente descontrolada que se ha vuelto la violencia en México. Dado que parte de esta violencia se ha trasladado a suelo estadounidense —aunque sea a una escala mucho menor— es fundamental darse cuenta de la brutalidad que pueden alcanzar los narcos mexicanos, por si deciden trasladar en mayor grado sus actos delictivos al otro lado de la frontera.

Los ejecutores de los carteles utilizan distintas tácticas violentas y pueden adaptar fácilmente sus planes según cuál sea el objetivo, el entorno y la situación general. Los asesinatos coordinados de los carteles mexicanos normalmente tienen como víctimas a autoridades mexicanas o a miembros de los gobiernos locales, aunque a menudo también matan a civiles conectados con el narcotráfico mexicano. Los ejecutores de los carteles escogen como víctimas a jefes de policía, alcaldes y otros funcionarios gubernamentales de rango intermedio a superior, y sus intentos suelen ser coronados por el éxito. A lo largo y ancho de México, puede haber entre una decena y una veintena de asesinatos cada semana. Los carteles y otros grupos delictivos han utilizado granadas, bombas de fabricación casera y otros medios explosivos contra la policía y el ejército mexicanos, e incluso contra instalaciones diplomáticas estadounidenses. También usan como cuestión de rutina ejecuciones truculentas para intimidar a sus rivales, al gobierno y al público.[9]

Los secuestros en México aumentaron pronunciadamente casi en un 40 por ciento entre 2004 y 2007, según estadísticas oficiales. La policía dice que hubo 751 secuestros en México en 2007, pero el grupo independiente Instituto Ciudadano de Estudios sobre la Inseguridad (ICESI) afirma que el número real podría ser superior a los 7.000. Esta discrepancia es bastante típica, pues la mayoría de los secuestros en México (y, de hecho, en cualquier otro país donde ocurran) no son denunciados a las autoridades por miedo a que los secuestradores hagan daño a los rehenes. En 2008, Tijuana experimentó más secuestros que cualquier otra ciudad aparte de Bagdad.[10] El gobierno federal mexicano dijo que, en los primeros seis meses de 2011, hubo 638 casos de secuestros que fueron denunciados a la policía federal, en comparación con 582 casos en el mismo período del año anterior.[11]

Entre mayo de 2004 y mayo de 2005, se denunciaron treinta y cinco secuestros de estadounidenses en la zona de la frontera del suroeste. Del otro lado de la frontera, el número de ciudadanos mexicanos secuestrados ha sido mucho mayor. Desde enero hasta mediados de agosto de 2005, se registraron 202 secuestros en el estado mexicano de Tamaulipas, el principal campo de batalla de Los Zetas y el Cartel del Golfo. Treinta y cuatro de estos secuestros ocurrieron en Nuevo Laredo, tratándose en este caso de ciudadanos estadounidenses que habían cruzado la frontera. Veintitrés víctimas fueron liberadas por sus secuestradores, otras nueve siguen desaparecidas y se confirmó la muerte de otras dos. Los secuestros en el área de Phoenix están ocurriendo con tanta regularidad que el departamento de policía de la ciudad ha creado un grupo de tareas que tiene el único propósito de investigarlos. La policía sospecha que muchos de estos secuestros han terminado con el asesinato a tiros de las víctimas, cuyos cadáveres maniatados y llenos de balas han sido hallados en el desierto.

Las armas preferidas por los narcotraficantes incluyen diversas variantes de los fusiles AK-47 y AR-15, fusiles de francotirador de calibre .50 y una pistola de fabricación belga que recibe el nombre de "mata policías" debido a su capacidad de atravesar chalecos antibalas si se usan ciertas municiones. Los traficantes de armas han inundado a México de fusiles de asalto, pistolas, miras y catalejos telescópicos, granadas, lanzagranadas y municiones de alta potencia.[12]

El miedo como resultado de la violencia derivada de la droga se ha difundido como el fuego por todo México. Los mexicanos ricos andan en vehículos a prueba de balas, usan vestimentas protectoras y contratan a guardaespaldas. Tanto los hombres de negocios como los usuarios regulares evitan comer en ciertos restaurantes que se sabe que son populares entre los miembros de los carteles. Muchos mexicanos tienen mucho cuidado de no llevar ninguna prenda que pueda atraer la atención de los ejecutores de los carteles —por ejemplo, ciertas ropas, sombreros, joyas y cosas por el estilo. La gente evita hacer contacto visual si un Hummer u otro vehículo utilitario grande se detiene a su lado ante una luz roja. Los puestos de control de la policía son causa de preocupación porque pueden estar ocupados por verdaderos agentes, o por ejecutores de los carteles vestidos de policías. Las mujeres tienen cuidado cuando reciben piropos no deseados de los hombres, por temor de que estos puedan andar armados y les dé por sacar un arma. Los hombres tienen cuidado de no mirar a cualquier mujer, por temor a que pueda ser la esposa o la novia de alguien que también esté dispuesto a usar su arma. Algunos mexicanos han llegado al punto de injertarse microchips en los brazos para que las autoridades los puedan localizar si son secuestrados por narcotraficantes.[13]

La colocación de banderolas conocidas como "narcomantas" en áreas públicas se ha convertido en un recurso común de intimidación y a menudo sirve para enviar amenazas de violencia a determinadas personas. Unas banderolas que evidentemente habían colocado los carteles de la droga en ciudades por todo México a finales de agosto de 2008 llamaron especialmente la atención porque parte de su mensaje estaba dirigido a los civiles, y les aseguraba que los carteles —no el gobierno— son quienes controlan el nivel de violencia en el país.[14] Aunque parezca extraño, este tipo de mensajes públicos a veces han sido creados por el pueblo en apoyo a los carteles. A principios de diciembre de 2010, poco después de la muerte de Moreno González, fundador de La Familia Michoacana, los simpatizantes de los carteles colocaron una manta en la que pedían al cartel que "le dieran duro" (en referencia al gobierno mexicano) y que, al hacerlo, trataran de no matar a gente inocente. También pueden hacer llamados a la paz. Poco antes de la visita del Papa a León, México, en marzo de 2012, los Caballeros Templarios colgaron por todo el estado de Guanajuato casi una docena de mantas con exhortaciones a una tregua temporal con las fuerzas del ejército y la policía, y con expresiones de bienvenida al Papa Benedicto XVI.

Los actos de violencia cometidos por organizaciones de narcotráfico y sus ejecutores son considerados actualmente como actos delictivos. Sin embargo, la mayoría de esos actos no se diferencian en nada de los atentados cometidos por grupos terroristas tradicionales, como al-Qa'ida, las Fuerzas Armadas Revolucionaras de Colombia (FARC) y el Ejército Republicano Irlandés Provisional (IRA), y tienen intenciones similares. Los sicarios de los carteles acostumbran a decapitar a sus rivales o enemigos cuando los ejecutan. Los carteles se valen de tácticas de insurgencia contra el ejército mexicano, y también contra civiles y contra las autoridades mexicanas y estadounidenses, como mismo hacen las FARC en Colombia. Los carteles mexicanos han logrado llevar a cabo asesinatos de funcionarios del gobierno y de representantes de la ley, como mismo hacía el IRA en los años 70 y 80. Lo más importante es que todos estos grupos tienen la misma intención: intimidar al pueblo y hacer que el gobierno haga lo que ellos quieran. Está claro que cada grupo tiene motivos distintos, pero el efecto sobre las personas es el mismo.[15]

Violencia contra las fuerzas del gobierno

La mayoría de los mexicanos reconocen que la vida en su país estaba lejos de ser perfecta antes de que el presidente Calderón asumiera su cargo en diciembre de 2006, pero definitivamente era menos sangrienta. Muchos culpan a la actitud agresiva que Calderón ha adoptado contra el crimen organizado desde su toma del poder por el enorme aumento de la violencia relacionada con las drogas en el transcurso de los últimos años.

El gobierno de Calderón y muchos mexicanos esperaban que el despliegue sin precedente de decenas de miles de soldados a focos de tensión a lo largo y ancho del país serviría cuando menos para mantener la situación bajo control durante uno o dos años hasta que el presidente elaborara una estrategia más sostenible. Idealmente, esta estrategia implicaría a fuerzas policiales federales y locales menos corruptas y más eficaces. Si bien ese proceso todavía está en marcha, cada día los carteles contraatacan con mayor intensidad y ferocidad contra cada soldado y policía que Calderón les ponga en su camino.

En junio de 2010, unos pistoleros interrumpieron el tráfico en una carretera de Michoacán con autobuses a los que prendieron fuego, con lo que un convoy de camiones de la policía federal quedó atascado en el embotellamiento. Lanzaron un asalto armado desde unas alturas y mataron a doce agentes. Ese mismo mes, en una emboscada contra los soldados preparada por hombres armados y camuflados en Tepalcatepec, dos soldados resultaron heridos y tres de los atacantes fueron muertos.

Trescientos veinticuatro agentes policiales fueron asesinados en enfrentamientos con grupos del crimen organizado entre enero y junio de 2010, en comparación con 511 durante todo 2009. En agosto de 2010, el gobierno mexicano reveló por primera vez que 191 soldados habían sido asesinados en la guerra contra la droga durante el período transcurrido entre la toma de posesión de Calderón en diciembre de 2006 y el 1º de agosto de 2010. Anunció además que 2.076 agentes policiales habían sido asesinados en el mismo período de tiempo.

Según los informes de los medios de prensa, esta oleada de violencia contra los soldados y policías comenzó el 11 de julio de 2009, cuando LFM lanzó quince ataques coordinados en un período de dos días contra estaciones de policía y carros patrulleros en ocho ciudades en tres estados de México. En el año siguiente hubo doce emboscadas similares. En Reynosa, unos pistoleros secuestraron dieciséis vehículos, desde autobuses hasta camiones con remolque, para bloquear las calles en torno a un cuartel militar. Entonces lanzaron un ataque contra los soldados que salían de la base. Los soldados lograron rechazar el ataque y los pistoleros huyeron. En Ciudad Juárez, un vendedor callejero hizo señas a un convoy policial para que se detuviera. Cuando el convoy se detuvo, tres vehículos lo bloquearon y los asaltantes abrieron fuego, con un saldo mortal de seis agentes de la policía federal, un policía de la ciudad y un civil.

En Guerrero, diez pistoleros armados con fusiles de asalto rodearon a tres agentes de policía que portaban una orden de arresto. Los pistoleros abrieron fuego indiscriminadamente contra ellos y los mataron después de dispararles 450 balas. En las cercanías del pueblo occidental de Maravatío en Michoacán, unos pistoleros dispararon desde un paso superior y desde los dos costados de una carretera mientras pasaba un convoy de la policía federal. Hubo cinco agentes muertos y siete heridos.

El uso de granadas de mano contra la policía, contra el ejército e incluso contra representantes de la prensa parece ser una de las tácticas favoritas de las organizaciones delictivas en la actualidad. Desde julio de 2009 hasta julio de 2010, se registraron 72 ataques con granadas por los carteles contra varios objetivos. Entre diciembre de 2006 y julio de 2010, hubo 101 ataques con granada contra edificios del gobierno.[16] Entre otros casos similares, se han lanzado granadas contra prostíbulos de la ciudad fronteriza de Reynosa, contra el consulado estadounidense en Nuevo Laredo y contra un cuartel militar en Tampico y frente a estaciones de televisión en Nayarit y Tamaulipas. En marzo de 2012, diez personas resultaron heridas en un ataque con granada contra una tienda de la cadena Walmart en Nuevo Laredo durante un tiroteo entre el Cartel del Golfo y Los Zetas. Las granadas han provocado tantas víctimas como el uso de armas de asalto por los narcos, pero el propio factor psicológico de la explosión a veces causa más daño que las balas.

Violencia entre los carteles

Resulta difícil determinar qué lucha es más sangrienta en México: la de los carteles contra las autoridades, o contra otros carteles. La violencia iniciada por un cartel contra otro siempre tiene su propósito e, invariablemente, transmite un mensaje muy fuerte. Los asesinatos suelen ser utilizados como forma de venganza o castigo y el nivel de brutalidad ha ido aumentando con el paso del tiempo para no perder su impacto en la sociedad. Son miles los ejemplos de asesinatos, decapitaciones y otras formas de matar a miembros de los carteles rivales, por lo que aquí solamente se describen algunos de los incidentes más alarmantes.

En junio de 2010, la policía mexicana descubrió seis cadáveres en una cueva subterránea en las afueras de Cancún, un popular destino turístico de la península de Yucatán. Esto no hubiera sido siquiera nada fuera de lo común, a no ser porque a tres de las víctimas les habían arrancado el corazón con un cuchillo. Todas las víctimas —cuatro hombres y dos mujeres— mostraban señales de tortura y dos de ellas tenían trazada con cuchillo en sus cuerpos la letra Z, marca evidente de Los Zetas.[17] En septiembre de 2011, miembros del Cartel de Jalisco Nueva Generación, aliado de la Federación de Sinaloa, abandonaron los cuerpos mutilados de treinta y cinco Zetas bajo un paso superior en la ciudad veracruzana de Boca del Río. Tres días después, 11 cuerpos más fueron encontrados en distintas partes de la ciudad.[18]

En septiembre de 2006, unos hombres armados y enmascarados, probablemente vinculados con los contrabandistas de drogas, tomaron por asalto un bar de Uruapan y dejaron caer cinco cabezas humanas en un salón de baile atestado de gente. La policía cree que se trataba de una advertencia dirigida a una pandilla rival de narcotráfico. Además de las cabezas, los hombres lanzaron al suelo una nota en la que decían que aquel era un acto de "justicia divina" realizado en nombre de "la familia". Eso quiere decir que se trataba de "La Familia Michoacana", que en 2006 apenas estaba comenzando, pero que ya se ha convertido en uno de los grupos de crimen organizado más despiadados, e inusuales, de México.

El fundador de LFM, Nazario Moreno González, probablemente no creía que llegaría a ser visto como un mesías por tantas personas en su estado natal de Michoacán. Es difícil encontrar ningún detalle sobre la niñez de Moreno, pero es probable que la religión tuviera un enorme papel en su vida. De adulto, predicaba ante los pobres en su pueblo natal de Apatzingán y siempre tenía a mano una Biblia. Pronto, Moreno se ganó los corazones y las mentes de los locales pero, lo que es más importante, se ganó su lealtad. Esto le vino muy bien cuando decidió formar una especie de organización de justicieros en 2004. Utilizó los principios religiosos sobre los que predicaba para formar un grupo que entonces no tenía nombre y que se dedicaría a la erradicación de la metanfetamina y otros narcóticos, los secuestros, la extorsión, los asesinatos a sueldo, los asaltos en la carretera y los robos a mano armada.

Es posible que los miembros de LFM haya empezado como justicieros decididos a poner coto a la producción y transporte de metanfetamina por el Cartel del Milenio, con base en Michoacán, aliado de El Chapo y su Federación de Sinaloa. También es posible que Moreno haya creado el grupo para impedir que Los Zetas entraran con su violencia en Michoacán.[19] Sea como fuere, Moreno empezó a transmitir claramente sus intenciones mediante una serie de "narcomensajes" que dejaba junto a los cuerpos o a las cabezas decapitadas. El grupo, que para entonces se conocía como "La Familia Michoacana", empezó incluso a poner anuncios a página completa en los periódicos locales, donde publicaba su manifiesto y afirmaba que eran una organización contra el delito. Una de las mayores ironías en el mundo de las drogas en México es que LFM se ha convertido en uno de los más grandes traficantes de metanfetamina del país.

Los actos de violencia cometidos por un cartel contra otro rara vez están libres de drama y a menudo son muy personales. Por ejemplo, en enero de 2010, miembros de la organización Arellano Félix secuestraron a la hermana de Raydel López Uriarte, alias "El Muletas", el número dos de una nueva facción de la AFO que le era leal a la Federación de Sinaloa. En respuesta, López ordenó el secuestro y asesinato de varios familiares del líder de la AFO, Fernando Sánchez Arellano. Al final, la hermana de López fue liberada, pero no sin que antes sus captores mataran a su novio. También fueron liberados varios familiares de Sánchez.

No se pueden pasar por alto los factores psicológicos entre organizaciones que luchan a muerte para disputarse las ganancias de la droga. Cuando entran nuevos reclutas en una organización conocida por su brutalidad, como la organización Arellano Félix o Los Zetas, estos tienen que demostrar que dan la talla. Así, enseguida los ponen a matar. La violencia sirve además para demostrar dominación y es una herramienta de intimidación para los rivales que se atreven a invadir el territorio de un cartel. Y de vez en cuando hay que aumentar un poco el nivel de violencia. Como mismo sucede con los juegos de video y los programas de televisión, hay un aumento en la tolerancia ante ciertas cosas (como las decapitaciones, las lenguas cortadas y brutalidades similares), por lo que los narcos tienen que volverse más creativos. Por esta razón, con el paso del tiempo, los asesinatos relacionados con las drogas se están volviendo más frecuentes y más truculentos en algunos lugares.

Si bien muchas otras ciudades a lo largo de la frontera norte de México han experimentado grandes oleadas y rachas de delitos por la violencia relacionada con la droga en los últimos años, ninguna puede compararse con los hechos sangrientos que han presenciado los residentes de Ciudad Juárez en el estado mexicano de Chihuahua. Es una ciudad grande, con una población de unos 1,5 millones de personas y está situada directamente al otro lado de la frontera frente a El Paso, Texas. Ciudad Juárez es además un importante centro industrial, donde funcionan aproximadamente 300 plantas maquiladoras. La ciudad crece con rapidez y es un lugar de mucho movimiento, lo que explica por qué tiene cuatro cruces fronterizos internacionales. En 2008, casi veintitrés millones de personas pasaron por esos puertos de entrada.

Esto también explica por qué Ciudad Juárez es el territorio más disputado entre los narcotraficantes mexicanos. Es la plaza más lucrativa en la frontera entre Estados Unidos y México. A lo largo de los últimos cinco años, la competencia entre la Federación de Sinaloa y la Organización Vicente Carrillo Fuentes por el control de la ciudad ha tenido como resultado un número récord de víctimas mortales. La cantidad de muertes en 2007 fue relativamente modesta, con solo 320 asesinatos.[20] Luego, en 2008, esta cifra se disparó a 1.623 y, como si no bastara con eso, subió a 2.754 en 2009. En el año 2010 han sido asesinadas 3.111 personas en Ciudad Juárez, con lo que ese fue otro año récord para la ciudad asolada por la violencia.[21] Esto significa que aproximadamente uno de cada cuatro asesinatos en todo México tiene lugar en Ciudad Juárez. No es de sorprender que las advertencias del Departamento de Estado para quienes viajan a la ciudad se sigan renovando cada seis meses. No obstante, hay un pequeño destello de esperanza; en 2011 se registraron en la ciudad 1.904 asesinatos, lo que constituye una disminución significativa en comparación con el año anterior.[22]

En julio de 2010, unos narcotraficantes no identificados en la ciudad llenaron un carro con veinte libras de explosivos y lo aparcaron frente a una estación de la policía federal. Según informes de la prensa, antes de detonar la bomba con un teléfono móvil, los asaltantes habían lanzado a la acera un hombre herido y vestido con uniforme de policía municipal, como carnada para atraer más cerca del vehículo a la policía y a los paramédicos de emergencia. El siniestro plan tuvo éxito cuando la explosión mató a cuatro personas, incluidos un médico y un agente de policía.[23]

Para empeorar las cosas, un mensaje dejado en la escena del delito implicaba a la VCFO y afirmaba que tenían más coches bomba. Contenía además la amenaza de nuevos ataques y, como resultado de esto, el Consulado de Estados Unidos en Juárez cerró de inmediato para una "revisión de seguridad". Por suerte, nunca ocurrieron los supuestos ataques con bomba que se suponía que vinieran después.

Esta ciudad fronteriza también parece ser un imán para los cuerpos decapitados. El número de reportajes noticiosos sobre el descubrimiento de cuerpos decapitados en Ciudad Juárez es simplemente excesivo. Cada año se descubren cientos de cuerpos sin cabeza en montones, en fosas comunes, en pedazos dentro de bolsas de basura, colgando de pasos superiores y en carros... y muchos de ellos vienen acompañados de notas. Estos narcomensajes de los miembros de los carteles suelen decir algo por el estilo de "si se meten con nosotros, esto es lo que les pasará", o "Esto es lo que les pasa a los que trabajan para [insertar aquí el nombre del líder de un cartel rival]".

Con esto no queremos decir que estos hechos truculentos solamente suceden en Ciudad Juárez. Está claro que están ocurriendo en cantidades relativamente elevadas en Acapulco y Nuevo Laredo. No obstante, ninguna otra ciudad mexicana está sintiendo los efectos de la guerra de la droga tan intensamente como Ciudad Juárez.

INOCENTES ATRAPADOS ENTRE DOS FUEGOS

Tradicionalmente e históricamente, los grupos mexicanos de crimen organizado han procurado no atacar a testigos inocentes y también han tratado de limitar la cantidad de daños colaterales que infligen durante ataques a la policía, a los soldados o a sus rivales. Antes operaban de forma muy similar a como lo hacía la Mafia italiana en Estados Unidos: tenían estrictamente prohibido atacar a los familiares de sus enemigos y

no marcaban a nadie para la muerte si no tenían una razón suficientemente buena. Por desgracia, hay varios incidentes ocurridos en los últimos dos años que demuestran que esa mentalidad está cambiando.

Quizás el incidente más dramático ocurrido en los últimos años que
tuvo un impacto importante en la percepción de seguridad del público
ocurrió en septiembre de 2008, en el día de la independencia de México.
Cientos de personas estaban reunidas esta noche en la plaza central de
Morelia cuando varias explosiones conmocionaron a todos. Según testigos, un hombre corpulento vestido de negro lanzó contra la multitud un
objeto parecido a una granada y luego se disculpó con las personas que
tenía más cerca. Se sintió una segunda explosión momentos después de
la primera. El ataque cobró las vidas de ocho personas y provocó lesiones
a más de cien, y algunos funcionarios mexicanos calificaron el incidente
de ataque terrorista. La especulación sobre los culpables se concentró en
LFM y Los Zetas pero, a fin de cuentas, nadie fue llevado ante la justicia.

Si bien la mayoría de las áreas turísticas de México, como Cancún,
Cozumel y Los Cabos, no han experimentado mucha acción en lo que
respecta a tiroteos y ataques con granadas en pleno día, eso no significa
que estén completamente inmunes. En abril de 2010, hubo una gran pelea a tiros en la principal zona turística de Acapulco. El año anterior se
habían registrado batallas armadas similares en las cercanías del popular
destino para vacacionistas, pero siempre habían sido en las afueras, bien
lejos de los hoteles, restaurantes y zonas comerciales frecuentados por los
turistas. Este ataque en particular ocurrió a plena luz del día y dejó un
saldo de seis muertos, con inclusión de una madre y su hijo de ocho
años, un taxista y un agente de policía. En los reportajes noticiosos se
dijo que varios conductores habían chocado sus autos y le habían pasado
por encima de la mediana de la calle en un intento por escapar a los tiroteos, que dejaron por lo menos a una decena de carros acribillados a balazos. Las autoridades afirmaron que nunca antes habían visto un ataque
tan atrevido en Acapulco.[24]

Algunos de los ataques de los carteles son contra rivales o soplones,
pero ocurren en lugares donde ponen en gran peligro a personas inocentes y el propio ataque hace que cunda el miedo entre el público en general. Por ejemplo, en 2009 y 2010 hubo un brote de ataques violentos en
centros de rehabilitación de drogas en México. En junio de 2010, por lo

menos treinta pistoleros entraron en un local de tratamiento para drogadictos en el estado de Chihuahua, mataron a diecinueve personas e hirieron a otras cuatro.[25] Un ataque en un local de Ciudad Juárez en
septiembre de 2009 dejó un saldo de diecisiete muertos y dos heridos;
también hubo diez muertos en un segundo centro de Ciudad Juárez en
ese mismo mes y veinte en una tercera instalación en el mes de marzo
anterior.

Las autoridades culpan a las pandillas de narcotraficantes por los asesinatos en los centros de rehabilitación y, probablemente, las víctimas
eran miembros de grupos rivales. Si bien no es común que se ataque a
personas inocentes en estos sucesos en centros de tratamiento, el hecho
de que en la esfera pública hay una tolerancia mayor a la existencia de
daños colaterales significa que no todas las personas inocentes pueden
escapar al efecto de los tiroteos en tales incidentes.

Las fiestas u otras reuniones festivas se han convertido cada vez más
en sitios de ataques armados por los ejecutores de los carteles. El 19 de
julio de 2010, unos pistoleros irrumpieron en una fiesta en la ciudad de
Torreón en el norte de México, donde masacraron a diecisiete personas y
dejaron heridas a otras ocho. Los atacantes se aparecieron en la fiesta en
varios carros y empezaron a disparar sin que mediara advertencia o conversación alguna.[26] En enero de 2010, unos pistoleros irrumpieron en
una fiesta privada en Ciudad Juárez y mataron a quince personas, muchas de ellas estudiantes de preparatoria o universitarios. Los familiares
dijeron que el ataque había sido un caso de identidad equivocada, pero
los funcionarios estatales dijeron que el objetivo era alguien que se encontraba en la fiesta.

No hay mejor representación de un testigo inocente que un niño pequeño, por lo que es muy particular el miedo que siente la gente cuando
los afectados por la violencia de la droga son los niños. La violencia relacionada con la droga ha hecho que en todas las escuelas de México se les
enseñe a los alumnos a lanzarse al suelo y cubrirse la cabeza.[27] Al menos
una decena de tiroteos han tenido lugar en zonas escolares desde mediados de octubre de 2009, tres de ellos solamente en junio de 2010. En el
primer ataque de ese mes, los soldados se enfrentaron a unos pistoleros
durante una hora a menos de veinte metros de un preescolar en la ciudad
central de Taxco. Hubo otro tiroteo cerca de una escuela pública el 18 de

junio en la ciudad occidental de Bellavista y el 24 de junio en la ciudad norteña de Apodaca, donde la policía evacuó a dos escuelas primarias y un centro preescolar.[28] Si bien los actos violentos de los narcotraficantes no están dirigidos específicamente contra las escuelas ni contra los niños, ahora los maestros advierten a los alumnos que no tomen videos ni fotos de los tiroteos y que no los publiquen en las redes sociales, debido al temor de que esto los ponga en peligro.

Por cierto, los maestros empezaron a ser nuevos objetivos de la violencia de los carteles a finales de 2010. Poco antes de las Navidades, en el exterior de numerosas escuelas públicas aparecieron pintadas en las que se exigía que los maestros entregaran sus aguinaldos de Navidad si no querían que se lanzara un ataque armado contra ellos, e incluso contra los niños. La semana antes de aparecer estas amenazas, los miembros de un cartel incendiaron un centro preescolar en el distrito de San Antonio en Ciudad Juárez. El motivo del incendio quedó claramente escrito en una pared cercana: "Por no pagar". Los padres empezaron a sacar a sus hijos de la escuela y, de hecho, tres escuelas fueron cerradas como resultado de las amenazas que se habían enviado a aproximadamente una decena de escuelas. Los padres también pidieron a la policía que empezara a colocar por lo menos un patrullero en cada escuela, pero los departamentos policiales respondieron que simplemente no contaban con recursos suficientes para eso.[29]

LOS NARCOS SE VAN AL NORTE

Si bien los carteles mexicanos de la droga tienen una presencia amplia y establecida en Estados Unidos, los hechos violentos que han cometido en suelo estadounidense afortunadamente no se acercan siquiera a los niveles perpetrados en partes de México. No obstante, eso no significa que no están realizando actividades violentas en los estados fronterizos del suroeste y más allá.

Los enfrentamientos entre los miembros de los carteles y los pandilleros basados en Estados Unidos que trabajan para los carteles parecen estar ocurriendo con mayor frecuencia, particularmente en el sur de Texas. En octubre de 2011, los ayudantes del alguacil del condado de Hidalgo respondieron a una llamada en la que se denunciaba un secuestro ocurrido al noreste de Edinburg, Texas. Cuando llegaron a la escena, unas personas les hicieron señas para que pararan y les señalaron una camioneta que tenía dentro una víctima de secuestro. Cuando uno de los ayudantes se acercó a la camioneta para interrogar al conductor, uno de los ocupantes salió de un salto y empezó a disparar contra el ayudante del alguacil, quien recibió tres heridas. Los ayudantes del alguacil devolvieron el fuego y mataron al pistolero. Una de las víctimas de secuestro también resultó herida. Los secuestradores eran miembros de la pandilla Mexicles, que trabajaba con el Cartel del Golfo. Posteriormente, el ayudante fue gravemente herido de un disparo por un negocio de drogas que salió mal.[30]

En noviembre de 2011, la DEA y las autoridades locales del condado de Harris, Texas (justo al noroeste de Houston), estaban realizando una entrega controlada de marihuana, guardada dentro de un camión cisterna. En el camino, se les aparecieron de pronto tres vehículos utilitarios que rodearon al camión y los ocupantes abrieron fuego. Acribillaron la cabina del camión y mataron al conductor, que era un informante de la DEA. Los agentes estadounidenses empezaron a responder al fuego y un ayudante del alguacil resultó herido, quizás por los de su propio bando. Al final el camión se salió de la carretera y los agentes detuvieron a cuatro hombres, tres de los cuales eran mexicanos. Los hombres "confesaron" que eran miembros de Los Zetas —algo que, como en este caso, es común, aunque difícil de confirmar.[31] También ha resultado muy difícil descubrir el motivo en que se basó este ataque increíblemente atrevido —a seis horas en carro al noreste de la frontera con México. El cargamento de drogas solo consistía en 300 libras de marihuana, lo cual es una cantidad ínfima en términos relativos en cuanto a volumen y valor en la zona de la frontera. Si los supuestos miembros de Los Zetas querían matar al conductor porque era un informante, tuvieron múltiples oportunidades de hacerlo de formas mucho más sutiles. ¿Por qué asumir semejante riesgo en un lugar abierto en suelo estadounidense por una carga de droga tan pequeña? Quizás las autoridades nunca tengan la respuesta.

Los carteles mexicanos de la droga han hecho una gran inversión en el cultivo de marihuana en terrenos públicos estadounidenses. Como las plantas tienen tanto valor —$4.000 por planta en algunos casos— los hombres que controlan esos cultivos los defienden con personas fuertemente armadas contra cualquier intervención de las autoridades. En junio de 2009, la policía del condado de Lassen, California, se encontró con tres sospechosos de cultivar marihuana. Uno de ellos arremetió a tiros contra los agentes con un fusil AK-47. Los dos ayudantes del alguacil resultaron heridos, pero el atacante fue muerto por los agentes cuando devolvieron el fuego. En julio de 2010 —también en California— un hombre fue muerto de un disparo por ayudantes del alguacil del condado de Santa Clara cuando les apuntó con un fusil en una zona remota donde se cultivaban 20.000 plantas de marihuana.

En agosto de 2010 en Oregón, los equipos SWAT y equipos de erradicación de marihuana del condado Jackson estaban investigando un cultivo de marihuana al aire libre en una zona perteneciente a la Oficina de Gestión de Tierras (*Bureau of Land Management*) cuando vieron a un hombre armado con una escopeta. Dos ayudantes del alguacil abrieron fuego y lo hirieron, y entonces vieron a otro hombre que huyó corriendo. Los investigadores tenían razones para creer que el cultivo de marihuana era operado por uno de los carteles mexicanos de la droga.

Las agencias estadounidenses de seguridad pública han sabido desde hace mucho tiempo que los grupos criminales mexicanos suelen contratar a pandillas y asesinos a sueldo basados en Estados Unidos para hacer su trabajo sucio al norte de la frontera. En 2006, un pistolero trató de matar al jefe de una célula de un cartel mexicano en un restaurante de Houston pero se equivocó de víctima. Pedro Cárdenas Guillén, sobrino del antiguo cabecilla del Cartel del Golfo, Osiel Cárdenas Guillén, recibió un disparo en la cabeza y su cadáver fue abandonado en una zanja en las cercanías del condado de Fort Bend, Texas.[32]

En octubre de 2010, el cadáver de Martin Alejandro Cota-Monroy fue hallado en su apartamento en Chandler, Arizona, a unas veinticinco millas de Phoenix y a 160 millas al norte de la frontera. Para ser precisos, solo se trataba de su cuerpo, pues su cabeza decapitada estaba en el suelo a unos pocos pies de distancia. Los investigadores consideraron que este asesinato probablemente era obra de los carteles mexicanos que trabajaban en Arizona y que la muerte de Cota-Monroy fue un castigo por haber robado drogas.[33]

En 2006, un vendedor de carros usados inocente fue secuestrado y sometido a una severa golpiza mientras esperaban que su familia pagara un rescate. Fue rescatado por la policía de Houston, pero no antes de recibir tales golpizas y pateaduras y de ser lanzado de un lado al otro de la habitación con tal fuerza que su rostro quedó irreconocible. Las autoridades dijeron que los secuestradores eran matones de poca monta que trabajaban para una célula de un cartel mexicano. En julio de 2009, un miembro importante de un cartel que trabajaba como informante para las autoridades estadounidenses recibió ocho disparos de cerca en El Paso, literalmente en la esquina de la casa del jefe de la policía de la ciudad.

Las casas seguras —lugares de propiedad de los carteles que se usan para retener y torturar a los secuestrados— no se encuentran solamente en los estados fronterizos. En abril de 2009, la agencia AP publicó un artículo en el que describía el descubrimiento de una horripilante casa de escondite y de varios cadáveres en un condado pudiente de Alabama. El alguacil de la localidad quedó sorprendido por el hallazgo, habida cuenta de que trabaja en un lugar donde cuando más se descubren cinco cadáveres a lo largo de todo un año. Además, algunos de los hombres mostraban señales de tortura. Los reportajes noticiosos dieron la siguiente descripción de las víctimas: "las quemaduras que tenían en los lóbulos de las orejas revelaban dónde les habían enganchado los cables para puentear modificados, como dispositivo improvisado para electrocutar. Las víctimas todavía tenían pegado a las muñecas, las caras, las bocas y las narices el adhesivo de la cinta de embalaje utilizada para atarlos. Como detalle final, los habían degollado después de matarlos". Pronto las autoridades descubrieron que se trataba de un acto de represalia por dinero de la droga, vinculado con el Cartel del Golfo.[34]

En mayo de 2009, diecisiete miembros del grupo de narcotráfico mexicano "Los Palillos" —y ex ejecutores de la AFO— fueron encausados en San Diego por los asesinatos relacionados con la droga de nueve personas dentro de los límites de la ciudad, con inclusión de dos víctimas cuyos cuerpos fueron disueltos en tanques de ácido.[35] Esta práctica de deshacerse de cadáveres en una mezcla de ácidos que llaman "pozole" es más común en México, pero también sucede en Estados Unidos. A menudo se usa lejía junto con el ácido y la única evidencia que queda de que alguien metió un cuerpo en el tanque de ácido son los dientes que caen cuando la mezcla se vierte en el desagüe. Las víctimas de Los Palillos, que iban caminando por la calle o en la entrada de sus garajes, fueron raptadas por hombres que llevaban uniformes e insignias policiales, y fueron retenidas en casas alquiladas y algunas fueron asesinadas, dijeron las autoridades. Los Palillos cobraron miles de dólares por pagos de rescate de los secuestros que realizaron en suelo estadounidense.[36]

Las pandillas callejeras de ambos lados de la frontera están muy involucradas en la distribución de drogas suministradas por los carteles mexicanos y algunas incluso realizan actividades como ejecutores al servicio de ciertos sindicatos del crimen. Por ejemplo, los Aztecas —conocidos como "Barrio Azteca" en Estados Unidos— trabajan para la Organización Vicente Carrillo Fuentes y son sospechosos de estar involucrados en tiroteos contra tres empleados del Consulado de Estados Unidos en Ciudad Juárez en marzo de 2010. Las pandillas carcelarias, como la Mafia Mexicana, el Sindicato de Texas y los Hermanos de Pistoleros Latinos también realizan ese tipo de actividades. Puede decirse que los Mara Salvatrucha, conocidos más comúnmente como MS-13, son los que tienen peor fama entre estas pandillas y son aun más peligrosos debido a su presencia extendida por seis países y 33 estados de Estados Unidos (o más, a estas alturas).

En enero de 2009, un hombre no identificado lanzó una granada activa en un local de *striptease* en Pharr, Texas, cuya clientela incluía a varios policías fuera de servicio. La granada no explotó porque no le habían quitado bien el seguro, y por eso no hubo heridos. Sin embargo, la investigación posterior fue difícil porque había muchos posibles culpables y motivos. Nunca se aclaró si el objetivo final eran los policías o los pandilleros que estaban en el bar y, como en la zona había varias pandillas, era difícil escoger a una como los sospechosos principales. Lo que sí se reveló fue que la granada utilizada en el incidente ocurrido en Pharr provenía del mismo lote que las granadas sudcoreanas que se utilizaron en un ataque contra el Consulado de Estados Unidos en Monterrey, México, y las que se encontraron en un almacén mexicano que pertenecía a Los Zetas. Las autoridades nunca descubrieron cómo esa granada llegó desde México hasta las manos de una pandilla de Texas ni si la persona que la lanzó actuaba exclusivamente por órdenes de su pandilla o de Los Zetas.[37] Es perturbador el uso de granadas —una táctica típica de los carteles mexicanos de la droga— dentro de Estados Unidos por pandillas con posibles vínculos con México.

Un incidente en particular ocurrido en la frontera ha contribuido más a encender el debate sobre la seguridad en la frontera y la inmigración ilegal que cualquier otro incidente reciente que se recuerde. A finales de marzo de 2010, Robert Krentz, un hombre que llevaba mucho tiempo como ranchero, fue matado a tiros en su finca de 35.000 acres justo al noreste de Douglas, Arizona, una localidad adyacente a la frontera entre Estados Unidos y México, que es esencialmente un pueblo hermanado con Agua Prieta en el lado mexicano. Como se trata de un área aislada de las grandes ciudades de uno u otro país, tiene mucho ajetreo como corredor de contrabando de drogas y seres humanos y ha registrado un aumento gradual del número de robos en domicilios. Según los medios de información, el 26 de marzo, el hermano de Krentz denunció actividades de contrabando de drogas a la Patrulla Fronteriza de Estados Unidos, lo que condujo a la incautación de 290 libras de marihuana y el arresto de ocho personas en el rancho. El asesinato de Krentz ocurrió la noche siguiente.[38]

El frenesí del público empezó después que los informes iniciales indicaron que los investigadores habían encontrado huellas de pasos que se dirigían de la escena del crimen hacia la frontera, por lo que muchos creyeron que el asesino sería un inmigrante ilegal. Estas suposiciones luego se pusieron en duda y se empezó a especular que el asesinato de Krentz era una encomienda específica de profesionales en represalia por la denuncia que su hermano había hecho a las autoridades. La mayoría de los inmigrantes ilegales —especialmente los que se separan de su grupo y andan solos— no están armados, mientras que los contrabandistas de drogas suelen llevar algún tipo de arma. Hasta la fecha, nadie sabe exactamente lo que sucedió a Krentz esa noche, excepto que recibió los disparos a sangre fría.

Una de las tácticas más alarmantes que están usando los carteles mexicanos en Estados Unidos para recuperar las drogas que han perdido o el dinero que les deben es el allanamiento de moradas por sicarios armados hasta los dientes y vestidos con uniformes de agentes de seguridad pública estadounidenses. En junio de 2008, varios hombres vestidos con uniformes del Departamento de Policía de Phoenix entraron por la fuerza en una casa de Phoenix valiéndose de los mismos métodos de irrupción y despeje que usaría un equipo táctico profesional. La verdadera policía local se encontraba casualmente en el área y oyó disparos que se hacían en las cercanías de la casa. Cuando llegaron, los pistoleros ya se habían ido, pero habían dejado detrás un cadáver y la casa acribillada con cincuenta o cien balazos.

Este no es el único caso en que hombres vinculados con los carteles mexicanos se han hecho pasar por policías estadounidenses y han entrado por la fuerza en casas para exigir drogas, dinero u otros objetos de valor. En la mayoría de los casos derriban la puerta y anuncian en inglés y en español que son agentes de la seguridad pública. Suelen amenazar a las víctimas y atarlas. Afortunadamente, por lo general las víctimas quedan con vida y la mayoría de los incidentes se reportan a las agencias policiales locales. Para obtener el equipo táctico y las insignias, los delincuentes los roban de vehículos policiales o usan insignias y equipos de imitación mandados a hacer para ellos o comprados como *souvenir* en Internet.

Tradicionalmente, los carteles mexicanos han usado a su propia gente en las actividades de ejecución. El término "ejecución" significa intimidación, asaltos, secuestros y asesinatos. Estos ejecutores suelen estar bien entrenados, tener experiencia con las armas y las tácticas de asesinato y, en general ser bastante profesionales y diestros en lo que hacen. La participación de las pandillas en las actividades de ejecución ha provocado un marcado descenso del nivel de profesionalismo en estos ataques en algunas áreas, principalmente en Tijuana.

La afirmación anterior produce una extraña percepción de decepción. Antiguamente en los intentos de asesinato, aunque fueran realizados en público, el objetivo era eliminado en forma rápida y eficiente, sin daños colaterales. La mayoría de los sicarios experimentados se enorgullecen de su trabajo y saben que tienen que llegar, hacer lo suyo e irse. Pero cuando los carteles empiezan a contratar a pandilleros para que les hagan su trabajo sucio, la situación se puede volver delicada. En este caso, delicada significa que está ocurriendo más a menudo y que personas inocentes que se encuentran en el lugar y el momento equivocados son víctimas del fuego cruzado.

Ahora que la organización Arellano Félix no es más que una sombra de lo que era antes y se ha fraccionado en varios pedazos, hay varias pandillas de delincuentes que están operando en el área de Tijuana y, en menor medida, en el condado de San Diego al norte de la frontera. Los residentes de Tijuana oyen hablar más a menudo de casos de sicarios que entran en un restaurante de comida rápida, o en un bar o una tienda de autopartes, y acribillan el lugar a balazos. Es evidente que esto lo hacen para asegurarse de matar a su objetivo (y asegurarse así su paga), pero este tipo de ataques demuestran una evidente falta de preocupación por los daños colaterales. Desafortunadamente, ahora que muchas organizaciones de narcotráfico pequeñas están en decadencia y no tienen los medios para adquirir sicarios de calidad, los pandilleros son la nueva solución, más indiscriminada y brutal, a sus necesidades de ejecutores.

Un ejemplo de los estragos que pueden ocasionar los sicarios jóvenes e inexpertos es el caso de David y Tiffany Hartley. A finales de septiembre de 2010, este matrimonio estaba paseando en motos acuáticas por el lago Falcon, una inmensa represa que está justo en la frontera entre Estados Unidos y México al sur de Texas. Tenían interés en ir a ver un sitio popular: una iglesia antigua sumergida en el lado mexicano del lago. Cuando los Hartley cruzaron a aguas mexicanas, probablemente no se dieron cuenta de que el área estaba repleta de narcotraficantes violentos y que se encontraba bajo el control del violento cartel de Los Zetas.

Cuando ya estaban dando la vuelta para regresar al lado de Estados Unidos, los Hartley vieron a varios individuos armados en lanchas motoras que se dirigían rápidamente hacia ellos. Supusieron que se trataba de piratas de algún tipo, por lo que aceleraron sus motos acuáticas en dirección a Texas. Desafortunadamente, David Hartley nunca llegó. Los hombres de las lanchas abrieron fuego contra ellos y David murió al recibir un tiro en la cabeza. Tiffany volvió atrás para tratar de subir el voluminoso cuerpo de su esposo a su moto acuática, pero no tenía fuerzas para hacerlo. Como los hombres todavía la tenían rodeada y le apuntaban con sus armas, Tiffany sintió que no le quedaba otra opción que dejar el cadáver de David en el agua y tratar de llegar a un lugar seguro en el lado del lago perteneciente a Texas. Lo logró y pudo contactar las autoridades cuando llegó a la orilla.

La historia de los Hartley fue estudiada detenidamente por las agencias del orden a ambos lados de la frontera, y también por los medios de prensa. La hipótesis más aceptada era que los hombres que le habían disparado a David Hartley eran "Zetitas", o sicarios muy jóvenes que trabajaban para el cartel. Probablemente, estos jóvenes asesinos creyeron que los Hartley eran exploradores de un cartel rival y se dejaron llevar por sus ansias de apretar el gatillo. Es probable que nunca nadie logre determinar lo que realmente pasó o quién mató a David Hartley, porque su cadáver nunca fue hallado y el investigador principal del caso fue asesinado y decapitado pocas semanas después de empezar su investigación.

Un relato que realmente conmocionó a los medios de prensa y al público en general fue la captura de un supuesto sicario de catorce años, llamado Edgar Jiménez, en diciembre de 2010. Conocido como "El Ponchis", Jiménez aseveró que había sido reclutado a la fuerza por el Cartel del Pacífico (una división de la Federación de Sinaloa) y que lo habían drogado para luego ordenarle que saliera a matar. Lo más sorprendente es que Edgar nació en Estados Unidos y, en realidad, se encontraba con su hermana tratando de tomar un avión de Morelos a Tijuana; tenían planes de seguir camino a San Diego para ver a su madre. Según el diario mexicano La Razón, Jiménez recibió un pago de $3.000 por ataque y en YouTube hay unos cuantos videos suyos con sus víctimas. Como el sistema de justicia mexicano no está equipado realmente para procesar a asesinos tan jóvenes aplicándoles la ley de adultos, Jiménez será procesado como delincuente juvenil, con una sentencia máxima de tres años.

Esta tendencia de reclutar a jóvenes en los carteles se está extendiendo a Estados Unidos. En una acusación formal de ochenta y seis páginas dada a conocer en julio de 2010 se afirma que la AFO alquilaba apartamentos en Estados Unidos mediante el uso de un sistema de franquicia con el objetivo de reclutar a estadounidenses para sus actividades ilegales. Con este sistema también coordinaban operaciones de narcotráfico y secuestros y extorsiones a ambos lados de la frontera del suroeste. En la querella penal se afirma: "Los carteles mexicanos de la droga están reclutando a jóvenes estadounidenses como parte de su esfuerzo por mantener indetectables sus operaciones de narcotráfico, con inclusión del uso de mujeres jóvenes como mulas de la droga para cruzar de México a Estados Unidos". El grupo de San Diego también estaba reclutando a miembros de pandillas callejeras basadas en Estados Unidos, tanto inmigrantes ilegales como ciudadanos estadounidenses y ex agentes policiales mexicanos.[39]

A la luz de todas estas historias sobre el paso de la actividad de los narcos al norte de la frontera, uno se sentiría inclinado a pensar que Estados Unidos está siendo tomado por los narcotraficantes y que el desbordamiento de la violencia de la frontera es un fenómeno indiscutible. Pues bien, hay estadísticas y funcionarios del gobierno que afirman lo contrario.

Las opiniones están bastante polarizadas en cuanto a la extensión de la violencia relacionada con la droga de México a Estados Unidos. Por un lado están los alcaldes y los jefes de policía de ciertas ciudades fronterizas que proclaman a toda voz que su localidad es una de las ciudades más seguras del país. Si se examinan estrictamente las estadísticas de delitos, tendrían razón. Los niveles de delincuencia en San Diego se han mantenido estables o han disminuido en los últimos seis años, que es aproximadamente cuando comenzó el marcado aumento de la delincuencia en Tijuana. A finales de enero de 2010, el periódico *San Diego Union-Tribune* publicó un artículo en el que se afirmaba que el índice de criminalidad general de la ciudad fronteriza se ha reducido en un 18 por ciento en 2009, con una disminución del 25,5 por ciento en homicidios y del 15,4 por ciento en violaciones.[40] En noviembre de 2010, la agencia CQ Press clasificó a El Paso como la ciudad más segura de Estados Unidos, basándose en estadísticas de hechos delictivos correspondientes a 2009. Los informes y estadísticas del FBI proporcionados por las agencias policiales indican que los índices de criminalidad de Nogales, Douglas, Yuma y otros pueblos fronterizos de Arizona se ha mantenido esencialmente estables en la última década.[41]

Puede ser muy difícil reconciliar esas estadísticas de criminalidad con los relatos de primera mano sobre actos violentos cometidos al norte de la frontera y con las afirmaciones difíciles de aceptar realizadas por funcionarios del Departamento de Seguridad Nacional (DHS) que dicen que la frontera nunca ha estado más segura. Si es así, hay que preguntarse por qué se volvieron a desplegar 1.200 efectivos de la Guardia Nacional a la frontera del suroeste en el verano de 2010 como refuerzo para los agentes de la Oficina de Aduanas y Protección Fronteriza (CBP) y por qué se están desviando más recursos a la seguridad de la frontera. Tal vez sea cierto que El Paso solo registra un puñado de asesinatos cada año, pero a los rancheros de Arizona que sufren constantes robos en sus casas a manos de narcotraficantes y personas que cruzan la frontera no les importan las estadísticas de delincuencia de las grandes ciudades: solo les importan la seguridad y la inviolabilidad de sus fincas y propiedades privadas. A medida que los narcotraficantes y los contrabandistas de seres humanos se tornen más desesperados en sus intentos por llevar su carga al norte, sus acciones demostrarán esa desesperación y probablemente se volverán más atrevidas. Actualmente, algunos carteles que operan a ambos lados de la frontera ya están pasando por momentos de desesperación, con lo que ponen en peligro más vidas que nunca antes y amenazan la seguridad de Estados Unidos.

CAPÍTULO 2
EL NARCOTRÁFICO EN EL SIGLO XXI

L o último que Sonia se hubiera imaginado que haría para ganar dinero era transportar drogas ilícitas de un lado a otro de Estados Unidos. Emigró a este país cuando era adolescente y fue a la preparatoria como cualquier otra muchacha de su edad. Se casó, tuvo hijos y se mudó a California para establecer su propio negocio. Pero las cosas rápidamente empezaron a ir de mal en peor. Su esposo nunca estaba en casa para cumplir su papel de padre y su madre —a quien había traído de México para que la ayudara a cuidar a los niños— se enfermó gravemente. Entre las facturas médicas de su madre y el costo de criar a tres hijos, Sonia estaba muy necesitada de dinero. Para escapar del estrés de su vida cotidiana, Sonia a menudo salía de parranda con su amiga Patricia. Para cualquiera resultaba evidente que Patricia y su esposo tenían dinero y que definitivamente vivían "la buena vida". A Sonia le gustaba compartir con ellos porque era una forma de proporcionarse el escape que tanto necesitaba de su trabajo, sus hijos y sus deudas. Durante una de sus visitas, Patricia le preguntó cómo le iba. Sonia le contó a su amiga que tenía problemas de dinero, que su esposo prácticamente la había dejado sin ningún apoyo económico y que se había quedado sin opciones. Patricia le hizo la confidencia de que ella tenía algunos "contactos" que tal vez podrían ayudarla. Lo único que tenía que hacer era usar su carro de vez en cuando para llevar algunos paquetes de un lado a otro del país. Le pagarían bien por esta especie de servicio de mensajería. Sonia no podía rehusarse.

A lo largo de los años siguientes, Sonia transportó paquetes que contenían distintos tipos de drogas ilícitas en su carro a distintas partes del país. Tenía cierta idea de que Patricia y su esposo estaban conectados con la Federación de Sinaloa, pero en realidad no le importaba. Le pagaban bien y con eso podía pagar sus cuentas. A veces, en lugar de darle dinero en efectivo, le pagaban con drogas, pero esto era un problema porque Sonia no las consumía. Afortunadamente para ella, tenía sus propios contactos en su estado natal de Michoacán. Sonia hizo los arreglos necesarios para vender las drogas a personas vinculadas con la Familia Michoacana. A veces también les servía de transporte de drogas de México al sur de California a través de Tijuana.

Desafortunadamente para Sonia, su conveniente situación no duró mucho tiempo. Una noche, mientras esperaba en su carro en un estacionamiento para hacer una entrega de drogas, fue atrapada por la Dirección de Control de Drogas (DEA). Sonia era residente legal en Estados Unidos, pero había cometido un delito grave, lo que significaba que probablemente la deportarían a México después de cumplir una condena de prisión en Estados Unidos. Quedaría separada de sus hijos, que se habían criado como estadounidenses y tal vez no quisieran irse a México después que su madre saliera de la prisión. Sus perspectivas eran sombrías. Siempre supo, en la mente y en el corazón, que lo que hacía estaba mal, pero el señuelo del dinero fácil era simplemente demasiado tentador para ignorarlo. No todo el que se involucra en el narcotráfico lo hace con las nobles intenciones de Sonia. Pero a todos les brillan los ojos por igual cuando ven delante de sus narices la apetitosa zanahoria del dinero abundante y fácil.

La única razón de ser de los carteles mexicanos de la droga es por las enormes ganancias que pueden obtener del tráfico de drogas ilícitas a Estados Unidos. Solamente en 2010, se incautaron más de 1.725 toneladas de narcóticos ilícitos a lo largo de la frontera del suroeste. Esto equivale aproximadamente al peso de una fragata pequeña de la marina estadounidense. La mariguana, el estupefaciente que más comúnmente se contrabandea por la frontera, representó más del 98 por ciento de las confiscaciones. El porcentaje restante correspondió a la cocaína, la metanfetamina, la heroína y una pequeña cantidad de MDMA, conocida más comúnmente como "éxtasis". Las ganancias generadas por los carteles mexicanos de la droga son realmente sorprendentes: en 2006, el Centro Nacional de Información sobre Drogas [*National Drug Intelligence Center (NDIC)*] calculó que las organizaciones de narcotráfico mexicanas y colombianas generan anualmente entre $8.300 y $24.900 millones en ingresos por la venta de drogas al por mayor en Estados Unidos. De ese cálculo, la cantidad más conservadora equivale a lo que gastaba el gobierno estadounidense durante un mes típico en la guerra de Irak.[1]

Antes de que esas drogas puedan llegar a Estados Unidos, tiene que ser transportadas a ciertos lugares de México. En el caso de la mariguana, la metanfetamina y la heroína, esa es la parte más fácil porque se trata de narcóticos de producción nacional. Las amapolas productoras de opio se dan muy bien en las montañas centrales de México, conocidas como la Sierra Madre Occidental. En el estado de Sinaloa, cuna del cartel de la Federación, también hay inmensos campos de mariguana. Actualmente, debido a las grandes restricciones que se han impuesto a la venta de efedrina en Estados Unidos, los superlaboratorios mexicanos de metanfetamina se están convirtiendo en la norma. Un superlaboratorio mexicano puede producir la misma cantidad de metanfetamina que veinte laboratorios estándar de metanfetamina en Estados Unidos. En el caso de la cocaína, las líneas de suministro en México son mucho más complicadas, porque esta droga tiene que importarse desde el exterior. La fuente más importante es Colombia y las FARC proveen aproximadamente el 90 por ciento de la cocaína que se transporta a través de México. El resto proviene de Perú, Bolivia y algunos otros lugares. Aquí es donde entran en juego las líneas de suministro de Centro y Suramérica establecidas por carteles en expansión, como la Federación y Los Zetas.

Lo más fácil es encontrar a personas dispuestas a transportar drogas de México a Estados Unidos. En muchas partes de México, hay pocas posibilidades económicas tanto para jóvenes como para adultos. Como sucedió en el caso de Sonia, el señuelo del dinero fácil y rápido puede ser irresistible para quienes tratan de escapar de una vida sin perspectivas en algún rincón perdido de México. También es muy difícil resistirse a la buena vida que aparentemente se dan los narcos, sobre todo en el caso de los adolescentes que oyen hablar de las proezas de los capos en canciones conocidas como *narcocorridos*. Además, si no encuentran suficientes voluntarios para el contrabando de drogas, los carteles a veces reclutan a mulas por la fuerza. Este tipo de esclavitud suele ser una forma de castigar a quienes no hayan pagado los "impuestos" a los carteles o a quienes de alguna manera los hayan hecho enojar.

Las pandillas de narcotráfico y tráfico humano de Arizona buscan a jóvenes en los bares de Phoenix para engrosar sus filas. En el estado hay una elevada tasa de desempleo y, por lo tanto, hay muchos estadounidenses desesperados por ganar dinero y buscar empleo, que pueden pasar inadvertidos entre la población en general que realiza sus actividades cotidianas. Los reclutadores de los carteles a menudo muestran grandes cantidades de efectivo a sus nuevos empleados potenciales, a quienes buscan para que transporten drogas, armas de fuego y seres humanos a distintos puntos a lo largo de la frontera entre Estados Unidos y México.[2]

Lo más difícil es lograr pasar los narcóticos por la frontera. Afortunadamente para los traficantes —y desafortunadamente para Estados Unidos— los contrabandistas disponen de varios medios para transportar la droga. Algunos de estos son considerablemente más comunes que otros y, a medida que se intensifican los esfuerzos por hacer cumplir la ley a lo largo de la frontera y dentro del propio México, los carteles se adaptan rápidamente y, o cambian de lugar, o inventan nuevos métodos. A continuación se enumeran algunos de los métodos más prevalecientes de contrabando de drogas de un lado a otro de la frontera.

TRANSPORTE POR TIERRA

Quienes nunca hayan ido por carretera hasta la frontera entre Estados Unidos y México quizás no puedan imaginarse fácilmente el enorme volumen de tráfico vehicular que pasa día tras día de un lado a otro de la frontera del suroeste. Los peatones y los vehículos (privados y comerciales) pasan por estaciones fronterizas reciben el nombre de "puertos de entrada", controladas por la Oficina de Aduanas y Protección Fronteriza (CBP). En la actualidad hay 25 puertos de entrada por tierra a lo largo de la frontera, algunos de los cuales son por igual para peatones y vehículos, mientras que algunos se han designado exclusivamente para el tráfico comercial.

Según la Oficina de Transporte de Estados Unidos, entre enero y agosto de 2011, cruzaron de México a Estados Unidos a través de puertos de entrada en la frontera del suroeste más de 3,2 millones de camiones y más de 26,5 millones de peatones y 40,8 millones de vehículos privados.[3] Los tiempos de espera estimados para llegar hasta la caseta de inspección principal, el primer punto de contacto con la CBP al cruzar la frontera, pueden ser de dos horas o más en los puertos de entrada más ajetreados durante las horas pico.[4]

Los camiones y automóviles presenta muchas dificultades para los inspectores de la CBP, pues en ellos hay muchos rincones donde se pueden esconder drogas: compartimentos ocultos dentro de los asientos, los neumáticos y el tanque de gasolina, por mencionar algunos. La tecnología utilizada en la detección de drogas ha mejorado enormemente, pero a veces el medio más eficaz es un buen perro especializado en detectar narcóticos o unas cuantas manos que desarmen un carro por completo. Este método tan destructivo es a menudo la única manera de acceder a algunos de esos compartimentos, cuya confección puede resultar sumamente sofisticada.

En febrero de 2009, la policía de New Bedford, Massachusetts, descubrió un compartimento oculto detrás del velocímetro de un Volkswagen Jetta del 2002. El compartimento "solo se podía abrir si se activaban distintos mecanismos en una secuencia exacta, por ejemplo, poniendo el radio en una estación en particular, seguido de la activación del intermitente y del freno de emergencia. De esta manera se abría automáticamente el tablero de indicadores, con lo que quedaba al descubierto un compartimento lo suficientemente grande como para ocultar drogas, armas de fuego y dinero en efectivo", según informes de la prensa. Solo hay que imaginarse el nivel de conocimientos técnicos que hace falta tener para construir semejante compartimento. La policía de New Bedford aseveró que los involucrados tendrían que haber sacado todo el bloque del motor para poder hacerlo, a un costo de $10.000 a $15.000. "Hay algunos especialistas por ahí que tienen los conocimientos necesarios para hacer esto", afirmó el Teniente Jeffrey P. Silva, portavoz de la policía de New Bedford. "Las personas que tienen estas habilidades son conocidas en todo el submundo de los delincuentes".[5]

Los contrabandistas a menudo hacen pasar drogas por la frontera mediante el método más antiguo (cruzando a pie por territorio no vigilado) cuando los narcotraficantes no quieren correr el riesgo de ser atrapados en un puerto de entrada. Este método tiene varias desventajas. En primer lugar, los contrabandistas se ven limitados por el peso que una persona puede transportar satisfactoriamente por terrenos que a menudo son intransitables. El terreno a lo largo de la frontera de 2.000 millas de extensión puede presentar variaciones sorprendentes, desde tórridos desiertos de arena hasta escarpadas colinas y grandes formaciones rocosas. Las temperaturas pueden elevarse a más de 120ºF en algunos lugares y descender precipitadamente a 50ºF tras la puesta de sol, por lo que llevar la vestimenta adecuada para cada temporada es fundamental para sobrevivir. A menudo resulta difícil encontrar manantiales u otras fuentes naturales de agua limpia, por lo que normalmente los contrabandistas tienen que llevar consigo la mayor cantidad de agua posible, además de su carga de narcóticos. En segundo lugar, para poder aumentar el tamaño total de la carga, tienen que incluir un mayor número de personas en cada grupo de contrabando, lo que los hace más difíciles de detectar. No obstante, la ventaja de contrabandear drogas a pie radica en el hecho de que hay cientos de millas de la frontera que no tienen ni muro ni cerca y donde tampoco existe la posibilidad de una respuesta rápida por parte de los agentes de la patrulla fronteriza.

Es sabido que, cuando los métodos más tradicionales de contrabando de drogas por tierra no parecen factibles en un lugar en particular, los carteles han recurrido, literalmente, a vías subterráneas. De los 149 túneles transfronterizos que se han descubierto desde 1990, se han encontrado 139 desde 2001 y 100 en los últimos cuatro años. El problema se ha limitado en gran medida a Arizona y California, aunque en 2010 se encontró un pasadizo de 130 pies de largo cerca de El Paso, Texas.[6] Algunos de estos túneles son pequeños y torpemente excavados, pero otros son verdaderas maravillas de la construcción, teniendo en cuenta la finalidad con que han sido usados y las circunstancias clandestinas en que fueron construidos. Algunos están dotados de vigas de apoyo a todo lo largo, pisos de concreto, iluminación abundante y sistemas de ventilación. Incluso, algunos tienen raíles para el movimiento de carritos repletos de narcóticos destinados al norte, a Estados Unidos (o, en sentido contrario, de dinero destinado al sur, a México).

Uno de los túneles fronterizos más sofisticados fue descubierto en enero de 2006, en un centro de distribución de frutas en Otay Mesa, California. El túnel tenía 85 pies de profundidad y su otro extremo estaba a media milla en Tijuana, donde lo utilizaba la organización Arellano Félix para contrabandear drogas a Estados Unidos.[7] Típicamente, los túneles se descubren cuando alguien da una pista a las autoridades sobre obras sospechosas, como ruidos de excavación, actividades a horas extrañas, o la presencia de numerosos camiones. Aunque los agentes fronterizos actualmente utilizan diversos métodos de detección de túneles —con inclusión de radares que penetran en el suelo y equipamiento sónico— la investigación y los buenos métodos de observación suelen dar mejores resultados que la tecnología moderna. Los agentes de la patrulla fronteriza saben que, a veces, la mejor manera que tienen de encontrar túneles en la frontera es cuando accidentalmente pasan con un camión por encima de la entrada de uno de ellos.

Con todo, la tecnología de detección de túneles está mejorando. A mediados de 2009, el Departamento de Seguridad Nacional empezó a trabajar con Lockheed Martin para crear un sistema de radar que penetre en el suelo diseñado específicamente para detectar túneles en la frontera mediante el uso de frecuencias mucho más bajas y nuevas tecnologías para generar imágenes. Ya existe un prototipo creado por los Laboratorios Nacionales de Idaho, que recibe el nombre de LAS (iniciales en inglés de *Look-Ahead Sensor*, o "sensor para mirar hacia adelante"). Este aparato transmite ondas acústicas que penetran en la tierra. Tiene incorporado un detector de movimientos que mide la forma en que estas ondas hacen vibrar la tierra y las rocas por las que pasan. Luego el LAS envía las mediciones generadas por las ondas a una computadora portátil, dotada de un software especial que puede registrarlas gráficamente y analizarlas para determinar la posibilidad de que haya un túnel debajo del lugar donde se encuentra el sensor.

En 2003, el Servicio de Inmigración y Control de Aduanas (ICE) creó el grupo de tareas sobre los túneles de San Diego. Este es el único grupo de su tipo formalmente establecido, aunque en Nogales, Arizona, también hay un grupo que es más informal pero tiene la misma misión. El grupo de tareas es un esfuerzo compartido entre muchas agencias —incluida la patrulla fronteriza, la DEA, el Departamento de Justicia de Estados Unidos (USDOJ) y personal de la marina estadounidense— con el propósito de llevar a cabo investigaciones que, a la postre, conduzcan al descubrimiento de túneles utilizados para el contrabando de grandes cantidades de drogas a Estados Unidos. De hecho, el grupo de tareas descubrió recientemente dos túneles en el área de Otay Mesa, California. Ambos fueron encontrados en un plazo de apenas tres semanas. Uno de los casos llevó a la confiscación de 20 toneladas de mariguana. El túnel tenía dos entradas por el lado estadounidense, aproximadamente a 800 pies de distancia entre sí en dos almacenes diferentes, y llegaba a una profundidad de 90 pies. Por dentro, las paredes de uno de los túneles estaban reforzadas con soportes de madera y bloques de concreto y el pasadizo estaba equipado con sistemas avanzados de raíles, electricidad y ventilación.

Rara vez los túneles duran más que un par de meses hasta que son descubiertos. Una vez encontrados, hay que rellenarlos de concreto, a menudo a un gran costo. El relleno de los túneles de Otay Mesa costó $700.000. A pesar del carácter efímero de estos túneles, los contrabandistas de drogas siguen excavándolos y los contrabandistas de seres humanos siguen transportando personas de esta forma tan peligrosa.

TRANSPORTE MARÍTIMO

Una imagen frecuente cerca de las costas de Miami es la de una lancha tipo "*cigarette*" de 50 pies de eslora que avanza en medio del oleaje a una velocidad de sesenta nudos. La capacidad de abrirse paso a altas velocidades por las bravas aguas del mar abierto, en combinación con una buena capacidad de almacenamiento, hacen que estas poderosas lanchas de competencia —que, por razones obvias, también se conocen como "lanchas rápidas"— sean el método ideal de transporte marítimo para los contrabandistas de drogas. Las lanchas rápidas son difíciles de detectar mediante el radar convencional, particularmente con la mar serena, y el Servicio de Guardacostas de Estados Unidos dispone de recursos limitados para perseguir a estas embarcaciones si las interceptan en el mar. No obstante, los "guardacostas" cuentan con helicópteros equipados con armamentos capaces de inhabilitar los potentes motores de las lanchas rápidas.

Si bien la velocidad es casi siempre el rasgo más conveniente en una embarcación de contrabando marítimo, a veces puede ser más importante la capacidad de pasar inadvertidos. Se sabe que los contrabandistas han usado yates más grandes y embarcaciones de lujo para transportar cargamentos más grandes hasta aguas cercanas a la costa estadounidense. Normalmente estos cargamentos se transfieren a balsas motorizadas u otros botes pequeños que pueden llegar inadvertidos hasta alguna playa desierta de la costa de California o Texas. El Servicio de Guardacostas dispone de algunos medios que le permiten detectar embarcaciones sospechosas desde la costa, pero esta tarea es, cuando menos, muy difícil en lugares como San Diego y las Islas Coronado, más distantes, donde cada fin de semana surcan las aguas cientos de embarcaciones de placer y yates grandes.

Además, a veces la propia capacidad de carga pasa a ser más importante que la velocidad. La última moda en el contrabando marítimo comenzó en los años 90 con el uso de submarinos autopropulsados y semisumergibles, conocidos más comúnmente como "narcosubmarinos". Por lo general se trata de embarcaciones muy elementales, con pequeños motores diesel y con tubos de escape, que avanzan a paso de tortuga: a unos seis nudos de velocidad. De hecho, algunos narcosubmarinos parecen estar hechos de cartón, cinta adhesiva y tuberías plásticas, aunque en Colombia se han incautado algunos modelos de construcción industrial valorados en millones de dólares.

En julio de 2010, las autoridades militares y de lucha contra el narcotráfico de Ecuador, con ayuda de la DEA, confiscaron un submarino perfectamente capaz de funcionar, construido con el propósito principal de transportar múltiples toneladas de cocaína. El submarino de doble hélice, de propulsión diesel-eléctrica, tenía unos 95 pies de eslora y alcanzaba una altura de unos nueve pies desde el forro de cubierta hasta el techo. La sofisticada embarcación tenía además su torre de mando, periscopio y sistema de aire acondicionado, lo que contrasta fuertemente con los habituales narcosubmarinos de confección elemental que se han incautado hasta la fecha. El submarino fue construido en un rincón remoto de la selva, con la intención de evitar que fuera detectado por las autoridades, y fue localizado cerca de una pequeña vía fluvial en las cercanías de la frontera entre Ecuador y Colombia. Como resultado de la información de inteligencia obtenida por la DEA, las autoridades ecuatorianas pudieron confiscar la embarcación antes de que hiciera su primer viaje de contrabando. Esta fue la primera vez que se confiscó un submarino construido en secreto y capaz de funcionar, concebido específicamente para el narcotráfico por vía marítima.[8]

Las ventajas de los narcosubmarinos radican en su enorme capacidad de transportar drogas —hasta ocho toneladas, en algunos casos— y la posibilidad que tienen los contrabandistas de llenarlos de agua y hundirlos a propósito en un par de minutos. Además, son virtualmente imposibles de detectar por medios visuales o por radar y muchos de los que se han capturado en el mar han sido encontrados por pura suerte. Los narcosubmarinos se están usando cada vez más para transportar cocaína de Colombia a algunas partes del sur de México, desde donde el cargamento de narcóticos se transporta por tierra. No obstante, algunos han sido detectados más recientemente en aguas más cercanas a la costa estadounidense.

Los contrabandistas de drogas todavía usan embarcaciones y contenedores comerciales para ocultar cargamentos de drogas, pero este no es su método preferido. Lo usan sobre todo los traficantes dominicanos o suramericanos que tratan de contrabandear drogas al este de Estados Unidos a través de las rutas del Caribe. Los carteles mexicanos tienen la ventaja de contar con una ruta directa por tierra para transportar drogas, por lo que es probable que el uso de embarcaciones comerciales sea para ellos más problemático de la cuenta. No obstante, la ventaja principal de este método es que las drogas se pueden ocultar fácilmente entre cargamentos legítimos y pocos contenedores de carga son inspeccionados físicamente a su llegada a los puertos estadounidenses. Según las estadísticas actuales de confiscaciones, los barcos de contenedores que provienen de puntos en el Caribe son los que tienen más probabilidades de llevar contrabando; a las confiscaciones de drogas realizadas en embarcaciones comerciales provenientes de carteles mexicanos solo les corresponde el uno por ciento del total de confiscaciones de narcóticos en la frontera del suroeste.

A pesar de esta estadística, algunas de las formas más creativas en que los contrabandistas han transportado las drogas han tenido que ver con métodos marítimos. En junio de 2009, la marina mexicana inspeccionaba algunos contenedores de carga en el puerto yucateco de Progreso cuando se encontraron algo que les resultó sospechoso. Hicieron traer equipos de rayos X y perros especializados para inspeccionar un contenedor en particular y cuál no sería su sorpresa al encontrarse dentro del contenedor más de una tonelada de cocaína metida dentro de los cuerpos de más de 20 tiburones congelados.[9] También en junio de 2009, unos agentes de la patrulla fronteriza estadounidense detuvieron a dos surfistas mexicanos por tratar de contrabandear 141 libras de mariguana. Los fardos estaban amarrados con cinta aislante negra a una tercera tabla de *surfing*, que era remolcada por los dos hombres a unas 200 yardas de la costa de Imperial Beach, California.[10]

TRANSPORTE AÉREO

Amado Carrillo Fuentes, el capo conocido como "el Señor de los Cielos", que murió durante una operación de cirugía plástica en 1997, fue pionero del uso de transporte aéreo para contrabandear drogas. Llegó a tener una flota de por lo menos 22 aviones privados Boeing 727, que utilizaba para transportar cocaína colombiana tanto a aeropuertos municipales como a pistas de tierra en distintas partes de México.[11]

Una tendencia interesante que han observado las agencias fronterizas estadounidenses es el uso cada vez mayor de aviones ultraligeros para transportar cargas de mariguana hasta el otro lado de la frontera. Según el modelo ultraligero de que se trate, pueden transportar más de 250 libras de carga, además del piloto. La mayoría de los modelos no disponen de una gran autonomía de vuelo, por lo que deben despegar relativamente cerca de la frontera en México y tener listo otro método de transporte en algún lugar previamente convenido en Estados Unidos. Lo que normalmente se usa es un vehículo todoterreno o camión que pueda transportar al piloto y el cargamento de drogas a su destino final.

Durante el año fiscal que culminó el 30 de septiembre de 2011, la CBP registró 223 incursiones de avionetas ultraligeras a lo largo de la frontera de 2.000 millas. Esto representa un número inferior al de 2010, pero aproximadamente el doble que el de 2009.[12] En mayo de 2010, el Mando de Defensa Aeroespacial de Norteamérica envió dos aviones caza F-16 a interceptar un avión ultraligero que cruzaba la frontera hacia Arizona y lo siguió durante unos 30 minutos hasta que voló de regreso a México. Algunos aviones ultraligeros han sido detectados a una distancia de hasta 200 millas al norte de la frontera entre Estados Unidos y México.[13] Y son difíciles de capturar porque los contrabandistas de drogas que los utilizan no siguen las normas de la Administración Federal de Aviación acerca del uso de luces, el vuelo a alturas específicas o las rutas de vuelo. Hay consideraciones tanto legales como humanitarias que impiden a los agentes del orden de Estados Unidos derribarlos en vuelo, lo que hace que sean más difíciles de capturar.

Si bien en la actualidad la vía aérea es el método menos común que utilizan las organizaciones de narcotráfico para contrabandear drogas a Estados Unidos, lo que hacen los proveedores suramericanos es llevar la cocaína y la heroína en avión hasta México, desde donde la transportan por tierra a través de la frontera. Además, se han aumentado los esfuerzos de intercepción aérea en Colombia, por lo que ahora se ven cada vez menos drogas que llegan por vía aérea.

DISTRIBUCIÓN DENTRO DE ESTADOS UNIDOS

Cuando las drogas ilícitas pasan al fin de México a Estados Unidos, queda atrás la parte más difícil. Cuando las drogas entran por la frontera, suelen ser guardadas en depósitos o casas seguras en algunas de las principales áreas metropolitanas, como Dallas, El Paso, Houston, Los Ángeles, Phoenix, San Antonio y San Diego.[14] Las drogas se dividen en paquetes separados para su envío a distintas partes de Estados Unidos. Entre las rutas de tránsito de narcóticos más utilizadas con este propósito en el suroeste se incluyen la autopista I-5, que va hacia el norte desde San Diego, California, hasta la frontera con Canadá al norte de Seattle; la autopista I-8, que va hacia el este desde San Diego, pasa por Yuma, Arizona, y se conecta con la I-10 justo al sur de Phoenix; la autopista I-15, que va hacia el norte desde San Diego hasta Los Ángeles y luego sigue hacia el noreste a través de Las Vegas; la autopista I-10, que va hacia el este desde Los Ángeles, llega a Jacksonville al otro extremo del país y tiene la conveniencia de que pasa por ciudades como Phoenix, Tucson, El Paso y San Antonio; y la autopista I-35, que va hacia el noreste desde Laredo, Texas, pasa por Austin y Dallas y luego sigue hacia la región centro-norte del país (conocida como Midwest).

La distribución dentro de las ciudades y pueblos depende de la composición de la delincuencia en cada localidad. En la mayoría de las zonas urbanas, la venta de drogas suele estar en manos de las pandillas. Algunas tienen vínculos más estrechos que otras con los propios carteles mexicanos, pero hay abundantes evidencias de que los carteles se mantienen muy al tanto de su producto desde que entra en Estados Unidos. Las estimaciones actuales del Departamento de Justicia de Estados Unidos (USDOJ) indican que las organizaciones mexicanas de narcotráfico tiene una presencia establecida, de una forma u otra, en más de 1.000 ciudades estadounidenses, y esto ni siquiera incluye todos los pueblos pequeños y comunidades rurales donde se venden a consumidores estadounidenses las drogas cultivadas y producidas en México.

En algunos casos, el estadounidense promedio es quien podría estar involucrado en el transporte de las drogas. En noviembre de 2010, se interpuso una acusación contra 35 personas en la que se alegaba que transportaban drogas dentro de Estados Unidos para la Federación de Sinaloa. De todas esas personas, 23 fueron detenidas en Colorado, dos en El Paso, una en Illinois, una en Alabama y una en Nevada. En el grupo había desde pandilleros de la calle, hasta un bombero jubilado de Denver y un asistente de entrenador de béisbol de la Universidad Regis. El fiscal federal encargado del caso manifestó que su reacción ante la variedad de personas detenidas fue "más que de sorpresa".[15] En marzo de 2012, fueron detenidos tres estadounidenses de la raza negra en una emboscada de la DEA bajo la acusación de acceder a transportar drogas, proporcionar armas y entrenamiento y cometer asesinatos al servicio de Los Zetas. Uno de los sospechosos es un sargento en activo del ejército y otro es un ex miembro de la reserva del ejército.[16]

Cuando los drogas ilícitas logran pasar por la frontera, continúan su paso hacia el resto del país. Las personas que vivan en cualquier área metropolitana más o menos grande, o en sus cercanías, tienen muchas probabilidades de encontrarse en una localidad llena de drogas controladas por uno de los carteles mexicanos. El Centro Nacional de Información sobre Drogas (NDIC) ha identificado siete ciudades que son las que se usan más frecuentemente como puntos de origen o destino de cargamentos de droga provenientes de México: Chicago, Denver, Detroit, Houston, Miami, Nueva York y Tucson. Valga señalar que solamente dos de esas siete ciudades se encuentran a una distancia más o menos cercana de la frontera del suroeste.[17] Los carteles mexicanos de la droga se "esconden a plena vista" en distintas partes de Estados Unidos. La cambiante composición demográfica de Atlanta han hecho esta ciudad se convierta en uno de los centros de distribución de droga más activos de todo el país. El condado suburbano de Gwinnett, situado a unas treinta millas al noreste de Atlanta, es el "epicentro" de la actividad de narcóticos de la región. Según datos del censo estadounidense, la población hispana del condado de Gwinnett ha ido en franco incremento, de 8.470 en 1990 a 64.137 en 2000, hasta alcanzar casi los 162.000 en 2010. En la actualidad, el 20 por ciento de los 805.000 residentes del condado son hispanos. "Se ve que las operaciones mexicanas de narcotráfico están colocando a sus representantes dentro de estas comunidades para así poderse ocultar a plena vista", señaló Rodney Benson, jefe de la DEA en Atlanta. "Estaban tratando de mezclarse con las mismas comunidades donde viven hispanos trabajadores que respetan la ley".[18]

En el año fiscal 2008, las autoridades federales de narcóticos confiscaron en Atlanta más dinero en efectivo relacionado con las drogas —unos $70 millones— que en cualquier otra región del país. "Las mismas personas que están haciendo rodar cabezas en las calles de Ciudad Juárez son las que operan en Atlanta. La única diferencia es que aquí se comportan mejor", afirma Jack Killorin, jefe de un grupo federal de tareas de la Oficina de Política Nacional de Control de Narcóticos (ONDCP) en Atlanta.[19] Los narcopandilleros mexicanos típicos en Estados Unidos se esfuerzan mucho por mantener un perfil bajo. Para ellos es más fácil distribuir las drogas cuando la policía no sabe quiénes son ni dónde están. Si logran esto, significa que la población en general tampoco sabe quiénes son ellos.

Según la parte del país de que se trate, la metanfetamina podría ser la amenaza más grande de una comunidad determinada en lo que a narcóticos se refiere. Esta droga sumamente adictiva e insidiosa, que a veces se conoce como "hielo" (cristales de metanfetamina) o "crank" (metanfetamina hecha en casa, al estilo del aguardiente ilegal), es muy fácil de preparar con distintos tipos de productos químicos intercambiables. No solo es una de las principales exportaciones de narcóticos de los carteles mexicanos de la droga, sino que además se produce en todas partes en Estados Unidos, a menudo en laboratorios situados muy lejos de la frontera pero controlados por mexicanos. Los laboratorios de metanfetamina son sitios muy peligrosos. Son fáciles de ocultar porque no requieren mucho equipamiento pero, al mismo tiempo, son fáciles de detectar debido al olor característico que producen y a las formas a veces descuidadas en que se tiran a la basura los contenedores de sustancias químicas. Además, son increíblemente comunes en todo el país y resulta alarmante la cantidad de laboratorios de este tipo que se han descubierto en años recientes. Por ejemplo, entre 2004 y 2010 en la Florida, las agencias de orden público descubrieron más de 560 laboratorios clandestinos de narcóticos. Durante el mismo período, en Utah solo se encontraron unos 60 laboratorios y en Maine, solamente nueve. Pero hay estados como California, donde se han descubierto más de 760 laboratorios de metanfetamina, Kansas con más de 370 y Michigan con más de 700.[20] Para comprobar la magnitud de la penetración de los carteles mexicanos en el propio corazón de Estados Unidos, veamos el caso de Iowa. En 2004, cuando en ese estado se descubrían al mes aproximadamente 20 laboratorios clandestinos de droga, Iowa recibió oficialmente el apelativo de "capital mundial de la metanfetamina". Este número se redujo considerablemente después que en 2005 se prohibiera en Iowa la venta de pseudoefedrina. En 2011, solo se descubrieron 25 laboratorios en el estado de Iowa. Aunque la producción interna del estado disminuyó, fue sustituida rápidamente por la entrada de cristales de metanfetamina producidos en México.

En Dakota del Sur, las autoridades se vanagloriaron en 2006 de que su ley estatal que restringía la venta de pseudoefedrina había contribuido a que el número de laboratorios de metanfetamina se redujera más rápidamente en su estado que en cualquier otro. No obstante, el 74 por ciento de los agentes de la policía local indicó que la ley no había traído absolutamente ningún cambio en la *demanda* de metanfetamina y el 61 por ciento indicó que la *oferta* o se había mantenido estable o había aumentado.[21]

En octubre de 2009, las autoridades desmantelaron un laboratorio de metanfetamina controlado por LFM en Lawrenceville, un suburbio de clase media de Atlanta. Era uno de los laboratorios de metanfetamina más grandes que las autoridades jamás hubieran descubierto en Estados Unidos; confiscaron 174 libras de la droga ilícita y detuvieron a varios miembros del cartel. Los miembros de LFM utilizaban sustancias químicas inflamables para cristalizar una solución líquida de metanfetamina que habían producido en México.[22] Todo esto se estaba desarrollando en un barrio suburbano típico de Georgia, donde los niños juegan en la calle todos los días. Los métodos utilizados por los carteles mexicanos para contrabandear drogas ilícitas a Estados Unidos se han tenido que ir adaptando con el paso de los años debido a los esfuerzos de cumplimiento de la ley del lado norte de la frontera, con los que se están logrando algunos avances en cuanto a la confiscación e intercepción de drogas. Con todo, es como si los carteles siempre estuvieran un paso más adelante. Tampoco ayuda el hecho de que la demanda estadounidense de mariguana, cocaína, heroína y metanfetamina ha cambiado muy poco en las últimas décadas. Mientras esto no cambie, el narcotráfico de México a Estados Unidos se mantendrá relativamente invariable.

CAPÍTULO 3

DE MÉXICO AL VECINO DEL NORTE: VIAJE DE UNA DROGA ILÍCITA A ESTADOS UNIDOS

A Ernesto le espera otro largo y caluroso día de trabajo en los campos de amapolas. Su vida en el estado mexicano de Guerrero es dura, a veces incluso brutal. Pero Ernesto hace lo que sea para mantener a su esposa y tres hijos, quienes probablemente encontrarán pocas oportunidades en la vida. Reflexiona sobre esto mientras se prepara al amanecer para comenzar, cerca de allí, el laborioso proceso de cosechar las amapolas productoras de opio, que ya alcanzaron la madurez.

Ernesto tuvo que esperar a que se cayeran los pétalos de las amapolas. Después de esto, hace unos pequeños cortes en las cápsulas que quedan en los tallos. Durante el transcurso de un día, de estos cortes saldrá opio en bruto. Después que las cápsulas terminen de supurar, Ernesto deberá raspar la goma de opio y ponerla en bolsas de papel. Un campo de amapolas promedio tiene miles de plantas, por lo que Ernesto tiene mucho trabajo por delante, por el que espera recibir una buena compensación. Al final, deberá arrancar las cápsulas y abrirlas para poder sacar de ellas las semillas que se utilizarán en la cosecha del año siguiente.

Tras terminar de recoger toda la goma de opio que puede, Ernesto pondrá la goma a secar y luego la envolverá en una hoja de banana o en una lámina de plástico. Este producto dura mucho tiempo, por lo que Ernesto puede esperar a que el comprador adecuado con el precio adecuado visite su pueblecito en Guerrero y le haga una buena oferta. En estos tiempos, Ernesto puede ganar entre $700 y $1.200 por cada libra de goma de opio[1] y esta es solo la primera cosecha. Si el tiempo coopera, quizás pueda hacer dos cosechas más antes de que termine la temporada.

A casi 1.900 millas de allí, en la bulliciosa ciudad de Chicago, Michael necesita sentirse bien lo más rápido posible. Es adicto a la heroína y la última dosis que se dio estaba tan diluida que le pareció que el efecto le había durado apenas unos segundos. Por fortuna para Michael, vive en una ciudad donde la heroína es fácil de hallar a un precio relativamente módico.

Tras encontrar a su traficante, paga rápidamente $50 por su dosis. Es más de lo que pagaría normalmente, pero es que ya está empezando a desarrollar tolerancia. Necesita empezar a pagar un poco más para conseguir heroína de mayor pureza, que no esté mezclada con otras sustancias químicas. Después de ponerse cómodo en casa y dejar que la droga le entre en el sistema, se siente transportado muy lejos de su dolor, sus problemas y su mísera vida en el North Side de Chicago. No puede ni siquiera imaginarse lo distante que está de Ernesto, quien vive a 1.900 millas en un pueblecito mexicano.

No obstante, por muy alejados que Ernesto y Michael parezcan estar geográficamente, ambos se encuentran en los extremos opuestos de una larga "cuerda" que se extiende desde México hasta el pleno corazón de Estados Unidos y que antes recibía el nombre de "camino de la heroína". En la actualidad hay un sinnúmero de cuerdas que conectan a los productores de mariguana, metanfetamina y heroína en México con consumidores de drogas en Estados Unidos. Lo más triste es que estas cuerdas no son fáciles de cortar e, incluso cuando se desgastan, suelen ser fáciles de reparar. Por otro lado, pasan muchísimas cosas entre un extremo y otro de la cuerda y es conveniente tener una mejor comprensión de cómo las drogas ilícitas van desde sus fuentes principales hasta sus usuarios finales, pues este sería el primer paso para elaborar una estrategia que permita cortar esos vínculos.

ENTRE LOS COMIENZOS Y LA FRONTERA

Cuando el comprador de opio obtiene de recolectores como Ernesto los materiales básicos que necesita, es cuando empieza la verdadera labor. El opio en bruto tiene que pasar por varios procedimientos químicos complejos para llegar a convertirse en la heroína que al final se inyectará o inhalará Michael. Para empezar, la goma tiene que llevarse a una refinería, donde se hierve y se filtra hasta convertirse en morfina. Después de esto, la morfina se comprime en bloques y entonces debe someterse a un complejo procedimiento químico para convertirla en heroína, que puede alcanzar niveles de pureza de más del 90 por ciento. Sin embargo, antes de llegar al usuario final, la heroína mexicana puede quedar diluida incluso hasta a un 5 por ciento de pureza, aunque algunas variedades son mucho más potentes y suelen tener un precio mucho mayor en la calle. La heroína de brea negra, una versión más concentrada que la heroína mexicana en polvo de color marrón, más común, pueda alcanzar niveles de pureza de entre un 50 y un 80 por ciento, pero su precio de venta puede llegar a ser tan bajo como $10 por una bolsita pequeña.[2] Mientras más pura sea la heroína desde el comienzo, más se puede ir diluyendo para alcanzar volúmenes mayores (y más lucrativos) del producto que se pueda vender.

Carlos es una de las primeras personas que tiene en sus manos varios bloques reempaquetados de heroína casi pura de una refinería mexicana clandestina. Sus jefes de la organización Vicente Carrillo Fuentes —también conocida como el Cartel de Juárez— le han ordenado que transporte los bloques a un depósito en Ciudad Juárez, donde se guardarán para su ulterior procesamiento. Cuando la carga que trae Carlos llega al depósito, otros empleados del Cartel de Juárez ponen manos a la obra de "cortar" la heroína. Este método consiste en añadir ciertas sustancias de apariencia similar a la heroína para así aumentar el volumen general que se puede vender. Algunas de las sustancias que se usan en el corte son cafeína, lactosa, medicamentos antipalúdicos, analgésicos y algún indicador ácido o básico.

Puede parecer extraño que se utilicen semejantes sustancias para diluir una potente droga ilícita, pero en realidad cumplen su propósito. La cafeína, por ejemplo, hace que la heroína se vaporice a una temperatura más baja, propiedad que algunos consumidores que la fuman o la inhalan pueden considerar como una ventaja práctica de mezclar las dos sustancias. La cloroquina, un medicamento antipalúdico muy conocido, no produce ninguna alteración en el efecto de la heroína ni influye en la forma de consumirla, pero su gran disponibilidad, bajo precio, color y estructura cristalina son probablemente las razones que explican su uso. El acetaminofén, que es el ingrediente activo de analgésicos de marca como el Tylenol, es fácil de adquirir y relativamente económico; además, sus propiedades moderadas de reducción del dolor y su sabor amargo puede servir para disimular la heroína de mala calidad.[3] La idea principal de los agentes de corte consiste en encontrar alguna sustancia que sea relativamente poco tóxica, tenga un aspecto parecido a la droga con la que se usa y posea propiedades similares, como la posibilidad de diluirla en agua.

Una vez que se han seguido las instrucciones para cortar la heroína guardada en el depósito del cartel de Juárez, es necesario empaquetarla para transportarla al otro lado de la frontera. Cada cartel tiene su propia forma de empaquetar sus drogas, pero por lo general las envuelven fuertemente en papel de aluminio o plástico; en este último caso, el paquete queda a prueba de agua. Además, los paquetes suelen tener forma de bloque para poder llevarlos con más facilidad en vehículos, mochilas y, en general, en cualquier otro espacio reducido. Muchas veces los bloques llevan un sello con un símbolo que identifica claramente a cuál cartel pertenecen las drogas.

A continuación, los líderes del cartel seleccionan a los mensajeros que llevarán los bloques al otro lado de la frontera.[4] En el capítulo 2 se expusieron las distintas formas de transportar las drogas ilícitas a Estados Unidos desde México. En este ejemplo, se seleccionan diez personas para que cada una lleve cinco bloques a través de uno de los cuatro puertos de entrada abiertos al tránsito de vehículos entre Ciudad Juárez y El Paso, Texas. Por cierto, esos mensajeros son seleccionados previa coordinación entre el cartel de origen y otras organizaciones delictivas mexicanas que se especializan en el transporte de drogas. Según el NDIC, es común que los carteles mexicanos empleen intermediarios de transporte independientes para facilitar el movimiento de cargamentos de drogas a través de la frontera entre Estados Unidos y México, hasta adentrarse en el oeste del estado de Texas y pasar más allá de esta región.[5] Estos intermediarios ayudan a los carteles a protegerse aun más de los agentes del orden y generalmente los carteles consideran que bien vale la pena pagarles por esa tarea.

En el mejor de los casos, quizás la CBP detiene a tres de los diez carros y los inspecciona detalladamente en el cruce fronterizo de vehículos. Los cinco bloques de droga que llevaban esos choferes son confiscados y los propios choferes quedan detenidos para su procesamiento judicial, expulsión o ambas cosas. Los choferes llevaban las drogas muy bien escondidas en los fondos falsos del equipaje y en compartimentos ocultos, pero con esto no engañan a los perros detectores de drogas que están trabajando ese día. Esos choferes se pusieron de mala suerte, pero los otros siete logran pasar y llegar hasta El Paso, con sus 35 bloques intactos. Tienen suerte de contar con mejores compartimentos ocultos en sus vehículos, entre los que se incluyen cuatro vehículos utilitarios con grandes tanques de gasolina, perfectos para ocultar drogas. También son afortunados por el hecho de que no había ninguna unidad canina inspeccionando sus carriles cuando cruzaron la frontera.

OTRA VEZ EN MARCHA

Ahora que esos 35 bloques de heroína están en El Paso, se destinarán a un depósito local o algún otro lugar de preparación, por ejemplo, un apartamento o una casa alquilada que pertenece al Cartel de Juárez y está controlada por este. Pero no estarán allí mucho tiempo. Los trabajadores seleccionados por la organización Vicente Carrillo Fuentes abren los bloques, quizás diluyen aun más la heroína y la reempacan en cantidades específicas para su distribución al por mayor. Entonces, todo es cuestión de determinar hacia dónde llevar la heroína, según donde haya demanda. También depende de cuáles son las carreteras donde hay menos puntos de control. En este caso, una remesa de heroína se envía por carretera al área de Chicago y en ella se incluyen algunos de estos bloques.

Antonio es el chofer que llevará esta remesa. Durante su niñez en un barrio de clase media baja en El Paso, sus aspiraciones no incluían precisamente la de convertirse en mensajero de la droga. Sus padres lo trajeron de México a Texas cuando tenía seis años y, aunque ambos encontraron trabajo, no tenían la mejor vida. Antonio logró hacer amistades, pero estas no eran del grupo de los chicos buenos. Ganaba algún dinero por aquí y por allá, a veces con trabajos legítimos y otras veces, no tan legítimos. Pero su expediente policial estaba limpio y, lo que es más importante, tenía una buena camioneta.

Después que Antonio se graduó de la preparatoria, ir a la universidad no estaba entre sus prioridades. Sus padres no tenían recursos para pagarle los estudios y sus calificaciones no daban para recibir una beca. Después de pasar un par de años arreglándoselas como podía, un amigo de otro amigo se le acercó en una fiesta. Este nuevo conocido le ofreció a Antonio una forma rápida y fácil de ganar dinero; lo único que tendría que hacer sería manejar a grandes distancias sin hacer preguntas. Antonio no era estúpido, y por eso tenía una idea clara de lo que transportaría, pero estuvo de acuerdo en que le iría mejor mientras menos detalles conociera, como el hecho de que el amigo de su amigo trabajaba para el Cartel de Juárez. Al cabo de un par de semanas, recibió una llamada telefónica y se le pidió que hiciera su primer trabajo de mensajero. Tendría que partir a Chicago a la mañana siguiente después de recoger su cargamento. Nunca vería lo que llevaba, pues otras personas se ocuparían de ponerlo en su carro en El Paso y de descargarlo en Chicago. Se le pagaría una buena suma cuando regresara sin contratiempos a El Paso.

Chicago es solamente una de las 1.000 ciudades de los Estados Unidos donde los carteles mexicanos de la droga tienen una presencia importante,[6] pero la ciudad, conocida como "Chi-town", tiene un abundante historial de vínculos con la heroína mexicana. En los años 80, Amado Carrillo Fuentes —entonces jefe del Cartel de Juárez— estaba tratando de llegar a un acuerdo con los productores colombianos para transportar la cocaína a México. Sin embargo, los colombianos estaban interesados en incursionar en el negocio de la heroína, por lo que Carrillo Fuentes hizo los arreglos necesarios entre los productores colombianos y la familia Herrera en Durango, México. La familia Herrera llevaba mucho tiempo en el negocio de la heroína y podía ofrecer las oportunidades de narcotráfico que buscaban los colombianos.[7] Ya desde 1957, la organización Herrera tenía un negocio de producción de heroína "desde la granja hasta el brazo" en el que cultivaban las amapolas productoras de opio, procesaban y empacaban la heroína en México y la transportaban a Chicago, por el "camino de la heroína". Desde allí, la droga se vendía localmente o se distribuía a otras ciudades de Estados Unidos. Este grupo era sumamente difícil de penetrar porque los miembros de la familia controlaban de principio a fin todo el proceso de producción de heroína.[8] La familia Herrera quedó prácticamente eliminada del negocio por la DEA a finales de los años 80 cuando detuvieron a sus líderes principales, pero el tráfico de heroína en Chicago continuó.

La forma más rápida de ir de El Paso a Chicago es por la carretera interestatal 10. Hay un punto de control de la patrulla fronteriza justo al oeste de Sierra Blanca, pero Antonio consiguió evitarlo al hacer un pequeño rodeo para alejarse de ese punto. El viaje en carro entre las dos ciudades toma aproximadamente 24 horas, por lo que en algún momento Antonio tendría que parar para descansar. No podía arriesgarse a pasar la noche en un hotel, por lo que echaba pequeñas siestas de un par de horas en su camioneta en las paradas de descanso. Llegó a Chicago en la tarde del día siguiente de su partida de El Paso, contento de que la policía no lo hubiera detenido por ningún motivo. Antonio fue sin demora a la dirección que su nuevo conocido le había dado y llamó al número de celular para anunciar su llegada.

Un par de minutos después, dos hombres salieron del pequeño depósito y le dijeron que abriera la capota de la cama de su camioneta. Antonio no sabía lo que había allí pero, fuese lo que fuese, en menos de dos minutos los hombres lo habían sacado y lo habían metido en el depósito. Ya se podía ir. Esto le pareció un final poco emocionante después de todo el estrés de conducir con tanto cuidado y preguntarse qué era lo que había en la cama de su camioneta. Sin embargo, el dinero que le pagaron a su regreso a El Paso le hizo olvidar todo el estrés, el largo viaje en carro, la forma incómoda de dormir, los hombres del depósito y el misterioso contenido de su camioneta. Estaría listo para el próximo envío cuando recibiera la llamada.

LLEVAR EL PRODUCTO A LAS CALLES

En el depósito, los dos hombres que Antonio vio, junto con otras personas, se dieron a la tarea de procesar su cargamento y otros. Entregarían algunos de sus bloques a otros mensajeros como él para que los transportaran a lugares como Nueva York y Miami.[9] Otros serían abiertos y divididos en bolsitas para su distribución local. Según el Centro Nacional de Inteligencia Sobre Drogas (NDIC), los carteles mexicanos que operan en Chicago suministran drogas a los altos miembros de las pandillas callejeras locales con ese fin. Estos carteles —incluido el de Juárez— suelen

guardar grandes cantidades de cocaína y mariguana y cantidades menores de heroína y metanfetamina o "hielo" en casas de escondite situadas
en Chicago y las comunidades suburbanas circundantes, para su ulterior
distribución. Veinte de estas bolsitas de heroína suministradas por empleados del Cartel de Juárez llegaron a manos de Ramón.

Ramón se crió en una parte de Chicago conocida como el North Side.
Cuando era niño, vino de México con sus padres, quienes se separaron
poco después de llegar a Estados Unidos. Su madre tuvo grandes dificultades para criarlo a él y a sus tres hermanas, aunque tenía dos empleos y
trabajaba muchas horas. Cuando Ramón todavía estaba en la preparatoria, la vida de pandillas le parecía muy atractiva y prometedora, con la
posibilidad de ganar buen dinero si se involucraba en determinados aspectos de las actividades de las pandillas. Los Latin Kings («Reyes Latinos») son la pandilla más grande de Chicago, por lo que a Ramón le
resultó casi inevitable ser reclutado por ellos. El Departamento de Policía
de Chicago estima que, solamente en esa ciudad, la pandilla tiene más de
25.000 miembros y que está muy bien estructurada y organizada.[10]

Las pandillas callejeras como los Latin Kings típicamente reciben
cantidades al por mayor (volúmenes grandes a bajos precios para re-
vender en cantidades más pequeñas a altos precios) de drogas ilícitas
distribuidas por miembros de carteles mexicanos que trabajan en la
zona. Algunas pandillas hispanas tienen desde hace tiempo fuentes de
suministro de drogas en México o a lo largo de la frontera del suroeste.
Las personas contratadas por los carteles, y a veces los propios miembros de las pandillas, tienen sus formas establecidas de hacer llegar las
drogas desde esas fuentes de suministro a las pandillas de distintas partes de Estados Unidos. Por ejemplo, la pandilla callejera de los Latin
Kings, radicada en Chicago, tiene miembros en Midland, Texas, que
compran la cocaína a traficantes mexicanos a un precio de $16.000 a
$18.000 por kilogramo, en comparación con $25.000 a $35.000 por ki-
logramo cuando la compran a traficantes mayoristas en Chicago. Según
el NDIC, estos ahorros "permiten que las pandillas cuyas fuentes de
suministro están más cercanas a la frontera del suroeste saquen una
buena ventaja en el negocio y sirvan como proveedores para otras pandillas callejeras de la región".[11] Como resultado de estas prácticas, los
Latin Kings tienen un negocio bien establecido de venta de heroína en

el North Side, en Humboldt Park, que es como si fuera la "oficina" de Ramón.

En esta mañana en particular, Ramón conduce por el parque con unas pocas bolsas de polvo marrón de heroína mexicana de mayor pureza, proveniente del cargamento de Antonio. El bloque del que fue separada fue cortado solamente una vez, por lo que Ramón puede pedir más de los $10 que normalmente exige por una bolsita. Mira hacia todas partes en el parque, buscando a otros que podrían acercársele para hacer una compra, y entonces divisa a Michael. El adicto ha sido cliente suyo antes, por lo que Ramón se da cuenta de que hoy no tiene muy buen aspecto. Esto le augura una buena venta. Michael se acerca hasta el carro de Ramón y enseguida le pide algo que sea más fuerte que lo de siempre. Solo compra dos bolsitas de heroína a $25 cada una, un resultado decepcionante para Ramón, pero sabe que Michael volverá. Siempre vuelven.

DISTINTAS DROGAS, IDÉNTICO RELATO

Este ejemplo hipotético demuestra cómo funciona el negocio de la droga desde un extremo de la cuerda —Ernesto y sus campos de amapolas en Guerrero— hasta el otro —el de Michael y su estupor inducido por la heroína en Chicago. Pero esta es apenas una de las muchas drogas que trafican los carteles mexicanos, Ernesto es solo uno de los miles de productores de drogas y Michael es solo uno de los millones de consumidores. También se puede crear un número casi infinito de combinaciones para la producción y transporte de mariguana, cocaína y metanfetamina desde México y otros países hasta el usuario final en absolutamente cualquier lugar de Estados Unidos.

Aunque las drogas propiamente dichas son distintas a la heroína, los métodos de transporte y distribución son casi los mismos. Los carteles mexicanos obtienen su cocaína de Colombia y, ocasionalmente, de Perú o Bolivia, pero compran su mariguana a cultivadores como Ernesto y producen su propia metanfetamina en superlaboratorios ocultos en distintas partes de México. Luego las drogas se transportan a casas de escondite y depósitos a todo lo largo del lado mexicano de la frontera y ahí son preparadas para el cruce de la frontera. Los líderes de los carteles contratan especialistas para que lleven esas drogas al otro lado de la frontera por carro, camión, senderista, narcotúnel, lancha rápida o avioneta ultraligera. Luego son retenidas en casas de escondite en Los Ángeles, El Paso, Houston, Tucson y otros lugares. Desde allí, las drogas se distribuyen localmente o se transportan por mensajero a decenas de grandes ciudades estadounidenses, como Denver, Nueva York, Chicago y Miami, que sirven como centros regionales de distribución. En esas ciudades y en cientos de suburbios y comunidades más pequeñas en sus cercanías, las pandillas hispanas confabuladas con los carteles mexicanos se ocupan de la distribución y ponen esas drogas en manos de los usuarios.

Queda claro entonces cuáles son muchos de los desafíos que enfrentan los que tratan de romper el ciclo. Pueden detener a algunos productores de drogas, pero no a todos. Pueden confiscar parte de las drogas en la frontera, pero no todas. Pueden capturar a algunos mensajeros a su paso por puntos de control o cuando cometen alguna infracción del tránsito mientras viajan de un lado a otro del país, pero no a todos. Pueden detener a algunos pandilleros involucrados en la venta de drogas, pero no a todos. Y pueden ayudar a algunos drogadictos, pero no a todos. Mientras no haya algo que elimine a todos los que son como Ernesto en México o a todos los que son como Michael en Estados Unidos, este sistema de transporte y distribución de drogas de México a Estados Unidos seguirá repitiéndose infinitamente.

CAPÍTULO 4

EL EJÉRCITO MÁS GRANDE
AL SUR DE LA FRONTERA

R aúl sudaba la gota gorda y no era porque hiciera calor. En realidad, aquella mañana de septiembre en Houston estaba más fresca de lo normal para la temporada. Raúl se estaba preparando para entrar en una tienda de armas y hacer algunas compras. Normalmente esto no sería nada extraordinario. Después de todo, él era ciudadano estadounidense, nunca había cometido un delito (por lo menos nunca lo habían atrapado en ello) y simplemente estaba ejerciendo los derechos que le confería la segunda enmienda de la Constitución. Sabía exactamente lo que debía comprar y las preguntas que debía hacer. Sabía cómo llenar los formularios y confiaba en que su rápida verificación de antecedentes saldría sin problemas. Solo había un pequeño inconveniente: Raúl iba a comprar armas para un cartel mexicano y en el fondo sabía que probablemente serían usadas para matar a policías mexicanos o a traficantes de drogas.

Pero en ese preciso instante Raúl no podía pensar en esas cosas. Si todo salía bien, en un par de horas ganaría más de $500. Se secó el sudor de la frente con un viejo pañuelo rojo y entonces entró con paso firme a la tienda de armas. Buscó donde estaban los fusiles y encontró los que buscaba. Vio a un empleado joven de la tienda y consideró que este tenía menos probabilidades de sospechar de él. *¿Pudiera mostrarme un fusil*

Bushmaster XM15 cuando tenga una oportunidad? El empleado lo ayudó gustosamente y le trajo uno de los fusiles para que lo mirara. Raúl lo tomó en sus manos, sintió el peso, revisó las miras, en fin, hizo todo lo que cualquiera haría si fuera a comprar uno de estos fusiles para su propio uso. *Muy bien, quiero comprar cuatro.* Desafortunadamente, la tienda solo tenía tres. Esto podía representar un problema con el intermediario, pero Raúl dijo que llevaría los tres.

Ahora debía ocuparse de las pistolas. *¿Tienen alguna pistola FN Five-Seven?* Raúl estaba de suerte, pues la tienda tenía cinco pistolas de este modelo. Las inspeccionó y pidió tres. Revisó algunos otros tipos de pistolas y revólveres y pidió que le trajeran uno de calibre .38 y un fusil semiautomático de 9 mm. Para completar su lista de compras, pidió la mayor cantidad de municiones que se podía conseguir sin levantar ninguna sospecha: unas doscientas balas en total. Luego vino la parte difícil: Raúl empezó a llenar el formulario estándar 4473 de la Oficina de Alcohol, Tabaco, Armas de Fuego y Explosivos (ATF) —el Registro de Transacciones de Armas de Fuego que todo el mundo tenía que llenar al comprar un arma o transferir la propiedad de esta— mientras el empleado de la tienda hacía una fotocopia de su licencia de conducción de Texas. Se estremeció muy levemente cuando llegó a la pregunta 11.a.: *¿Es usted el verdadero comprador o destinatario del arma o las armas de fuego enumeradas en este formulario?* En realidad, lo que inquietó a Raúl fue la advertencia que aparecía después de esa pregunta: *Usted no sería el verdadero comprador si está adquiriendo el arma o las armas de fuego para otra persona. Si no es el verdadero comprador, el vendedor no podrá transferirle el arma o las armas de fuego.* Pero, como se esperaba que hiciera, Raúl marcó la casilla que decía "Sí" y terminó de llenar el formulario. En menos de una hora, el empleado de la tienda había terminado de hacer su verificación de antecedentes (que resultó favorable, como era de esperar), puso las armas adquiridas en sus cajas y se despidió de Raúl.

Después de tener en su posesión las armas de fuego necesarias (menos el fusil XM15 que faltaba en la tienda), Raúl tenía que entregárselas a su intermediario que, casualmente, era un primo suyo. Raúl sabía que su primo Manny estaba involucrado en manejos turbios, pero desconocía la naturaleza exacta del "negocio" de Manny. También sabía que Manny había sido detenido por robo y algunos otros delitos, pero ninguno grave.

Cuando Manny llamó a Raúl y le ofreció la oportunidad de ganar dinero rápido y fácil, inmediatamente Raúl sintió desconfianza de lo que implicaría esa oportunidad. Pero cuando Manny le explicó que lo único que tendría que hacer sería comprar algunas armas en dos o tres tiendas distintas, le pareció que era algo bastante sencillo y fácil de hacer. Después de todo, no iba a usar una identificación falsa ni nada por el estilo. Además, si las autoridades federales venían a buscarlo, podía simplemente decir que les había vendido las armas a amigos de unos amigos y que no había preparado ninguna documentación de las ventas.

Al día siguiente, Raúl puso las armas en su carro e hizo un viaje de tres horas a San Antonio, donde se encontraría con Manny. Le aseguró a su primo que todo había salido bien y que estaba bastante seguro de no haber levantado ninguna sospecha mientras estuvo en la tienda. Manny se alegró de esto, porque significaba que más adelante Raúl podría comprar más armas en esa misma tienda. Después de conversar un poco y ponerse al día, Manny sacó las armas del baúl del carro. Sintió decepción al ver que Raúl no había podido conseguir el cuarto fusil XM15, pero no importaba. Contó todas las armas y las municiones, sacó de su bolsillo un fajo de dinero tan grueso que Raúl abrió mucho los ojos, y extrajo de allí cinco billetes de $100. *Son $100 por cada fusil, $50 por las pistolas y $50 por las municiones*, le dijo Manny. Raúl se limitó a asentir con la cabeza en silencio y guardó el dinero en su bolsillo. Cualquiera se acostumbraría a esa cantidad de dinero a cambio de tan poco tiempo y trabajo. Con eso, Raúl se despidió de su primo, volvió a su carro y emprendió el camino a su casa en Houston. Ahora era Manny, el intermediario, quien tendría que ponerse a trabajar. Tenía a varios hombres como Raúl trabajando para él y había acumulado suficientes armas de fuego para empezar a prepararlas para el viaje al sur, a México. A lo largo de una semana, Manny dividió las armas entre diez o 12 personas que las esconderían en compartimentos ocultos en sus carros. Los choferes irían por separado a distintos puertos de entrada en Texas: Brownsville, McAllen, Laredo y Eagle Pass. No le preocupaba mucho la posibilidad de que inspeccionaran los carros porque ya era sabido que los agentes aduaneros mexicanos casi nunca hacían nada. Desde hacía varios meses, el Departamento de Seguridad Nacional de Estados Unidos había anunciado que empezaría a inspeccionar en la frontera el 10 por ciento de los vehículos que viajaran en dirección sur, pero de todas formas no era más que el 10 por ciento. Las probabilidades estaban a favor de Manny.

Afortunadamente para Manny, ninguno de sus choferes fue inspeccionado durante el viaje a México. Una vez dentro del país, cada uno tomó un camino distinto, según quién fuera y dónde se encontrara el capo que necesitaba las armas. El chofer del carro donde iban ocultos un fusil XM15, una AK-47, una pistola FN FiveSeven y 300 balas se encaminó a una casa de escondite en Reynosa, no muy lejos de la frontera. Su cargamento se añadió a un verdadero arsenal que se había ido acumulando allí durante unas semanas. Le pagaron $800, lo que era una bicoca en comparación con lo que podría ganar si trajera más armas y las transportara mucho más al sur, pero tomó el dinero sin hacer preguntas.

Unos días después, unos ejecutores del Cartel del Golfo llegaron a la casa de escondite para apertrecharse de armas. Después de tomar varios fusiles, pistolas, revólveres, unas cuantas granadas y abundantes municiones, los ejecutores salieron a buscar a sus objetivos. Pero no esperaban tener problemas; no sabían que, en los últimos días, algunos agentes de la policía aparentemente habían decidido actuar con conciencia y no estaban cooperando con los términos de su "acuerdo" con el cartel. Al día siguiente, se mencionó en los titulares de las noticias una gran escaramuza entre la policía y miembros del Cartel del Golfo en Reynosa. Murieron tres agentes de la policía y dos miembros del cartel. La policía logró confiscar cinco armas de fuego, 150 balas, dos granadas y $5.000 en efectivo. Cuatro de las cinco armas de fuego tenían intactos sus números de serie, por lo que la policía mexicana comunicó estos datos a su enlace con la ATF en Estados Unidos para que hicieran el rastreo. Se pudo determinar que tres de los números de serie venían de tiendas de armas en Estados Unidos: una en Arizona y dos en Texas. Una de las dos armas provenientes de Texas (el fusil Bushmaster XM15 que Raúl había comprado un par de semanas atrás) fue utilizada para matar a los policías mexicanos.

Aunque la situación antes descrita es hipotética, se basa cabalmente en la forma verdadera en que funciona el tráfico de armas de fuego hacia el sur, de Estados Unidos a México. Es un método que funciona muy bien. Este tema ha provocado la ira de distintos grupos y de los gobiernos a ambos lados de la frontera. El gobierno mexicano está sumamente descontento con las leyes sobre tenencia de armas vigentes en algunos estados, que permiten que esto suceda, y hasta hace muy poco el gobierno estadounidense no había reconocido formalmente el papel de este país en lo que respecta a proporcionar armas a los carteles mexicanos. En la mayoría de los estudios oficiales estadounidenses y mexicanos se afirma que entre el 70 y el 90 por ciento de las armas de fuego utilizadas por los carteles en México provienen de Estados Unidos. No obstante, los grupos que favorecen la tenencia de armas, como la Asociación Nacional del Rifle (NRA) y otras organizaciones más pequeñas a nivel de cada estado, consideran que esas cifras son muy exageradas y que son la base de una conspiración del gobierno izquierdista para volver a imponer la prohibición de la venta de armas de asalto.

Independientemente de las opiniones polarizadas y acaloradas, se trata de un problema claro y fácil de definir: los carteles mexicanos están utilizando a ciudadanos estadounidenses para comprar armas de asalto, fusiles y pistolas y luego las pasan ilegalmente a través de la frontera a México para usarlas en ese país. La tarea de intentar detener este tráfico es, cuando menos, difícil.

LAS LEYES SOBRE LA TENENCIA DE ARMAS EN MÉXICO Y EN LA FRONTERA DEL SUROESTE DE ESTADOS UNIDOS

Tal vez algunos lectores se sorprendan al enterarse de que la tenencia privada de armas de fuego en México no es un proceso fácil. Con todas las noticias diarias de tiroteos y asesinatos en Acapulco, Ciudad Juárez, Reynosa y otras zonas calientes del narcotráfico, diríase que las armas son fáciles de obtener en México, sobre todo teniendo en cuenta que la Constitución mexicana tiene su propia versión de lo que en Estados Unidos se conoce como la Segunda Enmienda. No obstante, aunque los ciudadanos mexicanos tienen el derecho constitucional a poseer armas, puede decirse que las leyes mexicanas sobre el control de las armas de fuego se encuentran entre las más estrictas del mundo.

No siempre fue así. Las leyes mexicanas sobre la tenencia de armas eran relativamente poco estrictas hasta finales de los años 60, cuando los disturbios civiles llevaron a la imposición de medidas más estrictas sobre el control de armas. Actualmente, cualquier persona que aspire a comprar un arma de fuego en México tiene que llenar un montón de docu-

mentos burocráticos e incluir en esos formularios los datos de cinco personas que puedan avalarlos por su carácter, solo puede comprar una pistola de pequeño calibre en una tienda especialmente designada a ese fin,
no se la puede comprar a otra persona y tiene que atenerse a una larga
lista de restricciones en cuanto a la forma de portar y ocultar el arma (dicha lista llenaría varias páginas). Los elementos delictivos en México encuentran que toda esta burocracia es excesiva, sobre todo en vista de que,
al otro lado de la frontera, pueden conseguir casi cualquier tipo de arma
que deseen.

En tres de los cuatro estados de la frontera del suroeste, la situación es
diametralmente opuesta. En Arizona, no hace falta tener un permiso del
estado para comprar un fusil, escopeta, pistola o revólver.[1] Los vendedores de armas de fuego en Arizona realizan todas las verificaciones de antecedentes de los posibles compradores por medio de un sistema
administrado por el estado y de una base de datos nacional conocida
como Sistema Nacional de Verificación Instantánea (NICS). El estado no
impone ningún período de espera para la compra de armas de fuego.[2] De
modo similar, en Nuevo México no hace falta tener un permiso estatal
para comprar fusiles, escopetas o pistolas. Los residentes de estados vecinos pueden ir a Nuevo México a comprar armas de fuego y, a la inversa,
los de Nuevo México pueden comprar armas en los estados vecinos. Al
igual que en Arizona, en ese estado no se impone ningún período de espera para la compra de armas. Los vendedores de armas de fuego también tienen que utilizar el NICS para realizar verificaciones de
antecedentes penales de todos los posibles compradores.[3]

Es probable que Texas sea el estado más conveniente de todos en
cuanto a la compra y tenencia de armas de fuego. Los residentes de Texas
pueden comprar fusiles y escopetas, municiones, componentes de recarga
o accesorios para armas de fuego tanto en Texas como en estados vecinos. No obstante, en Texas es ilegal vender, alquilar, prestar o dar un arma
a otra persona si uno sabe que esta pretende usarla con fines ilícitos. Al
igual que en Arizona y Nuevo México, no hace falta licencia del estado
para poseer fusiles, escopetas o pistolas.[4] Texas únicamente utiliza el
NICS a la hora de realizar la verificación de antecedentes de un posible
comprador de armas de fuego. Este estado tampoco impone ningún período de espera para la compra de armas.[5]

En contraste con Texas y con los otros dos estados que tienen frontera con México, las leyes sobre la tenencia de armas en California son de las más restrictivas del país, lo que explica por qué muchas de las armas que se transportan ilegalmente a México no son adquiridas en dicho estado. En California, es ilegal vender, poseer o transportar escopetas o fusiles de cañón corto, armas de fuego camufladas,[6] ametralladoras,[7] armas de asalto o fusiles BMG de calibre .50,[8] balas capaces de perforar blindaje[9] y ciertos otros tipos de armas de gran potencia o de uso especial. Los californianos no pueden comprar más de una pistola o revólver en un período de 30 días[10] y todas las armas que se vendan tienen que ser de una marca y modelo que hayan superado las pruebas necesarias de seguridad y funcionalidad y cuya publicación esté aprobada para figurar en la lista oficial del Departamento de Justicia de California de armas de fuego certificadas como seguras para la venta en California. Además, ningún vendedor de armas de fuego en ese estado puede vender un arma a menos que el comprador presente una documentación que demuestre convincentemente que es residente de California.[11] Los vendedores de armas de fuego de California realizan todas las verificaciones de antecedentes de los posibles compradores a través de un sistema estatal, cuyo procedimiento incluye la verificación en la base de datos NICS.[12]

No cabe duda de que grandes números de armas de fuego se están transportando hacia el sur, de Estados Unidos a México, en gran medida a consecuencia de la falta de restricciones serias en las leyes sobre la tenencia de armas en algunos estados. Pero las dos preguntas a las que muchas personas exigen respuesta son: "¿Exactamente cuántas armas van a parar a México y exactamente de dónde provienen?" En realidad, nadie lo sabe y, por supuesto, nunca nadie lo sabrá con certeza absoluta.

Esto causa gran frustración a muchas personas, incluidos los gobiernos de México y Estados Unidos, la NRA, los activistas contra la tenencia de armas e incontables agentes del orden que tratan de detener el flujo de armas de fuego hacia el sur. Las estadísticas de confiscación y de rastreo son poco confiables, en el sentido de que pueden ser —y generalmente lo han sido— manipuladas según la conveniencia de casi cualquier grupo. Por ejemplo, la cifra del "90 por ciento" obtenida en 2010 al calcular el número de armas confiscadas en México cuyo origen se ha podido rastrear a una fuente estadounidense ha sido motivo de gran debate y controversia.[13]

El debate es acalorado porque resulta difícil identificar el origen de los miles de armas de fuego confiscadas cada año por el gobierno mexicano que no se han podido rastrear satisfactoriamente.[14] Los grupos de cabildeo a favor de la tenencia de armas refutan constantemente la cifra del 90 por ciento y se esfuerzan por convencer al público —y a importantes miembros del Congreso— de que el número de armas de fuego adquiridas por los carteles mexicanos en Estados Unidos solo representa un pequeño porcentaje de la cantidad total de armas que se usan en México. Afirman que los miembros de los carteles obtienen la mayor parte de sus armas de América Central, Asia, Europa oriental y países del tercer mundo, además de obtenerlas directamente de los arsenales del ejército mexicano, valiéndose de fuentes corruptas. Esta explicación hace caso totalmente omiso del sentido común de los negocios: específicamente, que es mucho más barato, rápido y fácil para los carteles utilizar el método de compra por testaferro en Estados Unidos que obtener sus armas de fuego de las otras fuentes mencionadas. Recordemos que los carteles son negocios y siempre harán las cosas de la forma más barata, rápida y fácil.

Las personas que compran armas de fuego en Estados Unidos para destinarlas a los carteles mexicanos —así como a cualquier otro delincuente u organización— a veces reciben el nombre de testaferros, o simplemente, "hombres de paja". Estas personas no tienen antecedentes penales y son residentes o ciudadanos de Estados Unidos, lo que significa que les resultará fácil pasar la verificación de antecedentes en las tiendas de armas, ferias de armas o casas de empeño de Estados Unidos. Cuando los hombres de paja o testaferros compran armas de fuego dentro de Estados Unidos para dárselas a traficantes de drogas, mienten en los formularios que tienen que llenar obligatoriamente, al decir que las van a comprar para su uso personal y que no se las darán a ninguna otra persona. Si el vendedor se percata de algún comportamiento sospechoso por parte del comprador, lo puede reportar a la ATF. Sin embargo, en este caso el vendedor correría el riesgo de perder una venta, que posiblemente represente mucho dinero para él y que incluso pudiera ser legítima. Es raro que los vendedores sean llevados ante la justicia por haber vendido armas a testaferros, pues resulta sumamente difícil demostrar que el vendedor sabía con exactitud la forma en que se utilizarían dichas armas. Además, a la ATF y otras agencias de orden público les resulta sumamente difícil identificar a los testaferros porque las compras propiamente dichas están concebidas para parecer legítimas y no salirse de lo previsto por la ley (aparte de la evidente mentira en los formularios de la compra).

Un supervisor de la ATF, que prefirió no revelar su nombre, refiriéndose a la tontería de los debates sobre el porcentaje exacto de armas de fuego mexicanas que provienen de fuentes estadounidenses, la comparó con el flujo hacia el norte de drogas ilícitas. "Nadie pestañea siquiera cuando se habla de la cantidad de drogas que llegan a Estados Unidos desde México. En ninguna parte hay un debate sobre la cantidad exacta de toneladas de marihuana que pasa por la frontera y proviene de México. Oímos decir que aproximadamente el 50 por ciento de las drogas provenientes de México pasan por Arizona y todos consideran que ese dato es bastante acertado. Pero entonces, cuando alguien dice que Arizona es la segunda fuente más importante de armas para los carteles mexicanos, otros en seguida responden, 'Na, no puede ser cierto'".

Varios miles de armas confiscadas en México nunca se rastrean porque tienen borrados sus números de serie, o sea, alguien los ha vuelto ilegibles mediante un método u otro. Hasta hace poco, solamente un pequeño porcentaje de las armas provenientes de Estados Unidos y encontradas en México tenían borrados sus números de serie; este porcentaje ha aumentado significativamente, de alrededor del 5 al 20 por ciento. Esto hace que sea imposible rastrear las armas a su verdadero comprador, aunque la ATF de todas formas puede determinar otros datos sobre dichas armas. Otras son robadas o "perdidas" por agentes del orden corruptos, sea porque las quieren para su uso personal o para transferirlas a los carteles mexicanos del narcotráfico. Algunas nunca se someten a rastreo, debido a la corrupción de funcionarios del gobierno que tratan de proteger a los compradores patrocinados por los carteles. Por último, algunas simplemente son destruidas sin que se les haga ningún tipo de rastreo.[15]

Muchas pistolas, granadas y otras armas de fuego de gran potencia que son utilizadas por las organizaciones mexicanas de narcotráfico provienen de América Central, Corea del Sur y antiguos países miembros del bloque oriental. Algunas son lo que ha quedado de las guerras civiles y otros conflictos en América Latina y algunas son vendidas a los carteles en el mercado negro. No se pretende pasar por alto estas fuentes para

México, pues es importante señalar que definitivamente Estados Unidos no es el único lugar de donde provienen esas armas. Con todo, Estados Unidos sigue siendo el lugar más económico y fácil para obtener las armas más codiciadas por los traficantes de drogas, es decir, pistolas, fusiles y armas de asalto. Esto se debe a que los carteles dominan a la perfección el arte de valerse de las leyes estadounidenses sobre la tenencia de armas en formas que van en detrimento de la seguridad de Estados Unidos.

CÓMO LOS CARTELES COMPRAN ARMAS EN ESTADOS UNIDOS

George Iknadosian es un hombre de aspecto bastante sencillo. Con su cabello entrecano, su barba cerrada, su incipiente calvicie y sus lentes, no parece ser el tipo de persona que quisiera contribuir a los asesinatos y el caos a unos pocos cientos de millas de donde vive. Llevaba varios años como propietario de la tienda de armas X-Caliber en Phoenix, Arizona, y le iba lo suficientemente bien como para no tener que cerrar el negocio. Pero, en mayo de 2008, Iknadosian fue detenido y acusado de vender a sabiendas más de 650 fusiles de asalto AK-47 a por lo menos dos testaferros de México. Se le acusa además de haber dado consejos a los dos contrabandistas sobre cómo evadir a la policía, según el supervisor de caso de la ATF. De hecho, una de las armas cuyo rastreo permitió determinar que provenían de Iknadosian —una pistola Colt calibre .38— era el arma que llevaba ceñida a la cintura Alfredo Beltrán Leyva, jefe de la organización Beltrán Leyva, cuando fue detenido por las autoridades mexicanas en enero de 2008.[16] En Nogales, México, también en 2008, el jefe de la unidad antinarcóticos del estado de Sonora, Juan Manuel Pavón, fue asesinado por sicarios de un cartel, apenas unas horas después de haber participado en un seminario en Estados Unidos sobre cómo resistir la oleada de armas de fuego norteamericanas que llegaban a México. El rastreo de varias de las armas vinculadas con este crimen llevó a las autoridades a la tienda X-Caliber.[17]

Lo que parecía que iba a ser un caso exitoso con un resultado rápido para la ATF no salió de la manera que esperaban los fiscales. En marzo de 2009, un tribunal de Arizona desestimó el caso cuando el juez dictaminó que las pruebas presentadas por la fiscalía no eran "sustanciales" y, por lo tanto, no aconsejaba presentar cargos contra el acusado. Debido a que el proceso de compra a través de testaferros involucra a personas que no tienen antecedentes penales, la fiscalía no consiguió demostrar que las armas vendidas por Iknadosian a los testaferros habían terminado en manos de personas que no debían haber tenido acceso a ellas. Esta determinación fue a pesar de que varias otras armas encontradas en escenas delictivas en México y en posesión de miembros de carteles habían sido rastreadas hasta confirmarse que provenían de Iknadosian y que varios testaferros habían prestado testimonio contra Iknadosian en el caso como parte de un convenio para la reducción de sus condenas. "No hay absolutamente ninguna prueba de que el arma de fuego haya terminado en manos de ningún destinatario prohibido", dijo el juez.[18] Lo que dificultó aun más el procedimiento jurídico era la diferencia existente entre las leyes federales y las leyes estatales de Arizona acerca de las compras por testaferros: Arizona no tiene ninguna disposición legal contra ese procedimiento.

Los agentes y fiscales federales dedicaron 11 meses de trabajo a amplias operaciones encubiertas y actividades de investigación para poder organizar el caso, pero solo consiguieron que fuera desestimado. Este caso es un ejemplo clásico de lo difícil que resulta detectar las compras por testaferros y también de lo complicado que es obtener un resultado satisfactorio en un proceso judicial ante los tribunales en estos casos, como parte de los intentos por refrenar el flujo de armas de fuego hacia el sur.

Por ironías de la vida, en marzo de 2010 el señor Iknadosian interpuso una demanda contra el estado de Arizona, la ciudad de Phoenix y el fiscal general de Arizona, Terry Goddard, acusándolos de procesamiento malicioso, pues decía que su detención y su juicio lo habían destruido en sentido emocional y financiero. Acusó además a un policía de Phoenix de conspirar con agentes de la ATF para detenerlo indebidamente y realizar un registro indebido en su propiedad.[19]

EL TRASLADO DE LAS ARMAS HACIA EL SUR

Una vez que se ha procedido satisfactoriamente a la compra de las armas de fuego, estas son enviadas al sur mediante un método conocido como "tráfico de hormigas". Lo que se suele hacer es colocar no más de cuatro armas (porque ser atrapado con cuatro armas es un delito menor, pero con cinco, es un delito grave) en decenas de vehículos que se dirigen al sur a todo lo largo de la frontera entre Estados Unidos y México. Muy pocos de estos vehículos son inspeccionados en los 25 cruces fronterizos con México, a pesar del nuevo acuerdo concertado entre los gobiernos de Estados Unidos y México para comenzar a inspeccionar el 10 por ciento de los vehículos que se dirigen al sur. Incluso si algunas de esas armas resultan confiscadas, la mayoría de ellas logran llegar a México debido al sistema utilizado para traficarlas.

Afortunadamente, es un poco más fácil atrapar y procesar legalmente a los testaferros u "hombres de paja" involucrados en el tráfico de hormigas. Según un comunicado de prensa de la ATF, en diciembre de 2008, Jonnatan Weiss, residente de Tijuana, obtuvo en forma fraudulenta una tarjeta de identificación de Nevada bajo el falso pretexto de que residía en una dirección del norte de Las Vegas. Más tarde ese mismo día, Weiss trató de comprar una pistola de calibre .45 a un vendedor autorizado de armas de fuego en Las Vegas, pero su solicitud no fue aprobada porque las autoridades del gobierno descubrieron que había hecho declaraciones falsas sobre sus antecedentes delictivos en la documentación de la compra. Una semana después, su propio hermano William obtuvo fraudulentamente una licencia de conducción de Nevada, para lo que utilizó la misma dirección en el norte de Las Vegas (William residía en California).[20]

A lo largo de los seis meses siguientes, los hermanos Weiss viajaron de México y California a Nevada como traficantes de armas. William era el comprador principal y utilizó su licencia de conducción de Nevada para burlar las restricciones sobre la venta de armas de fuego a quienes no fueran residentes de ese estado. Durante ese período, los hermanos compraron o trataron de comprar por lo menos 19 pistolas y tres fusiles, con inclusión de uno de calibre .50. Muchas de las armas de fuego eran versiones civiles, o réplicas, de armamento táctico o militar. Luego trasladaron las armas a California, y posteriormente a México, donde se revenderían a los carteles de la droga.[21]

En febrero de 2009, la ATF detectó irregularidades y abrió un expediente cuando el propietario de una tienda de armas reportó que William Weiss estaba intentando comprar con billetes de $20 varias armas (incluido un fusil de asalto) valoradas en $6.000, y que conducía un carro con placa de California en lugar de tener placa de Nevada. En noviembre de 2009, los dos hombres se declararon culpables del delito de "conspiración para recibir, transportar y vender armas de fuego y del delito federal de transportar armas de fuego al estado donde residían". Jonnatan recibió una condena de cinco años en prisión federal y William, de dos años. Pese a que este proceso judicial tuvo un resultado satisfactorio, el hecho de que las condenas fueran relativamente cortas sigue causando frustración a los agentes federales, los fiscales de distrito y el gobierno federal.

En Estados Unidos abundan los ejemplos de compra de armas por testaferros, que luego son utilizadas por los carteles para matar a personas en México. En marzo de 2008, en Ciudad Juárez, unos hombres armados dispararon con una ametralladora Browning (BMG) de calibre .50 a Francisco Ledesma Salazar, jefe de las operaciones policiales locales. En este caso en particular, un miembro del Cartel de Juárez había comprado el arma en Phoenix, Arizona.[22] En un osado ataque al ejército en Tijuana en octubre de 2008, un soldado de las Fuerzas Especiales Mexicanas recibió un disparo en la cabeza cuando un vehículo de su unidad entró en un barrio donde un capo tenía una casa. Después de un enfrentamiento de dos horas, la policía halló un fusil de francotirador Barrett BMG de calibre .50, un fusil de asalto de calibre .223 y tres fusiles de calibre .308.[23] Según documentos del Tribunal de Distrito de Estados Unidos, todas las armas de fuego utilizadas en el ataque habrían sido adquiridas en Las Vegas, Nevada.[24] A finales de 2006, en el pueblo sinaloense de Zazalpa, 60 traficantes de drogas que buscaban a miembros de carteles rivales, hicieron salir a todos los residentes del pueblo y destruyeron la localidad, acribillando todas las edificaciones con balas disparadas desde fusiles AR-15 adquiridos en Estados Unidos.[25]

EL RASTREO DE ARMAS PROVENIENTES DE ESTADOS UNIDOS Y POR QUÉ ES IMPOSIBLE DETENER EL FLUJO

Así es como funciona el procedimiento de rastreo de las armas: alguien (por ejemplo, un agente del gobierno mexicano) confisca un arma de fuego en la escena de un delito. Es posible que el arma tenga número de serie, o que no lo tenga (es decir, que este haya sido borrado). Si no hay

número de serie, es imposible rastrearla hasta la persona que originalmente la compró. Los agentes de la ATF se concentran en las armas de
fuego cuyo número de serie esté intacto y que, por lo tanto, sea posible
rastrearlas hasta sus verdaderos compradores. Una vez que las autoridades mexicanas entregan a la ATF un arma encontrada en la escena de un
delito, la agencia puede proceder de distintas formas. Para empezar, puede
determinar donde fue producida el arma y acudir a la compañía en cuestión, la que a veces concede a la ATF acceso directo a su base de datos
computarizada de las armas de fuego que han producido, en la que se
incluyen los número de serie. De este modo la empresa puede determinar
a cuál vendedor mayorista o minorista le vendió esa arma. La ATF puede
entonces acudir a ese vendedor y preguntarle a quién le vendió el arma.
La ATF se pone de suerte si esa persona representa el final de la pista y la
ATF la puede encontrar. Sin embargo, en lugares donde son fáciles las
ventas de una persona a otra (por ejemplo, en Texas y Arizona), esa arma
tal vez haya sido vendida y revendida muchas veces en una exposición de
armas, una casa de empeño o frente al garaje de alguien, sin que haya
quedado ningún registro de esas transacciones. Los propietarios de armas que actúan en forma responsable, siempre mantendrán registros de
las ventas de armas de fuego para poder limpiar sus propios nombres en
tales situaciones. No obstante, demostrar complicidad sería cuando menos difícil si no existe un rastro desde esa persona hasta el momento en
que se encuentra el arma en México.

EL ESCÁNDALO DE LA OPERACIÓN "RÁPIDO Y FURIOSO"

En diciembre de 2010, el agente fronterizo estadounidense Brian Terry
patrullaba junto con varios otros agentes en el Cañón Peck cerca de Rio
Rico, Arizona, cuando fueron atacados por bandoleros armados de la
frontera. Durante el tiroteo, el agente Terry recibió un disparo y fue herido de muerte. Después de terminada la batalla, los agentes confiscaron
dos fusiles AK-47 que los bandidos habían dejado atrás. Los fusiles fueron enviados para su rastreo a la ATF, con lo que se demostró que habían
sido vendidos a testaferros en Arizona que tenían previsto enviar los fusiles a México. Aunque esto es perturbador de por sí, lo verdaderamente
pasmoso es que la ATF sabía que se estaban realizando estas transaccio-

nes en varias tiendas de armas del área de Phoenix y les ordenó a los propietarios de las tiendas que permitieran la realización de las transacciones.[26]

La operación de la ATF, que recibió el nombre de *"Rápido y Furioso"*, fue iniciada a mediados de 2009, poco después de que fracasara el proceso judicial contra Iknadosian. Según la ATF, la intención era permitir que se hicieran las compras por testaferro —muchas veces frente a fuertes objeciones de los dueños de las tiendas de armas— para poder determinar el destino final de las armas de fuego y de esta manera identificar e investigar a los "pejes grandes", o sea, a los propios carteles, en lugar de limitarse a los insignificantes hombres de paja, quienes rara vez cumplirían largas condenas a prisión.

Desafortunadamente, la operación adolecía de varios defectos graves. En primer lugar, no había manera de rastrear los movimientos de las armas de fuego y las personas que las habían comprado, salvo mediante la observación directa de agentes de la ATF. En la mayoría de los esfuerzos de vigilancia, a la larga se perdía de vista a los compradores y, en algunos casos, se les ordenó a propósito a algunos equipos de vigilancia que abandonaran sus objetivos. Nunca se aplicó ningún dispositivo de rastreo a ninguna de las armas de fuego ni a los vehículos que conducían los testaferros. En segundo lugar, la ATF nunca informó al gobierno mexicano sobre la operación. En consecuencia, una vez que las armas llegaban a México, no había forma de vigilar a los mensajeros hasta sus destinos finales que, por supuesto, serían las casas de escondite, donde las armas se añadirían a los arsenales de los carteles. Desde el comienzo mismo, el objetivo final de la operación era imposible de lograr.[27]

La operación *Rápido y Furioso* continuó en relativo silencio durante más de un año con pocos resultados prácticos. Esto es, hasta que Brian Terry resultó asesinado. A través de una serie de pesquisas congresionales, audiencias en las que participaron altos funcionarios de la ATF y del Departamento de Justicia, con inclusión del Fiscal General de Estados Unidos Eric Holder, y entregas de documentos, salió a la luz que la ATF permitió que unas 2.000 armas de fuego "salieron caminando", o sea, que fueron vendidas intencionalmente a personas que la agencia sabía que a la postre entregarían esas armas a los carteles mexicanos. Los funcionarios de la ATF empezaron a preocuparse cada vez más cuando se empezaron a encontrar las armas de *Rápido y Furioso* en escenas de delitos por todo México, e incluso algunas en estados norteamericanos de la frontera del suroeste. La combinación del asesinato del agente Terry, las personas que denunciaron a la ATF haber sido obligados por sus superiores a mantener el silencio y la furia del gobierno mexicano porque todo esto se había desarrollado sus espaldas vino a convertirse en el mayor revés que la ATF había sufrido en toda su atribulada historia. Para empeorar aun más las cosas, hasta principios de 2012, únicamente se habían recuperado menos de 800 de las 2.000 armas de fuego incluidas en la operación *Rápido y Furioso*.[28]

Una de las mayores tragedias derivadas del escándalo de *Rápido y Furioso*, aparte de la muerte del agente Terry, es que ha eclipsado casi por completo el hecho de que el gobierno estadounidense aún no tiene en vigor ninguna estrategia sólida para impedir que las armas de fuego vayan a parar a México. Hay un furor sumamente intenso en torno a las 2.000 armas que se añadieron intencionalmente a la combinación de datos de confiscación y rastreo utilizada por las autoridades mexicanas y la ATF, lo que enturbia aun más cualquier tipo de evaluación sobre la cantidad de armas de fuego involucradas y sobre su proveniencia. En términos relativos, las armas utilizadas en la operación son estadísticamente insignificantes si se tienen en cuenta las 30.000 armas de fuego no incluidas en *Rápido y Furioso* que se confiscaron en México en 2010. Sin embargo, muchos funcionarios de los gobiernos estadounidense y mexicano jamás volverán a confiar en ninguna estadística de rastreo que provenga de la ATF, por lo que la principal agencia estadounidense contra el tráfico de armas ha quedado muy maltrecha.

Lo que sí es relativamente fácil de ver es por qué el flujo de armas hacia el sur ha llegado hasta este punto y por qué el gobierno estadounidense no ha conseguido detenerlo. Hay una gran demanda de ciertos tipos de armas de fuego por parte de los carteles mexicanos y, definitivamente, la oferta en Estados Unidos es abundante. Por supuesto, las leyes sobre la tenencia de armas varían de un estado a otro, pero los carteles siempre reclutarán a testaferros en los estados que tengan las leyes menos estrictas, sin importar lo lejos que se encuentren de la frontera.

Debido a la Segunda Enmienda, en Estados Unidos siempre se venderán armas. Independientemente de cualquier modificación que se pueda introducir en las leyes estadounidenses sobre tenencia de armas, los carteles mexicanos siempre encontrarán los resquicios necesarios en las leyes, o las formas de burlarlas, simplemente porque Estados Unidos siempre seguirá siendo la fuente más cercana y económica de armas de fuego. Es improbable que Estados Unidos pueda detener el flujo de armas hacia el sur con solo promulgar leyes que lo estipulen. Esto nos deja con el imperativo de hacer cumplir debidamente las leyes vigentes (y las que se puedan promulgar en el futuro).

Al norte de la frontera, hay aproximadamente 6.700 tiendas de armas a una distancia relativamente próxima a la frontera entre Estados Unidos y México. La ATF cuenta con cuatro oficinas sobre el terreno en la región —en Houston, Phoenix, Dallas y Los Ángeles. En marzo de 2009, la ATF reportó al Congreso que tenía "148 agentes dedicados a investigar a tiempo completo el tráfico de armas (aproximadamente el 6 por ciento del total de agentes de la ATF) y 59 Investigadores de Operaciones Industriales (cerca del 5 por ciento del total de la ATF) que eran responsables de realizar inspecciones reglamentarias de los 6.700 vendedores de armas de fuego radicados a lo largo de la frontera del suroeste, de 2.000 millas de longitud".[29] Sobre la base del número actual de empleados (que no ha aumentado en mucho tiempo) la ATF puede inspeccionar a estos vendedores de armas de fuego más o menos una vez por década. En 2009, la agencia inspeccionó "apenas al 10 por ciento del total de vendedores de armas de fuego en Estados Unidos".[30] Aunque tal vez sea demasiado pronto para afirmarlo, cualquier reestructuración o revaluación de la ATF que se realice como resultado del escándalo de *Rápido y Furioso* podría tener un efecto negativo sobre su capacidad, ya reducida, de realizar estas inspecciones.

Al sur de la frontera, las autoridades aduaneras mexicanas han tomado conscientemente la decisión de no inspeccionar la mayor parte del tráfico que se dirige hacia el sur. Esta decisión parece ilógica en vista de los miles de armas de fuego que ingresan en México cada mes. A fin de impedir la entrada de drogas en Estados Unidos, los oficiales interrogan o inspeccionan a prácticamente todo el que trate de entrar en el país, para asegurarse de que no traigan drogas consigo. Desafortunadamente, los inspectores de aduana mexicanos tienen la reputación de ser tan corruptos como los agentes policiales, por lo que, incluso si realizaran inspecciones regulares de vehículos en puertas de entradas, es probable que muchas de las armas de fuego que descubrieran los inspectores terminarían de todas formas cayendo en manos de los carteles. Simplemente, el gobierno mexicano no cuenta con la cantidad de inspectores de aduana capacitados y confiables que necesitaría colocar en los muchos puertos de entrada a lo largo de la frontera.

A estas alturas del libro, el lector ya tiene claras las dificultades que existen para detener el tráfico de armas hacia el sur. No es tanto que los gobiernos estadounidense y mexicano sean incapaces de detenerlo, sino que no han aplicado su poder en los lugares debidos. Se puede seguir discutiendo sobre la cantidad de armas encontradas en México que se vendieron o no a testaferros en Estados Unidos o sobre si las nuevas leyes estadounidenses producirían alguna diferencia. Pero el hecho es que las armas de fuego son herramientas esenciales en el mundo de la droga. Los consumidores estadounidenses demandan narcóticos y los carteles mexicanos se los proveen. Los carteles mexicanos demandan armas de fuego y las obtienen gracias a la venta de armas en Estados Unidos, hasta un punto que jamás será posible determinar. Es poco probable que la adopción de pequeñas medidas tenga algún efecto negativo en este acuerdo de negocio mutualmente conveniente.

▰CAPITULO 5▰

LA SEGUNDA ACTIVIDAD MÁS LUCRATIVA DE LOS CARTELES: LOS SECUESTROS

on las 7:15 de la mañana de un resplandeciente día de otoño en Las Vegas. Un niño de seis años, Cole Puffinburger, ya se levantó y se vistió, y está listo para pasar otro día en la escuela primaria de Stanford. Su mamá, y el novio de esta, también están levantados y se preparan para ir a trabajar. Es una mañana rutinaria como cualquier otra, hasta que alguien toca inesperadamente a la puerta. Afuera hay un hombre que dice ser policía y que les ordena abrir la puerta. Cuando lo obedecen, tres hispanos armados con pistolas irrumpen en la casa de Cole y exigen dinero. Aterrorizados, la mamá de Cole y su novio insiste en que no tienen dinero y rápidamente los asaltantes los atan con abrazaderas plásticas, los amordazan y empiezan a registrar la casa. El pequeño Cole ve todo esto, pero lo peor para él aún no ha llegado. Después que los hombres echan abajo la casa sin encontrar lo que buscaban, uno de ellos le pone una pistola contra la cabeza y lo arrastra afuera consigo, hasta su carro. Y así, sin más, el pequeño Cole desaparece.[1]

Afortunadamente, esta historia verídica ocurrida en octubre de 2008 tuvo un final feliz. Después de una desesperada búsqueda policial durante cuatro días, un chofer de autobús vio a Cole caminando solo por una calle cerca del bulevar principal de Las Vegas. Eran las 10:30 p.m. del sábado de la misma semana en que Cole fue secuestrado en su propia casa y, por fortuna, el chofer de autobús lo reconoció después de haber visto uno de los volantes de "personas desaparecidas" que se habían distribuido por toda la ciudad.[2]

El propio niño tiene que haber sentido mucho miedo con esta experiencia, pero las circunstancias que rodean a su desaparición tienen terribles implicaciones para todo Estados Unidos. Resulta ser que los secuestradores de Cole estaban vinculados con un cartel mexicano de la droga. El abuelo de Cole, Clemons Tinnemeyer, supuestamente estaba involucrado "de forma importante en el narcotráfico", incluso de drogas como la metanfetamina. Según la policía, Tinnemeyer había cometido el grave error de robar millones de dólares al cartel, llevaba un mes escondiéndose y ellos querían que les devolviera su dinero. Tinnemeyer fue detenido el día antes de que Cole fuera encontrado[3] y las autoridades no quisieron decirle a los medios de información cuál era el cartel mexicano para el que se decía que Tinnemeyer trabajaba.[4]

Las drogas ilícitas de los carteles no son lo único que se ha infiltrado en Estados Unidos mucho más allá de la frontera del suroeste. En este país los carteles mexicanos también están practicando secuestros. Si bien la mayoría de los secuestrados por los carteles están vinculados de una manera u otra con el comercio de la droga y son, a su vez, delincuentes, hay cada vez un número mayor de testigos inocentes como Cole Puffinburger que terminan viéndose afectados. No obstante, antes de analizar el tema en Estados Unidos, es importante comenzar en México, donde los secuestros son infinitamente más comunes y, por lo general, más brutales.

EL PROCEDIMIENTO DE SECUESTRO DE LOS CARTELES

Si bien en México no hay dos secuestros que sean idénticos, el proceso sigue un protocolo generalmente aceptado cuando participan secuestradores experimentados. Un paso evidentemente importante consiste en seleccionar a la víctima, que a veces es una persona específica a la que se busca intencionalmente. Esto es lo que suele suceder cuando un cartel trata de tomar represalia contra un miembro de un cartel rival, o uno de sus propios empleados, que debe dinero o ha perdido un cargamento de drogas. Los secuestradores siguen a estas víctimas para poder establecer sus rutinas y, por lo tanto, determinar cuáles serían los mejores sitios para capturarlas. A menudo, según cual sea la ciudad o pueblo donde ocurre el secuestro, la víctima es atrapada a plena luz del día frente a su propia casa o trabajo, o en una acera concurrida, por matones que se le acercan en una furgoneta. En estos casos, los secuestradores tienen ya un plan de exigir un rescate o la devolución de dinero robado o de drogas perdidas.

En agosto de 2009, 17 miembros de un equipo de secuestro y asesinato —y antiguos sicarios de la organización Arellano Félix— llamados "Los Palillos", fueron acusados ante un tribunal en San Diego por una serie de crímenes brutales. Según los informes de los medios locales, nueve de sus víctimas mortales fueron secuestradas o las engañaron para que fueran a casas alquiladas por miembros del grupo y fueron retenidas en esas casas antes de ser asesinadas. Los cadáveres de dos de las víctimas fueron disueltos en ácido en mayo de 2007 en una casa alquilada. A Los Palillos les iba bien con estos secuestros porque tenían establecido un sistema, que ha sido copiado por muchos grupos de delincuentes a lo largo y ancho de México.

Después de seleccionar a su(s) víctima(s), el grupo se valía de engaños para hacerlas ir a un lugar determinado, obligarlas a entrar en un vehículo y llevarlas a una casa segura. Durante su estancia en esa casa, las sometían a interrogatorios e incluso a torturas con el fin de obtener detalles sobre su situación financiera, sus familiares y otra información útil. El grupo establecía medios de vigilancia en torno a la casa de la víctima para verificar la información que esta había dado a los interrogadores y también para poder cumplir cualquier amenaza que le hubieran hecho de hacerle daño a algún familiar. Llegado este punto, los secuestradores utilizaban el teléfono celular de la víctima para mandar una "prueba de vida", o sea, una imagen actual de la víctima para demostrar que seguía viva. El hecho de utilizar el celular de la víctima ayudaba a los secuestradores a convencer a los familiares de que tenían a la víctima con ellos. Después de enviar la prueba de vida, los secuestradores procedían a decirles a los familiares que reunieran todo el dinero del rescate y siguieran todas las instrucciones, pero que no fueran a contactar a la policía.

Luego se podían hacer las coordinaciones para realizar con la familia un intercambio de la víctima por el rescate o, al menos, para hacerles creer que se haría dicho intercambio. El grupo Los Palillos elaboraba todos los planes necesarios para la entrega del dinero y establecía la vigilancia en el lugar en cuestión. A su llegada, a los familiares que iban a entregar el rescate se les decía que salieran del carro, dejaran el dinero, dieran la vuelta y volvieran a entrar en el carro sin mirar hacia atrás. Después de la entrega del rescate, los secuestradores hacían otra llamada para enviar una prueba de vida. Llegado este punto, podían suceder dos cosas. Los secuestradores podían hablar de la liberación de la víctima o agradecer a la familia por el pago y exigirle una segunda entrega de dinero. Si la conversación resultaba de la primera manera, lo más probable es que la víctima pudiera irse ya a casa, un poco maltrecha, pero no más. Si resultaba de la segunda manera, había grandes probabilidades de que la víctima fuera asesinada y que su cadáver fuera abandonado en algún lugar o disuelto en un tanque de ácido. De cualquiera de las dos maneras, Los Palillos ganaban dinero, y eso es lo que están haciendo en estos momentos los secuestradores al servicio de los carteles en México.

México es uno de los peores países en lo que a secuestros se refiere: no hay ninguna regla establecida y a menudo no se sigue ningún protocolo estándar. Todo vale. A veces hay un simple intercambio de rescate a cambio de la víctima pero, las más de las veces, termina corriendo la sangre. Como prueba de vida, en Colombia, lo típico es que los secuestradores envíen una foto de la víctima junto a la primera plana de un periódico de muy reciente publicación. En México, el método preferido consiste en mandar a la familia un dedo amputado. No solo es que a los secuestradores mexicanos les importe un bledo el bienestar básico de sus rehenes, sino que a menudo los torturan, simplemente para divertirse. A veces esa "diversión" va más allá de la cuenta y el rehén muere en la casa segura debido a sus heridas. Por esta y otras razones, una de cada siete víctimas de secuestro en México no sobrevive la experiencia.

EL SECUESTRO DE MIEMBROS DE CARTELES

Mucha gente cree que es más común que las víctimas de secuestro sean turistas, periodistas y funcionarios del gobierno, en lugar de miembros de carteles rivales, pero esto se debe principalmente a que los medios de prensa prefieren no informar sobre la gran mayoría de los secuestros, por miedo a represalias. La mayoría de los secuestros relacionados con el narcotráfico en México y Estados Unidos tienen una finalidad de venganza, castigo o advertencia. En la mayoría de los secuestros realizados por los carteles mexicanos, o mandados a hacer por estos, las víctimas están vinculadas de un modo u otro con el narcotráfico: por ejemplo, personas que han perdido cargamentos de drogas, que deben dinero a los jefes de los carteles, o que han dado información a las autoridades. No obstante, muchos de los carteles se están dedicando también al negocio de los secuestros como una nueva fuente de ingreso cuando los ingresos de la droga disminuyen. Los carteles están contemplando cada vez más el secuestro de migrantes, funcionarios del gobierno y empresarios por el rescate en efectivo que estos pueden proveer.

A veces los secuestrados son familiares de personas que han cometido una falta a los ojos del cartel, y son utilizados como medio de negociación para recuperar las drogas o el dinero perdido, pero esa no es la regla sino la excepción. El problema con ese estilo de secuestro es que no hay ninguna garantía de que la víctima será liberada después de que se hayan devuelto las drogas o el dinero.

En México, de cada diez secuestros que ocurren en realidad, hay por lo menos siete que nunca aparecen en los medios de información, y quizás sean más de siete. Ocasionalmente, en los noticieros se incluye un informe perdido y a veces impreciso acerca de algún secuestro relacionado con las drogas. Por ejemplo, en abril de 2010, una ciudadana estadounidense de 18 años, de San Diego, y su novio mexicano fueron secuestrados en la Playa Rosarito cerca de Tijuana. La mujer, que tenía siete meses de embarazo, quedó retenida durante tres días y abandonada para que muriera en un barrio de Playa Rosarito después de que sus raptores intentaron degollarla en repetidas ocasiones. Para liberarla, estos le habían exigido a su familia $300.000, pero el dinero nunca fue entregado. Otro ciudadano estadounidense que fue detenido como consecuencia de la investigación, supuestamente confesó que había matado al novio de la embarazada y les dijo a los investigadores que lo había hecho porque este no le había pagado una deuda de $400 relacionada con la droga.[5]

Escasean las crónicas noticiosas sobre el destino de estas víctimas, pero no se debe solamente a que los medios no lo informan, pues parece ser que en los titulares resulta más impactante el secuestro o asesinato de

"gente buena" que el de "gente mala". Dado que hasta hace poco estos últimos eran los que resultaban secuestrados, muchos mexicanos y estadounidenses ha mostrado cierta apatía frente a esta práctica tan común.
Pero los ciudadanos de ambos países no pueden seguir dándose el lujo de
ser apáticos, porque cada vez hay más gente inocente en las mirillas de
los carteles.

EL SECUESTRO DE CIVILES

Los migrantes que utilizan a contrabandistas de seres humanos, o coyotes, para que los hagan pasar la frontera de Estados Unidos suelen ser
víctimas fáciles de los secuestradores. Los narcos saben que los migrantes
han pagado a su coyote varios miles de dólares para hacerlos pasar la
frontera. Saben, además, que estos migrantes tienen familiares en Estados Unidos que, probablemente, puedan reunir el dinero del rescate.
Otro motivo de que los migrantes sean víctimas fáciles es el hecho de que
son muy vulnerables, pues viajan en grupos grandes y sin armas. Aunque
su coyote vaya armado, tiene la batalla perdida ante un nutrido grupo de
hombres armados con fusiles de asalto.

Lupe González[6] conoce muy bien toda esa realidad. Hace varios años,
entró ilegalmente a Estados Unidos desde México en busca de trabajo y
para poder mantener a sus hijos en su país natal. Su esposo la abandonó
cuando sus hijos eran muy pequeños y, cuando ella emigró a Estados
Unidos, tuvo que dejar a los niños bajo el cuidado de sus padres. Después
de varios años de separación, Lupe no pudo soportar seguir estando lejos
de sus hijos. Aparte del dolor de la separación, ya no podía depender de
sus padres, ancianos y enfermos, a quienes les resultaba cada vez más
difícil ocuparse de los niños. Por eso Lupe buscó a un coyote y le pagó
para que trajera a sus tres hijos por la frontera hasta Texas. El hermano
de Lupe, Mario, accedió a acompañar a los niños hasta que llegaran a la
frontera.

El grupo tropezó con un pequeño obstáculo en una ciudad a unas pocas millas al sur de la frontera. Los paró la policía, pero ese no fue el problema, pues el coyote estaba preparado para esto y, como es costumbre
en México, sobornó al agente policial. Después de examinar el carro muy
por encima, el policía los dejó seguir. El resto del viaje hacia la frontera

continuó sin mayores tropiezos, hasta que el carro volvió a ser detenido —esta vez por un grupo de hombres armados. A punta de pistola, el coyote, Mario y los niños recibieron la orden de abandonar el carro. Uno de los hombres hizo una rápida llamada telefónica y, al cabo de unos minutos, llegaron a la escena los mismos agentes que hacía poco rato los habían parado. Los hombres armados ordenaron a los niños que se fueran con los policías, quienes (obvios cómplices del secuestro) les dijeron al coyote y a Mario que se fueran inmediatamente si no querían ser arrestados. El hermano de Lupe temió por los niños, pero también temía por su propia vida. Todos hicieron lo que les indicaron.

Al día siguiente Mario llamó a Lupe para decirle lo que había pasado. No está claro por qué no la contactó inmediatamente; quizás estaba abrumado por el sentimiento de culpa y simplemente no sabía cómo darle la noticia. Lupe estaba desquiciada por la preocupación, pero su miedo alcanzó niveles estratosféricos cuando los secuestradores la contactaron unos días después para exigirle un rescate de $3.000. Le dijeron que sus hijos estaban seguros en Texas y la dejaron hablar con su hija para que supiera que estaban vivos. Aunque Lupe no tenía mucho dinero, con la ayuda de unos familiares consiguió reunir a duras penas el rescate y hacer el pago. Desafortunadamente, los secuestradores hicieron algo que es muy común en el negocio de los secuestros por dinero: le dieron las gracias por el pago inicial y le exigieron $9.000 más, o sea, $3.000 por cada niño. Además, trasladaron a los niños a otra ciudad de Texas. Lupe no tenía ni dinero ni forma de conseguirlo, pues tanto ella como su familia habían agotado sus recursos después de hacer el primer pago de rescate. Desesperada, Lupe tomó una decisión difícil: llamó a la policía estadounidense.

A partir de la información proporcionada por Lupe, la policía pudo preparar un operativo para arrestar a los secuestradores en el punto donde debía entregarse el rescate. Lo bueno fue que varios de los secuestradores terminaron en la cárcel y que Lupe pudo recuperar a sus hijos sanos y salvos. Lo malo fue que tanto Luque como sus hijos quedaron detenidos de inmediato por encontrarse ilegalmente en Estados Unidos, y que los hombres que ella ayudó a mandar a la cárcel eran miembros de uno de los carteles más mortíferos de México. Al mes de junio de 2010, Lupe y sus hijos se encontraban en proceso de deportación por las autoridades migratorias estadounidenses y estaban a la espera de que un juez determinara si reunían los requisitos necesarios para que se les concediera asilo sobre la base de sus alegaciones de miedo creíble. Debido a que Lupe colaboró con los agentes del orden de Estados Unidos y ya que el cartel conoce la identidad de ella y de sus hijos, era seguro que la familia sería asesinada si fuera deportada a México. La historia de Lupe es trágica, pero no hay manera de saber cuántas otras historias similares habrá, pues la mayoría de los secuestros de este tipo nunca son reportados.

Uno de los ejemplos más horrorosos de secuestro de migrantes tuvo lugar en agosto de 2010, aproximadamente a 100 millas al sur de la frontera en el estado de Tamaulipas. Setenta y dos migrantes de distintos países de América Central y del Sur iban en camino a la frontera cuando los paró un grupo de hombres armados que se identificaron como miembros de Los Zetas. Los migrantes fueron secuestrados y los llevaron a un rancho en San Fernando, donde les dijeron que tendrían que pagar rescate para poder irse. A los que no tenían dinero para pagar, los Zetas les ofrecieron la "oportunidad" de trabajar como peones del cartel. Los que se negaron fueron ejecutados a punta de pistola. Uno de los hombres, de origen ecuatoriano, logró escapar y denunció lo que había pasado a las autoridades en un punto de control de los marines. Estos respondieron y mataron a tres de los hombres armados en un rancho cerca de donde fueron interceptados los migrantes. Las autoridades no tienen la menor idea de por qué Los Zetas recurrieron a semejante grado de brutalidad con estos migrantes.

En octubre de 2010, 22 mexicanos viajaban felizmente en una caravana formada por cuatro carros desde la ciudad de Morelia, en el estado de Michoacán, hasta el balneario de Acapulco para disfrutar de unas merecidas vacaciones. Todos eran mecánicos de la misma zona y todos los años se dedicaban a ahorrar para su viaje anual. Cuando llegaron a la ciudad, pararon en una tienda para que dos de ellos fueran a comprar algunos refrigerios antes de buscar dónde pasar la noche. Al salir de la tienda, sus amigos ya no estaban. Algunos testigos les dijeron que el grupo había sido secuestrado por hombres armados. En posteriores informes de la prensa se especuló que quizás el grupo había sido escogido por error, pues no había ninguna prueba de que ninguno de ellos estuviera involucrado en actividades delictivas.[7] Los cadáveres de 18 de los hombres fueron encontrados un tiempo después en una tumba colectiva cerca de Acapulco. Parece ser que fueron seleccionados como objetivos por alguien que trabajaba para Edgar "La Barbie" Valdez Villarreal, de la organización Beltrán Leyva, que creyó erradamente que los hombres eran miembros de La Familia Michoacana, que buscaban llevar a cabo asesinatos en la zona.

La primavera de 2011 resultó aterradora para los pasajeros de autobuses del estado de Tamaulipas. A finales de abril de ese año, la policía mexicana rescató a 68 personas que habían sido secuestradas por miembros del Cartel del Golfo mientras viajaban en autobuses públicos en la zona de Reynosa. Estuvieron retenidos contra su voluntad en una casa de Reynosa y, por fortuna, salieron relativamente ilesos. Desgraciadamente, apenas unas semanas antes, la policía mexicana descubrió los cadáveres de 145 personas que habían sido sacadas por la fuerza de autobuses públicos y ejecutadas en la zona de San Fernando.[8]

El mayor problema en lo que respecta al rastreo y la investigación de secuestros de civiles en México —sean intencionales o accidentales— es que todo el mundo supone que la víctima o algún familiar suyo tienen algún vínculo con el narcotráfico. La suposición tiene su fundamento estadístico, pero esto tiene la consecuencia negativa de que la mayoría de los secuestros nunca son investigados adecuadamente. Se estima que menos de la cuarta parte de estos delitos llegan a ser denunciados a las autoridades mexicanas. De los que lo son, solo se abren investigaciones en el 13 por ciento de los casos y únicamente en el 5 por ciento los acusados llegan a comparecer ante un juez, según el Instituto Ciudadano de Estudios sobre la Inseguridad (ICESI) de México.[9] Si el secuestro de civiles para exigir rescate sigue aumentando en México, las autoridades mexicanas tendrán que incrementar sus labores investigativas, o los carteles seguirán haciéndose cada vez más ricos.

SECUESTROS POR LOS CARTELES EN ESTADOS UNIDOS

Entre las autoridades estadounidenses hay una preocupación cada vez mayor acerca del aumento de los secuestros relacionados con drogas en suelo estadounidense. En marzo de 2009, la revista *Newsweek* narró brevemente lo que le había sucedido un mes antes a un hombre llamado

Manuel en Phoenix. Manuel y su familia estaban saliendo de una tienda de Radio Shack cuando se le acercó un hombre, aparentemente surgido de la nada, le puso una pistola contra la cabeza y trató de obligarlo a entrar en un vehículo utilitario. Otros hombres que ya estaban sentados en el vehículo tenían escopetas con las que apuntaban todo el tiempo a Manuel. Este tuvo que entrar en el carro y, después que se lanzaron unos tiros, su esposa lo vio perderse de vista. Todo esto sucedió en una ciudad de 1,3 millones de habitantes, situada a unas buenas 180 millas de la frontera de Arizona con México, a plena luz del día y frente a un comercio minorista. Parece ser que Manuel le debía a alguien mucho dinero relacionado con la droga. Los secuestradores le exigieron $1.000.000 y su Cadillac Escalade como rescate a su familia. Dos hombres que se supone tenían vínculos con uno de los principales cárteles mexicanos fueron detenidos por la policía estadounidense cuando se iban con su carro. Pero de Manuel nunca se vio ni se supo nada más. "Es un traficante de drogas y perdió un cargamento", declaró la teniente Lauri Burgett, del Departamento de Policía de Phoenix, refiriéndose a la situación de Manuel. Las autoridades creen que fue llevado a México, donde lo habrían obligado a responder por su "transgresión".[10]

En 2009, en Phoenix se reportaron 318 secuestros, en comparación con 117 en el año 2000 y no muy por debajo del total de 358 registrado en 2008.[11] Según el Departamento de Policía de Phoenix,[12] la mayoría de estos secuestros estaban relacionados con el narcotráfico mexicano o con grupos de contrabando de seres humanos. Esas cifras increíblemente altas dieron lugar a que Phoenix recibiera el apelativo de "Capital de los secuestros en Estados Unidos" y a que su departamento de policía recibiera una subvención federal por $2,4 millones. El problema es que las cifras de secuestros eran incorrectas. Después de revisar todos los casos, la Oficina del Inspector General (OIG) determinó que solamente la mitad de ellos debían clasificarse como verdaderos secuestros. Luego el departamento dijo que había encontrado otros 175 casos que nunca habían sido contados. Después que todo fue sometido a auditoría y adecuadamente reclasificad, el informe de la OIG correspondiente a marzo de 2012 indicó que el verdadero número de casos de secuestros en 2008 fue de 254, en comparación con los 533 que se habían reportado originalmente. Poco después de la investigación del Inspector General y unas cuantas averiguaciones de los medios, el Gerente de Seguridad Pública, Jack Harris, renunció a su cargo de jefe de la policía.[13]

No obstante, las estadísticas corregidas no contribuyeron en absoluto a disipar el miedo entre los residentes locales; 254 casos de secuestro en un año en cualquier ciudad estadounidense son de todos modos una cifra alarmante. Muchas casas seguras que sirven como lugares de retención de víctimas de secuestros se encuentran en barrios residenciales suburbanos de clase media. Los mismos matones que cruzan la frontera de México a Estados Unidos y llevan a cabo los secuestros al servicio de los carteles, ahora también se dedican, para diversificar su actividad delictiva, al allanamiento de moradas en esos mismos barrios.

Como se mencionó antes, no es común que los ciudadanos estadounidenses completamente "limpios" se conviertan en víctimas de secuestros sin más ni más, pero hay algunas evidencias que indican que esta situación está cambiando. Veamos, por ejemplo, el caso de Raúl Alvarado, vendedor de carros de Hidalgo, Texas. A finales de noviembre de 2009, Alvarado recibió una llamada telefónica de un amigo y de un primo de este, que le pedían que se encontrara con ellos en una cafetería Starbucks en McAllen, Texas. Cuando Alvarado llegó a la cafetería, quienes lo esperaban no eran el amigo y su primo, sino tres hombres a quienes no conocía. Lo obligaron a punta de pistola a entrar en su carro y se lo llevaron a toda velocidad a la frontera, la que cruzaron hasta llegar a Reynosa, México. Inicialmente, los secuestradores pidieron $100.000 como rescate, pero bajaron la cifra cuando se dieron cuenta de que ni el rehén ni su familia podían pagar esa cantidad. Alvarado les ofreció como alternativa pagarles $30.000 y darles dos carros, pero no logró convencerlos.

Entonces Alvarado se puso de suerte. Increíblemente sucedió algo que rara vez pasa en México: un vecino que tenía sospechas hizo una llamada anónima a la policía mexicana. Les dijo que le parecía que alguien estaba retenido contra su voluntad en una casa de un barrio de Reynosa. La policía acudió a la casa para verificar la denuncia y encontró allí a Alvarado, esposado, con la cabeza cubierta y con muestras de abuso físico. En vista de la exigencia de rescate, el lugar de Texas donde ocurrió el secuestro (directamente al otro lado de la frontera, frente al territorios controlados por el Cartel del Golfo) y otros detalles conocidos públicamente sobre el caso, no hay indicios de que Alvarado tuviera nada que ver con el narcotráfico ni de que tuviera ningún tipo de vínculo con un cartel mexicano. Teniendo en cuenta que intentó pagar parcialmente su rescate, parece ser que fue seleccionado como víctima simplemente por ser propietario de un negocio.

En agosto de 2008, Daniel Ramírez (hijo) estaba ocupándose de sus asuntos en su tienda Country Village en Weslaco, Texas, cuando fue secuestrado por hombres que trabajaban para el Cartel del Golfo. Su único "delito" consistió en que se había negado repetidas veces a aceptar la oferta de trabajar para ellos. Los secuestradores llevaron a Ramírez a una casa segura en Mission, Texas, a unas 24 millas al oeste de Weslaco. Allí lo retuvieron hasta que lo llevaron a un rancho en México donde su cadáver fue "cocinado" (lo que puede significar que fue disuelto en un tanque de ácido o, incluso, que fue literalmente cocinado al fuego). Ramírez fue asesinado a pesar de que su padre había pagado a los ejecutores del Cartel del Golfo $40.000 de los $100.000 de rescate que habían exigido.[14] Según Jorge Cisneros, portavoz del FBI, un número cada vez mayor de secuestros transfronterizos en Texas se relacionan con víctimas estadounidenses que no tienen ningún vínculo con actividades ilegales.[15]

Las agencias de orden público de Estados Unidos, como el FBI y el Departamento de Policía de Phoenix, investigan activamente los secuestros transfronterizos que tienen lugar en suelo estadounidense. Entienden el impacto negativo que puede tener este tipo de actividad delictiva en las comunidades fronterizas (y no fronterizas), independientemente de quién sea la víctima. Por desgracia, el motivo de que estos secuestros vayan cada vez más en aumento (el narcotráfico mexicano) no va a desaparecer, lo que significa que es muy probable que los secuestros que ocurran en Estados Unidos y estén relacionados con el contrabando de drogas y de seres humanos tampoco desaparezcan en un futuro cercano.

CAPITULO 6

EL PUEBLO MEXICANO

Hay algo que parece perderse de vista entre tantos asesinatos, tiroteos, narcos y corrupción: el pueblo de México, que no tiene nada que ver con el narcotráfico y tiene que soportar los efectos de la guerra en sus comunidades y su país. Muchos no le cuentan a la policía las actividades ilegales de las que han sido testigos o han oído hablar, porque temen por sus vidas. Además, a menudo tienen tanto miedo a las autoridades como a los propios narcos. Siendo así, ¿por qué preocuparse por el pueblo mexicano? "El problema no es nuestro, es de ellos", aseguran algunos estadounidenses.

Hay millones de mexicano-estadounidenses que viven en Estados Unidos y muchos de ellos se ven afectados por la situación actual en México. Independientemente de la posición que uno tenga en el debate sobre la inmigración ilegal, es importante reconocer que la mayoría de los estadounidenses que han nacido en México o que son de ascendencia mexicana son personas decentes, que contribuyen a la sociedad y a las comunidades de las que son miembros. En su mayoría aún tienen familiares que viven en México, a menudo en lugares con altos niveles de violencia. Es muy probable que todo aquel que lea este libro conozca a alguien (un amigo, compañero de trabajo, subordinado, supervisor, vecino o empleado de una tienda) que esté afectado por la guerra de la droga debido a sus vínculos familiares.

EL PROBLEMA DE LA DROGA INTERNAMENTE

A lo largo de los últimos años, en varios informes noticiosos se han presentado detalles sobre el mercado interno de narcóticos en México, así como sobre los índices cada vez mayores de dependencia de la droga. Afortunadamente, hasta ahora el consumo de drogas en México no es más que una fracción del que hay en Estados Unidos. Los funcionarios estiman que 3,5 millones de mexicanos han usado narcóticos al menos una vez y que, de esa cifra, casi 600.000 se han convertido en consumidores narcodependientes. Comparemos esto con los casi 22 millones de consumidores regulares de narcóticos en Estados Unidos —pero no sin señalar que el número de adictos mexicanos se ha duplicado en los últimos cinco años.[1]

El nuevo muro en la frontera y la intensificación de las patrullas tanto por agentes federales de México como de Estados Unidos han hecho que a los carteles mexicanos les sea más difícil introducir drogas en Estados Unidos. Como resultado, un mayor número de narcóticos permanecen en México, donde son vendidos a consumidores locales, según Marcela López Cabrera, directora de la clínica Monte Fénix en Ciudad de México, donde se ofrece entrenamiento a consejeros contra el uso de drogas.[2] Otro factor importante que influye en el consumo de drogas en México es lo increíblemente baratas y los fáciles de conseguir que son. Los precios de la cocaína en México han bajado tanto, que casi sale gratis. Un gramo de cocaína en la región central de México se vende por casi $19. Una piedra de *crack* cuesta $9,50 y el precio está bajando.[3]

En muchas zonas —particularmente en las de Tijuana y Acapulco— se han fragmentado los principales carteles de la droga. Los antiguos miembros de los carteles se han independizado y han empezado sus propios negocios de venta de drogas, lo que ha hecho que ahora existan pequeñas legiones de narcotraficantes por todo el país. Muchos observadores describen este proceso como la "atomización" de los carteles mexicanos. La explosión del mercado nacional de narcóticos y el negocio cada vez mayor de los vendedores de drogas suponen mayores obstáculos en el camino de México hacia la reducción de la violencia. Hay señales de que el comercio callejero, conocido como "narcomenudeo", está contribuyendo a la violencia general relacionada con la droga. Las pandillas armadas hasta los dientes que se han peleado por el control de las principales rutas internacionales de contrabando de drogas también se están disputando el mercado en México. Otro efecto secundario de esta tendencia es el enorme aumento del número de centros de rehabilitación de narcóticos y, en consecuencia, del número de mexicanos inscritos en programas de tratamiento drogas. Como muchos de esos pacientes en algún momento también han sido traficantes de drogas, las clínicas de rehabilitación y sus pacientes han sido blancos de brutales asesinatos, e incluso de los esfuerzos de reclutamiento de los carteles.[4]

Ha habido buenas noticias en el frente nacional de la lucha contra las drogas. Los medios informativos mexicanos reportaron en octubre de 2009 que la disponibilidad de cocaína en México había disminuido en un 60 por ciento en los seis años anteriores, debido principalmente a las confiscaciones mayores y más frecuentes realizadas por las autoridades mexicanas y colombianas. También se indicó que el suministro de metanfetamina se había reducido, pero las estadísticas de los centros de rehabilitación y de adicción indican que queda un largo camino por delante en la batalla por reducir el suministro de todo tipo de drogas en México.

Hay dos importantes aspectos de este problema que merecen atención: las crisis de violencia y de salud pública con que tiene que lidiar el gobierno mexicano y los problemas éticos y morales derivados del éxito de los esfuerzos de control en la frontera. El gobierno de Calderón ha dado algunos pasos pequeños hacia el tratamiento del problema de la adicción como un problema de salud pública al despenalizar la tenencia de pequeñas cantidades de diversas drogas para "uso personal". Quienes sean atrapados con cantidades mayores no son enviados a prisión, sino a programas de tratamiento, en un intento por reducir la presión sobre los centros penitenciarios, las agencias de orden público y el sistema judicial. Sin embargo, algunas estadísticas oficiales provenientes de fuentes mexicanas dicen que solo el 3 por ciento de los adictos mexicanos están recibiendo actualmente alguna forma de tratamiento. Es posible que el hecho de que los centros de rehabilitación están cada vez más en la mirilla de los ataques de los carteles haga que algunos pierdan la motivación de buscar tratamiento.

El segundo aspecto es más difícil de asimilar. Históricamente, México ha achacado sus propios problemas de violencia a la insaciable drogadicción de los estadounidenses. Este tipo de razonamiento tiene mucha validez dado que, si no hubiera demanda, no habría suministro. Si bien los esfuerzos estadounidenses por hacer cumplir la ley no afectan la demanda, sí están teniendo su efecto sobre el suministro. Esto es una buena noticia en lo que se refiere a los problemas relacionados con el tráfico de drogas en Estados Unidos, pero es evidente es que esos esfuerzos están teniendo un efecto negativo al sur de la frontera.

De cierto modo, este problema se asemeja al del tráfico de armas hacia el sur. Los estadounidenses venden muchas armas y muchas de estas terminan en México, donde son usadas por los carteles en ataques violentos contra sus rivales o contra traficantes de drogas que se han retrasado en sus pagos. Recientemente, el gobierno estadounidense reconoció cierto nivel de complicidad en este problema y ha prometido incrementar sus esfuerzos por interceptar el flujo de armas hacia el sur, ostensiblemente con el objetivo de reducir los delitos relacionados con las armas y la violencia en general en México. No obstante, hay que preguntarse si el gobierno estadounidense ha de disculparse en absoluto por sus esfuerzos de observancia de la ley que, al mismo tiempo que han logrado reducir las cantidades de drogas que entra en Estados Unidos, ocasionan grandes aumentos de la adicción en México.

Estados Unidos ya ha reconocido que ha contribuido grandemente al narcotráfico debido a la demanda existente en el país, y al tráfico de armas debido al suministro de estas. Quizás este sea el límite de la posición de autoculpabilidad del gobierno estadounidense, especialmente si se tiene en cuenta el orgullo de este gobierno en lo que se refiere a la realización de esfuerzos dirigidos a mantener el orden público. Lo más probable es que Estados Unidos siga ofreciendo asistencia financiera a México para que dicho país pueda hacer frente a los problemas de adicción dentro de su territorio, pero quizás el gobierno mexicano se las tenga que arreglar solo para encontrar la forma de reducir el consumo interno, pues eso es lo mismo que Estados Unidos ha tenido que hacer durante décadas.

LA DESTRUCCIÓN DEL MODO DE VIDA MEXICANO

En capítulos anteriores se ha abordado el tema de lo mala que está la situación en Ciudad Juárez. Parece ser que muchos de los residentes de la ciudad han decidido no esperar para averiguar si las cosas van a mejorar o empeorar. Entre 2007 y 2010, 230.000 residentes de Ciudad Juárez —aproximadamente el 18 por ciento de la población— abandonaron la ciudad para escapar de la violencia. El destino principal de casi la mitad de ellos ha sido El Paso, Texas y los demás, en su mayoría, se han trasladado a los estados mexicanos vecinos de Durango, Coahuila y Veracruz. Una encuesta realizada por estudiantes y profesores de la Universidad Autónoma de Ciudad Juárez a los residentes de la ciudad indicó que la inseguridad sobre la violencia de la droga y la incapacidad del gobierno de protegerlos los ha llevado a ese éxodo masivo.[5]

Los que decidieron quedarse en Juárez han hecho profundos cambios en sus vidas cotidianas. Por ejemplo, "el 83 por ciento de los encuestados dijeron que han dejado de dar información personal por teléfono, el 75 por ciento no habla con extraños y un porcentaje similar ha dejado de salir por la noche. Más de la mitad de los encuestados dicen que ya no llevan dinero en efectivo consigo, que no dejan a sus hijos andar solos por la calle y que han dejado de asistir a eventos públicos".

Incluso el gobierno de la ciudad ha reconocido que no es mucho lo que puede hacer para impedir que se pierda aun más el control. A finales de agosto de 2010, el ayuntamiento canceló las festividades tradicionales en torno al día de la independencia de México. En la víspera del 16 de septiembre, los alcaldes mexicanos normalmente presiden la ceremonia tradicional del "Grito de la Independencia" ante multitudes que se congregan en las explanadas de los ayuntamientos. Para celebrar, cada año miles de residentes de Ciudad Juárez acuden al ayuntamiento para participar en el festival nocturno, en el que actúan mariachis, bailarines folklóricos y cantantes. Tristemente, el 2010 fue la primera vez en casi un siglo que las festividades se cancelaron… y todo debido a los narcos.[6]

Los mexicanos no están felices con esta situación en su país. Según una encuesta realizada por el Centro de Investigaciones Pew (*Pew Research Center*) en agosto de 2011, menos de la mitad de los encuestados (el 46 por ciento) creen que su gobierno está registrando progresos en la guerra contra la droga. Sorprendentemente, el 74 por ciento de los encuestados ven en forma positiva la ayuda de Estados Unidos para entrenar a policías y militares mexicanos y el 64 por ciento aprueban que Estados Unidos dé dinero y armas a las fuerzas policiales y militares mexicanas. Aun más sorprendente es el hecho de que el 38 por ciento de los encuestados apoyan el despliegue de efectivos estadounidenses en México, en comparación con el 26 por ciento el año anterior.[7] Esto es algo inesperado tratándose de un país que históricamente ha tenido grandes tensiones con Estados Unidos debido a sus intervenciones en los asuntos de América Latina. Para un país que aborrece la injerencia estadounidense en sus problemas nacionales, es extraordinario el hecho de que más de un tercio de los mexicanos respalden la presencia militar estadounidense en su territorio y esto pone de relieve lo mucho que se ha deteriorado la situación en México.

Los residentes de Monterrey, en el estado de Nuevo León, están cambiando sus rutinas diarias porque temen convertirse en víctimas accidentales. Los residentes locales dicen que ahora celebran sus fiestas en la tarde para que los invitados no tengan que manejar de noche. Muchos dicen que prefieren no viajar a la isla de South Padre, un popular destino turístico cerca de la costa sur de Texas, porque temen pasar por Reynosa, que se ha convertido en campo de batalla de Los Zetas y el Cartel del Golfo. En el verano de 2010, el lujoso centro comercial Palacio de Hierro en Monterrey fue asaltado por hombres armados por tercera vez en ese año.[8]

Monterrey es un caso interesante en la difusión del miedo al narcotráfico en México, debido a su exclusiva condición de meca de negocios para los ricos. La violencia relacionada con la droga no la había afectado realmente hasta quizás la primavera de 2010, cuando los narcotraficantes ricos empezaron a gravitar hacia el estilo de vida de Monterrey. Desde entonces, los residentes y dueños de negocios de la ciudad se han convertido en blancos de robos a mano armada, hurtos y secuestros a cambio de un rescate. También se están empezando a ver con mayor frecuencia los narcobloqueos, o bloqueos de carreteras creados por los carteles. Según un artículo publicado en el periódico *The Wall Street Journal*, durante un narcobloqueo, "los miembros de un grupo delictivo se hacen del control de autobuses, camiones comerciales o con remolques. Con esos vehículos bloquean las carreteras principales y abandonan la escena, con lo que afectan el tráfico durante horas. Los funcionarios dicen que el objetivo de esta táctica es impedir que la policía y los militares circulen por la ciudad, aunque también se usa como muestra de poder".[9]

Una de las mayores tragedias que ha sacudido a México ocurrió en Monterrey en agosto de 2011. En plena tarde, ocho hombres entraron en el Casino Royale, situado en un barrio de clase media alta de la ciudad. En ese momento había dentro del casino entre 80 y 150 personas (el dato varía según la fuente que lo informa). Los testigos declararon que habían visto a unos hombres echar gasolina en varios lugares y luego prender fuego al casino. Algunos dijeron que habían oído tiros y otros, explosiones de granadas. Se armó el caos cuando decenas de personas se refugiaron en los baños y otros intentaron en vano escapar por las puertas de salida, que habían sido trancadas con cadenas. Muchos se asfixiaron con el humo y otros fueron aplastados por la estampida. Todo el ataque no duró más de tres minutos y, cuando se contaron las víctimas, habían muerto 52 personas inocentes.[10] El motivo del ataque no se hizo evidente desde el primer momento, pero muchas autoridades y analistas llegaron a la conclusión —basados en escasas pruebas concretas— de que Los Zetas estaban tratando de enviar un mensaje al dueño del casino, que no estaba haciendo sus pagos mensuales de extorsión al cartel.

México es desde hace mucho tiempo un país democrático con elecciones relativamente transparentes. Sin embargo, la violencia está empezando a afectar uno de los principios fundamentales de la democracia: el derecho y la capacidad de todo ciudadano de votar en el día de las elecciones. En julio de 2010, estaban previstas cientos de elecciones estatales y locales, pero muchos no acudieron a las urnas porque estaban aterrorizados. Además, una importante proporción de la población no tenía interés en votar porque no tenía fe en el gobierno. Según un artículo publicado en el periódico *El Paso Times*, el "voto nulo" ha sido una constante en las elecciones recientes en México, en las que los votantes decidieron no dar su voto a ningún partido. En lugar de ello, tacharon toda la boleta en señal de protesta debido a la falta de opciones viables. Los asesinatos diarios en Ciudad Juárez y Chihuahua, así como los ataques sangrientos contra las fuerzas policiales, crearon tal sensación de inseguridad en la población general que la gente no se quería exponer a hacer cola para ejercer su derecho al voto.[11]

Las manchas de sangre que se ven constantemente en la calle o los cuerpos decapitados que aparecen en lugares públicos deberían bastar para amedrentar por completo al pueblo mexicano, pero a algunos narcos no les parece suficiente. Es casi como si a cada rato tuvieran que lanzar una campaña de relaciones públicas mediante el uso de banderolas muy visibles y otros narcomensajes. Estos mensajes cumplen varios propósitos: a veces sirven para culpar a sus rivales de algún asesinato masivo y, en otras ocasiones, son para dar una lección sobre lo que sucede a quienes se interponen en su camino. Los carteles llegan incluso a incursionar en "operaciones psicológicas" cuando ponen pancartas en las que le dicen al pueblo mexicano que su gobierno no los puede proteger de la violencia.

Algunos narcos han pasado a utilizar Internet para hacer sus amenazas. Ahora son más comunes los videos de YouTube en los que miembros de los carteles cometen atrocidades contra otros carteles. Las víctimas, a menudos cubiertas de sangre de las golpizas, "son atadas con los ojos vendados y son colocadas frente a un telón en un entorno anónimo. Rodeadas de matones armados hasta los dientes y cubiertos con pasamontañas, y en respuesta a preguntas que vienen de una voz en off, se les obliga a confesar que están vinculadas con carteles o con funcionarios corruptos". Seguidamente, muchas son asesinadas, frente a la cámara. Cuando YouTube y otros sitios importantes de Internet detectan los videos más explícitos, normalmente los eliminan, pero de todos modos estos se pueden ver en blogs de los narcos, mantenidos por administradores anónimos.[12]

Lo que produce frustración a muchos es el hecho de que la publicación de estos videos no da lugar a ninguna intervención de la ley. Las autoridades mexicanas no pueden hacer nada si nadie presenta una queja… y, por razones obvias, nadie lo hace. Dado que los archivos de video son subidos a Internet generalmente por usuarios anónimos, las autoridades no pueden demostrar que los videos sean auténticos (aunque es muy probable que lo sean). Los grupos del crimen organizado también han incursionado en medios sociales como Facebook y Twitter para difundir su mensaje de terror. Pero estos medios también son usados en su contra por jóvenes mexicanos que quieren luchar contra los carteles y buscar una forma de salir de la violencia.

Al igual que sucede con los terroristas, los narcos no tienen que hacer realidad sus amenazas de violencia para que estas surtan el efecto deseado. En junio de 2010, hubo una escalada de violencia en el estado de Nayarit y corrían muchos rumores de que los carteles iban a atacar a los hijos de sus rivales cuando estuvieran en la escuela. Aunque nunca se comprobaron los rumores, el mero temor a los ataques fue suficiente para que el gobernador decidiera cerrar todas las escuelas durante tres semanas.

LA REALIDAD PARA LA JUVENTUD MEXICANA

En México hay una canción muy pegajosa titulada "El señor de la montaña" que fue muy popular —particularmente entre los jóvenes— cuando salió en 2006 y sigue siéndolo hoy. No es más que uno de los muchos narcocorridos escritos por distintos grupos que rinden homenaje a Joaquín Guzmán Loera, "El Chapo". Estas canciones evolucionaron a partir de la tradición folclórica mexicana de cantar sobre los héroes revolucionarios y sobre las leyendas de la historia del país. En la actualidad, los narcocorridos ensalzan la vida y las proezas de los narcotraficantes, secuestradores y asesinos. Y son canciones que le encantan a la juventud mexicana.

Algunas de las piezas escritas por músicos jóvenes tienen influencias del hip-hop y del rap, lo que las hace inmensamente populares, a pesar de que el presidente Calderón ha prohibido su difusión en los medios radiales y televisivos. Quizás esto las haga más atractivas, sobre todo por los mensajes sociales comunes y las críticas al gobierno que se transmiten en las letras de muchas de esas canciones. Sin embargo, las canciones que ensalzan a los capos no son más que uno de los muchos factores sociales que hacen que los jóvenes mexicanos —y su futuro económico— se vean atrapados en una espiral mortal.

Es triste observar que las perspectivas de muchos de los jóvenes mexicanos son desalentadoras. México es un país industrializado y una potencia económica, pero a menudo sucede que esto no se traduce en oportunidades de mejora socioeconómica para los adolescentes, especialmente los que viven en zonas rurales. En pasajes anteriores de este libro se han descrito los orígenes de El Chapo. Su historia es más común de lo que parece. Hay millones de niños mexicanos que ahora mismo están entrando en sus años adolescentes con escasas perspectivas de tener una vida productiva fuera del entorno en el que se criaron.

Tanto la prensa estadounidense como la mexicana han publicado informaciones de que la economía mexicana se está recuperando, aunque sea lentamente, de la recesión económica mundial y que la inversión estadounidense en México va en aumento. Se están construyendo nuevas plantas de producción de automóviles, que se supone empleen a varios cientos de trabajadores mexicanos. El turismo se está recuperando de un periodo de baja provocado por los informes de actos de violencia cerca de los pueblos turísticos. En consecuencia, los hoteles, aerolíneas y restaurantes se están recuperando. Pero, ¿cómo se traducen estas mejoras en algo que favorezca a un muchacho de 15 años con un nivel de escolaridad de quinto grado, que apenas sabe leer y vive en un campo de amapolas en Guerrero?

Algunos jóvenes mexicanos logran abrirse paso y alcanzar el éxito. Sus padres se dan cuenta de que no conseguirán mucho si se quedan en casa, por lo que hacen el mayor esfuerzo posible por lograr que sus hijos reciban una buena educación y se vayan a las grandes ciudades donde hay algunas perspectivas de encontrar un empleo. Pero el hecho de que cada año millones de ciudadanos mexicanos traten de cruzar ilegalmente a los Estados Unidos tiene su motivo. En México es muy difícil encontrar un trabajo con un buen salario, especialmente en el caso de trabajadores no especializados y jóvenes que carecen de educación superior. A muchos adolescentes a mexicanos les quedan solo dos opciones: tratar de pasar a Estados Unidos y encontrar un empleo sin que los atrape la migra, o unirse al narcotráfico. No es difícil adivinar cuál de las dos opciones es más fácil y paga mejor.

México está aprendiendo a lidiar con una generación de "ninis" —millones de adolescentes mexicanos que "ni trabajan, ni estudian". Andan por las calles de México sin tener ningún lugar a dónde ir, nada que hacer y ninguna meta que lograr. Incluso si siguen recibiendo educación, se quedan viviendo en la casa de sus padres y nunca se aventuran a salir al mundo. Cuando se les pregunta lo que quieren hacer o lo que quieren llegar a ser, solo dicen que van a seguir estudiando. E incluso si consiguen trabajo, muchos de estos empleos carecen de seguro médico o son contratas por poco tiempo.[13]

Según las estimaciones actuales de organizaciones no gubernamentales, la población de "ninis" alcanza unos 7 millones en todo México, pero el gobierno asegura que solo hay unos cuantos cientos de miles. Según

un informe de principios de 2011, una de las poblaciones más grandes de
ninis está en Ciudad Juárez: 120.000 residentes de esa ciudad entre los
tres y los 24 años de edad (o el 45 por ciento de la población) "no tenían
un trabajo formal ni estaban en la escuela. Actualmente los carteles pagan a un joven $1.000 por viaje si este contrabandea drogas de un lado a
otro de la frontera. Los jóvenes cuentan que a las pandillas de narcotraficantes les basta pagar la suma irrisoria de $100 para que alguien cometa
un asesinato".[14] La triste realidad es que, sí, los niños de México son el
futuro... pero el futuro de la guerra de las drogas.

PERIODISTAS EN LA LÍNEA DEL FRENTE

Al imaginarnos a periodistas que envían informes desde una zona de
guerra, muchos pensamos en los que estaban "incrustados" en unidades
militares durante la incursión de Estados Unidos en Irak en 2003, o en
los que se encontraban en medio de los disturbios civiles en Myanmar, o
tal vez en otros que estaban cerca de las bombas que explotaban en Afganistán. Pero, en años recientes, México se ha convertido en uno de los
países más peligrosos donde trabajar como periodista —a pesar de que se
considera que es una democracia estable que tiene, no más, un alto índice
delictivo. La organización internacional Reporteros sin Fronteras, que
defiende la libertad de prensa, ha dicho que México es "el país más mortal para los medios de información en el hemisferio occidental".[15]

Si bien el número exacto varía de una fuente a otra, se dice que aproximadamente 70 periodistas, fotógrafos, editores y productores de noticieros han sido asesinados en la última década en México. Esta cifra
representa la mitad del número de trabajadores del mismo giro que han
muerto en Irak desde 2003. No obstante, hay grandes diferencias entre
ambos tipos de incidentes. En Irak, el número de periodistas muertos ha
ido en franco descenso año tras año, hasta que solo murieron cuatro en
2009.

Además, los afectados normalmente perdieron la vida al verse envuel-
tos en incidentes esporádicos de fuego cruzado o se convirtieron por ca-
sualidad en víctimas de bombas caseras. En México, las víctimas
mediáticas son asesinadas específicamente por el trabajo que hacen o, en
muchos casos, por lo que no hacen.

Según informes de los medios estadounidenses, los capos mexicanos "seleccionan meticulosamente a los periodistas para su ejecución y el método utilizado suele ser muy personal. Muchos periodistas han sido degollados y luego sus cuerpos han sido disueltos en ácido; otros han sido desmembrados y torturados con mensajes que han sido escritos en sus cuerpos a punta de cuchillo; otros han sido quemados y enterrados vivos, cabeza abajo". En noviembre de 2009, el cadáver del periodista José Bladimir Antuna García apareció junto con una nota que decía: "Esto me pasó por dar información a los militares y escribir lo que no se debe. Cuiden bien sus textos antes de hacer una nota. Atentamente, Bladimir". Este periodista se especializaba en delitos para el diario mexicano El Tiempo y fue hallado muerto a puñaladas detrás de un hospital en Durango.[16]

Además, las amenazas de los carteles mexicanos contra los periodistas no se limitan a México. La reportera Diana Washington Valdez del periódico El Paso Times solía visitar Ciudad Juárez pero tuvo que dejar de ir porque consideró que su vida corría peligro si volvía. En abril de 2010, recibió un mensaje de un narcotraficante en el que le advertía que dejara de escribir sobre el narcotráfico. Como resultado de estas amenazas, que son tomadas muy en serio por los medios de información, los periodistas están cayendo en la autocensura.

Deseosos de seguir respirando y siendo contados entre los vivos, los periodistas suelen tener mucho cuidado en no publicar en sus artículos detalles que puedan dar una mala imagen del cartel local o que puedan dar pie a represalias contra ellos, sea por un cartel rival o por las autoridades. Lo más triste es que las amenazas contra los periodistas en México no provienen solamente de los narcos. El 65 por ciento de las 244 agresiones a periodistas que han ocurrido en el país fueron dirigidas por funcionarios públicos.[17] Se trata, con toda probabilidad, de funcionarios que colaboran con los carteles —sea voluntariamente o bajo amenaza de muerte— y que están tan interesados como los propios carteles en asegurarse, mediante el uso de la violencia, de que ciertos detalles sean incluidos o excluidos de los informes noticiosos.

México es el país más peligroso de las Américas para los periodistas y esta situación solo está empeorando. Ya sucede que en algunas partes de México a veces hay apagones mediáticos. En la segunda mitad del 2010, las ciudades fronterizas del noreste, Reynosa y Matamoros, no tuvieron ninguna noticia relacionada con las drogas en los medios noticiosos tradicionales, por lo que tanto los residentes como otros observadores tuvieron que valerse de medios sociales como Twitter para obtener información. A instancias de un cartel, todos los medios noticiosos de la localidad (que a menudo ha sido escenario de importantes enfrentamientos entre los carteles y la policía) han dejado de presentar cualquier información sobre la violencia relacionada con la droga. Esto es sumamente frustrante para los gobiernos, las agencias de orden público y los ciudadanos a ambos lados de la frontera cuyos familiares viven en la zona afectada. En estos tiempos no hay verdadera libertad de prensa en México, pero no porque el gobierno no lo permita, sino porque el crimen organizado lo impide.

LA DIÁSPORA MEXICANA

José es un mexicano-estadounidense que se crió en Mexicali, México (justo al otro lado de la frontera frente a Calexico, California). Después de graduarse de la universidad en 2002, se mudó a San Francisco, donde encontró empleo en una gran empresa. Desde entonces, ha vivido en Los Ángeles y San Diego, donde reside actualmente. Todavía tiene familia en Mexicali y su padre vive en Rosarito (cerca de Tijuana). En diciembre de 2008, su padre fue secuestrado a cambio de un rescate. A pesar de que José y su padre no se llevaban bien, la situación provocó en José una intensa reacción emocional, y lo mismo les sucedió a su hermana y su madre. Durante el secuestro, José supo de varios otros amigos que habían pasado por situaciones similares con sus familias. Por ejemplo, un buen amigo suyo a quien recientemente le habían secuestrado a su cuñado, era muy conocido en la sociedad de Tijuana.[18]

El padre de José no pudo salir de su cautiverio por sus propios medios. Perdió un dedo y recibió varias golpizas. José lo vio dos veces después de lo sucedido; debido a los efectos mentales de su experiencia, el padre había quedado que no podía hablar. El padre de José trató de fingir que su experiencia no había sido tan terrible pero, al hacerlo, adoptó actitudes exageradas como sobreviviente de un suceso tan traumático. Todas sus emociones eran excesivas y resultaba evidente que estaba más afectado de lo que parecía. Después de verlo por segunda vez, José decidió romper todos sus vínculos con él, aunque su hermana mantuvo el contacto. Posteriormente la hermana le dijo a José que su padre estaba mejorando.[19]

Sonia es una mexicana-estadounidense de segunda generación que posee casas en California, Texas y México. Ha llevado una existencia bastante nómada y antes soñaba con hacer del mundo un lugar mejor. Esto la hizo involucrarse en organizaciones no lucrativas, trabajo que ha disfrutado durante varios años. Tenía un poco de dinero y decidió establecer una fundación caritativa familiar con una amistad en el estado de Coahuila. Su visión consistía esencialmente en ayudar a estudiantes discapacitados, pero también hizo extensiva su misión a otras escuelas.[20]

A pesar de su buena e intensa labor, Sonia cometió el error de ser demasiado visible en México. Su fundación empezó a recibir mucha publicidad. Se le rindieron honores en una ceremonia sorpresiva en Ciudad México en 2009 y las noticias sobre el evento salieron en primera plana de un importante periódico mexicano. Desafortunadamente, su nueva asistenta, en su entusiasmo por la fundación y por la labor realizada por Sonia, dejó entrever que todo el financiamiento de la fundación era con dinero de la familia. Sin que fuera su intención, esto tuvo el efecto inmediato de pintar un enorme círculo rojo sobre Sonia como un posible objetivo de secuestro que podría resultar lucrativo. Como consecuencia, Sonia tuvo que modificar por completo su manera de trabajar en México. Ahora nunca viaja por carretera a Monterrey ni a Saltillo, sino que lo hace por avión y procura en la medida de lo posible evitar que su foto y su nombre aparezcan en los medios de información.

Sonia está estupefacta ante las actitudes que tienen muchos de sus amigos y colegas mexicanos acerca de la guerra de la droga. Dice que nadie toca el tema en las conversaciones y, si ella lo menciona, los amigos se ponen nerviosos e incómodos, como si fuera un tabú del que nadie debe hablar, aunque está presente por todas partes. Sonia dice que se ha atrevido a preguntar a sus amigos sobre la corrupción y los vínculos con los carteles de los queridos políticos a quienes tanto apoyan para que salgan electos. Normalmente le responden que están plenamente conscientes de esos vínculos, pero que no tienen otra opción.

Los mexicano-estadounidenses que viajan a México para visitar a familiares también corren riesgo de ser secuestrados y extorsionados por los carteles. Casi dos millones de mexicanos que viven en Estados Unidos viajan a México durante la temporada festiva en diciembre. Los que viajan en automóvil suelen ser extorsionados por los agentes federales y los gobiernos estatales y municipales en los controles policiales que encuentran en el camino, donde se les exige pagar entre $50 y $100. Según un informe sobre este tema, a lo largo de la temporada festiva, estos migrantes que viajan a México tienen que pagar hasta $150 millones a los extorsionistas. Además de aportar a México unos $5.000 millones en dinero en efectivo y regalos para sus familiares, tienen que traer un poco de dinero extra para poder pagar los sobornos.[21]

CADA VEZ HAY MÁS PERSONAS QUE TOMAN LA JUSTICIA POR SU PROPIA MANO

¿Qué puede hacer el pueblo mexicano? Desafortunadamente, no es mucho lo que pueden hacer sin poner en peligro sus vidas. Sin embargo, hay unas cuantas almas (muchos dirían "unos cuantos locos") dispuestas a hablar y a hacer algo con respecto a la violencia. En junio de 2010, una madre de Reynosa, que perdió a su hijo en un fuego cruzado cuando este conducía su auto alrededor de la medianoche y quedó en medio de un ataque de los narcos contra un patrullero de la policía, declaró públicamente que los policías estaban sobornados por el Cartel del Golfo y culpó a la policía y a las autoridades gubernamentales por la muerte de su hijo. La madre sabía que esto podía representar su sentencia de muerte, pero dijo que, cuando le mataron a su hijo, también la habían matado a ella.[22]

Como resultado del aumento de la violencia, en algunas partes de México están surgiendo personas dispuestas a tomar la justicia por su propia mano en forma muy agresiva. El gobierno mexicano trata de convencerlos de que no lo hagan, pero la desesperación cada vez mayor hace que la gente busque soluciones por su cuenta. En julio de 2009, empezó a circular la noticia de que había un grupo llamado los "Mata Zetas". El periódico mexicano El Universal informó que se habían encontrado los cadáveres de tres hombres dentro de un camión abandonado en un barrio residencial de Cancún. Los hombres estaban esposados y tenían las cabezas cubiertas por bolsas de plástico. Junto a su restos había una nota que decía: "Somos el nuevo grupo Mata Zetas y estamos en contra del secuestro y la extorsión y vamos a luchar contra ellos en todos los estados por un México más limpio".[23] Otro diario mexicano informó que un video de YouTube había confirmado la existencia de un grupo de sicarios dedicado a la captura y asesinato de miembros de los grupos del crimen organizado. El grupo se autodenominaba los "Mata Zetas" y ya había denunciado una serie de crímenes perpetrados por líderes y miembros de Los Zetas.[24]

No se sabe exactamente quienes integran este grupo; se supone que hubo otra versión del mismo a finales de 2011 en Veracruz, pero en realidad se trataba de miembros del Cartel de Jalisco Nueva Generación, vinculado con la Federación. Pero eso no impidió que los ciudadanos mexicanos crearan otros grupos de justicieros escasamente organizados. Algunos recurren a tácticas de venganza no letales, como atar a los ladrones y secuestradores, desnudarlos y propinarle una buena golpiza. En octubre de 2009 se publicó en YouTube un video en el que cinco ladrones fueron torturados y abusados sexualmente por este tipo de justicieros debido a los delitos que habían cometido. Las imágenes eran atroces, pero al menos quedaron con vida. En otros casos, no son tan afortunados. Otros sospechosos de secuestro y robo de autos han sido raptados y asesinados, y sus cadáveres han sido abandonados en lugares públicos, acompañados de notas con amenazas.[25]

En una forma brutal de mostrar solidaridad, los habitantes del pueblo rural de Ascensión, junto con soldados, decidieron salvar a una víctima de secuestro en septiembre de 2010, con resultados bastante truculentos. Un grupo de hombres habían secuestrado a una chica de 17 años que trabajaba en una marisquería de la localidad. Cuando la gente del pueblo descubrió lo que había sucedido, buscaron a los cinco jóvenes que habían secuestrado a la chica y los retuvieron, después de liberarla a ella. Cientos de residentes enojados golpearon a dos de los adolescentes detenidos hasta matarlos e impidieron que la policía los rescatara. En un enfrentamiento que duró todo el día, los residentes de Ascensión impidieron el aterrizaje de dos helicópteros de la policía federal y bloquearon las carreteras para que no pudieran llegar los refuerzos militares. Los residentes enfurecidos, armados con picos, palas y machetes, gritaban a los soldados y a la policía, acusándolos de ser corruptos y exigiéndoles que se fueran. Aunque el pueblo se encuentra en una zona rural, su gente había sufrido numerosos secuestros y asesinatos en años recientes.[26]

Las divisiones reinantes en la sociedad mexicana acerca de cómo deben verse los grupos de justicieros reflejan que hay cierto nivel de tolerancia hacia ellos. Por supuesto, los funcionarios del gobierno hacen hincapié en la necesidad de que impere la ley. El gobernador de Nayarit, Ney González Sánchez, dice que nadie tiene derecho a tomar la justicia por sus propias manos. No obstante, los comentarios enviados por los lectores de El Universal en respuesta al video de tortura publicado en YouTube dicen otra cosa. "Seamos honestos. La mayoría de nosotros estamos felices con lo que sucedió a estos desgraciados", dijo uno de los lectores. "Tenemos que proteger nuestras casas y estar preparados". Otro lector afirmó: "Esto ni me complace ni lo aplaudo, pero esos chicos no andaban en nada bueno. Simplemente cosecharon lo que ellos mismos habían sembrado".[27]

No hay duda de que el pueblo mexicano está harto de la violencia que destruye a su país. Lo verdaderamente terrible es que los narcos esencialmente tienen razón cuando dicen que el gobierno no puede proteger a los civiles. De ahí que todo se convierta en cuestión de "luchar o huir": irse a otros estados de México o a Estados Unidos, como han hecho muchos residentes de Ciudad Juárez, o tomar el asunto en sus propias manos si deciden quedarse y luchar. Desafortunadamente, esto no es más que otra oportunidad de hacer que los niveles de violencia se disparen por todo el país. Hay un contingente cada vez mayor de mexicanos que usan formas más sutiles de luchar contra los narcos. Los medios sociales como Facebook, MySpace, YouTube y Twitter están permitiendo que los mexicanos compartan información anónima sobre la guerra de la droga (para bien o para mal), de modo que no tienen que preocuparse de las represalias de los carteles. Uno de los hilos más populares de Twitter se llama "*#reynosafollow*". Como en la ciudad de Reynosa los carteles a menudo impiden que los medios de información publiquen noticias sobre ellos, la gente de esa localidad usa ese *hashtag* para publicar mensajes en Twitter sobre tiroteos, explosiones, bloqueos o actos de violencia en general, de modo que otros residentes, periodistas y otros observadores puedan enterarse en tiempo real de lo que está sucediendo.

La blogosfera en Internet también está repleta de blogs relacionados con la guerra de la droga que contienen información directa, fotos y análisis, tanto de profesionales como de aficionados. Muchos blogs son publicados anónimamente por razones de seguridad, pero otros son de propiedad de escritores profesionales que quieren informar al mundo sobre los múltiples aspectos de la violencia en México. Estos blogs permiten además al pueblo mexicano contar su historia al mundo de una forma más segura. Vivan donde vivan, en México, en Estados Unidos o en otras partes del mundo, los mexicanos aman a su país y los entristece increíblemente lo que le está sucediendo a México. Algunos culpan a los narcos y otros, al gobierno mexicano. Algunos denuncian su cultura de corrupción y otros critican duramente a Estados Unidos por su obsesión con las drogas. Pero la mayoría siente tristeza o ira ante su propia incapacidad de hacer nada para lograr que su país vuelva a un estado de relativa calma.

· CAPÍTULO 7 ·

EL PLAN DE FELIPE CALDERÓN
PARA SALVAR A MÉXICO

N o se puede decir exactamente que Felipe Calderón haya llegado a la presidencia de México con un mandato claro. Calderón es un hombre serio, de suave voz, cabello entrecano, calvicie incipiente y lentes, por lo que podría pasar fácilmente como un tío de cualquiera de nosotros. No es lo que se llamaría un hombre altamente carismático. Sin embargo, al hablar en entrevistas o dar un discurso en la televisión, adquiere una mirada férrea y se expresa con un fuego controlado. Enseguida salta a la vista el hecho de que se trata de un hombre comprometido con su país, con la guerra contra la droga y con el pueblo de México. Como diría un jugador de póker, el presidente Calderón está "metido de lleno" y su administración definitivamente no se anda con paños tibios con los carteles.

UNA BREVE HISTORIA DE LA CORRUPCIÓN Y LA COLUSIÓN EN MÉXICO
El narcotráfico no empezó en México ayer, ni tampoco hace cinco años. Los carteles llevan décadas haciendo pasar las drogas a través de México, pero hasta hace poco tiempo estaban más bien eclipsados por las organizaciones colombianas. Al ser importantes proveedores de marihuana y heroína para los colombianos, los carteles mexicanos crearon amplias

redes de distribución y una larga lista de contactos. Está claro que hubo incidentes de violencia entre miembros de los carteles desde los años 80 e incluso antes, pero nunca en forma comparable a los niveles actuales.

El Partido Revolucionario Institucional (PRI) mantuvo un control férreo del poder político en México desde 1929 hasta el año 2000. En su mayor parte, los del PRI no eran precisamente los políticos más limpios, pero eran pragmáticos. Tenían varios acuerdos regionales con los distintos carteles mexicanos, con lo que mayormente hacían caso omiso de la actividad del narcotráfico a cambio de una compensación financiera. Estos acuerdos hacían que, de cierta manera, se mantuviera la paz. También tenían ciertos acuerdos "de caballeros" con algunos de los carteles para definir el control de algunos territorios e incluso para repartirse las ganancias de la droga.

En 2000, la elección presidencial de Vicente Fox, miembro del Partido Acción Nacional (PAN), fue una victoria que puso fin a la larga historia de dominación del PRI. Fox hizo algunos intentos de poner fin a la actividad de los carteles, incluso mediante el despliegue de soldados a distintas localidades. No obstante, en general se le consideró blando con el narcotráfico, aunque nunca se le acusó de estar en colusión directa con los carteles mexicanos.

UNA PROMESA AL PUEBLO

Las elecciones presidenciales de 2006 en México fueron insólitas porque Felipe Calderón ganó por un margen de apenas el 0,56 por ciento frente a su oponente, Andrés Manuel López Obrador, quien se negó a admitir su derrota hasta varios meses después de que una comisión electoral declarara ganador a Calderón. Al principio Obrador dijo que iba a establecer un gobierno paralelo. Así pues, Calderón ocupó la presidencia en diciembre de 2006 sabiendo que la mitad del país había votado en su contra, como mismo sucedió con George W. Bush después de las elecciones estadounidenses en 2000. Calderón sabía además el rumbo que pretendía tomar contra los carteles. La violencia relacionada con la droga había ido en aumento a lo largo de la frontera norte y la actividad de narcotráfico se estaba incrementando en esa zona y en otras partes de México. Su predecesor, Vicente Fox, no había tenido una posición muy agresiva contra los carteles y Calderón tenía que luchar contra décadas de complacencia política.

Durante su campaña presidencial, Calderón solía extender sus manos abiertas y decir que no estaban manchadas por la corrupción y que estaban listas para tomar el control del país. Su mensaje era: "Manos limpias, manos firmes". Prometió al pueblo mexicano que aplicaría un puño de hierro a la delincuencia y esta posición le ganó la simpatía de muchos.[1]

Cuando empezó su presidencia, Calderón situó entre las cinco prioridades principales de su período presidencial reducir la actividad del narcotráfico, la violencia vinculada a esta y la corrupción. Para bien o para mal, ha cumplido su promesa.

LA LUCHA POR PONER FIN A LA CORRUPCIÓN EN EL EJÉRCITO Y MÁS ALLÁ

Una de las primeras cosas que hizo Calderón cuando asumió el poder fue poner a los militares como punta de lanza de su nueva estrategia. Su razonamiento era que el desmantelamiento de los grupos delictivos no se podía confiar a las fuerzas policiales de México porque la mayoría de ellos estaban sobornados por los carteles. Si bien el ejército no estaba completamente a prueba de corrupción, era el grupo más limpio de los que podían portar armas legalmente. Vicente Fox había desplegado unos cuantos miles de efectivos en algunas zonas de México durante su presidencia, pero Calderón despachó a unos 45.000 efectivos al comienzo de su término. Su estrategia se basa en las siguientes ventajas: en primer lugar, el ejército mexicano cuenta con un número de efectivos y de armas de fuego que las fuerzas policiales no tienen. Puede desplegar cientos de soldados a lugares donde son más necesarios, como Ciudad Juárez, Nuevo Laredo y Reynosa. Tienen acceso a equipos tácticos, vehículos protegidos y armas de fuego de gran potencia. Además, el ejército es una entidad única, en comparación con las más de 2.200 fuerzas policiales que existen por separado.

Por otra parte, en los últimos años el ejército mexicano ha tenido más éxito que la policía en lo que se refiere a capturar o matar a los principales cabecillas de la droga. En diciembre de 2009, Arturo Beltrán Leyva, el entonces jefe de la organización Beltrán Leyva, murió junto

con seis de sus secuaces cuando los marines rodearon un apartamento
en Cuernavaca, un pueblo turístico situado al sur de Ciudad México. En
julio de 2010, más de 100 soldados se le aparecieron sorpresivamente a
Ignacio Coronel ("Nacho" Coronel) —el número dos de la Federación
de Sinaloa— y lo mataron mientras trataba de escapar. En mayo de
2010, el ejército mexicano hizo un importante descubrimiento en el estado norteño de Nuevo León: encontró una guarida del cartel de Los
Zetas, en la que había incluso un campo de tiro, una flota de camiones
blindados y cientos de armas. En agosto de 2010, las autoridades mexicanas apresaron a Edgar Valdés Villareal ("La Barbie"), el entonces jefe
de lo que quedaba de la organización Beltrán Leyva. El ejército ha detenido o matado a decenas de miembros de carteles de menor rango, ha
incautado toneladas de drogas ilícitas y ha confiscado miles de armas de
fuego, municiones y granadas.

Aunque todo esto es una buena noticia, el problema es que el ejército
mexicano no fue concebido para este tipo de guerra. Su propósito principal no es participar en batallas, sino en esfuerzos de rescate cuando ocurre algún desastre natural en el país. Desde la década de 1920, el sistema
político mexicano procuró deliberadamente limitar al máximo el poder
del ejército. Hay un gran consenso en el país a este respecto porque el
pueblo mexicano no quiere que el ejército derroque al gobierno. En México no ha habido ni un solo golpe militar desde 1920 y, en la época anterior, solo hubo cuatro.[2]

Desafortunadamente, el hecho de enviar unos pocos cientos de soldados con escaso entrenamiento y preparación a enfrentarse a avezados
asesinos que no respetan ninguna norma puede dar lugar a abusos im-
previstos de los derechos humanos y, en general, a un temor y desconfianza al ejército, que es una institución fundamental de la nación. Por
ejemplo, en marzo de 2010 se enviaron 400 soldados al pueblo fronterizo
mexicano de Ojinaga, al otro lado del río frente a la localidad de Presidio,
Texas. Según los residentes del pueblo, los propios soldados perpetraron
acciones violentas, saquearon casas y torturaron a varias personas. Una
residente dijo que, en una ocasión en mayo de 2010, su familia despertó
en medio de la noche cuando un grupo de soldados con ametralladoras
(pero sin orden de allanamiento) derribaron la puerta de su casa. Le dijeron que habían acudido allí por una llamada anónima. Otra residente

dijo que, al llegar a casa un día en junio de ese mismo año, encontró a ocho soldados enmascarados que registraban sus pertenencias.[3]

Roberto, un joven de 25 años que no quiso que reveláramos su apellido por temor a represalias, dijo que, hace poco tiempo, cuando regresaba de un pueblo de las cercanías acompañado de otros cinco hombres y un adolescente, fueron detenidos por los soldados. Fueron "golpeados, maniatados, les vendaron los ojos y los llevaron a un campamento militar. Los soldados les pusieron bolsas de plástico en la cabeza, les dieron golpizas y pateaduras y a algunos de ellos los colgaron de los pies, cabeza abajo. Los soldados también obligaron a algunos, incluido el primo de Roberto, de 20 años, a bajarse los pantalones y a uno de los hombres le apretaron los testículos con tenazas", según las declaraciones de Roberto. "Repetían una y otra vez la misma pregunta: '¿Dónde escondieron las drogas? ¿Dónde escondieron las drogas?' Les dije que, si lo supiera, se los diría para no tener que sufrir todo esto", aseveró Roberto. Añadió que sus amigos y él fueron liberados sin acusaciones y que luego denunciaron su detención ante funcionarios de derechos humanos.[4]

En julio de 2010, más de 1.000 personas marcharon por las calles de Ojinaga, con pancartas en las que pedían al presidente Calderón que los protegiera de los soldados.

En Puerto Las Ollas, un pueblecito montañés de 50 habitantes en el estado sureño de Guerrero, los residentes denunciaron que unos soldados que buscaban información en junio de 2010 "le clavaron agujas bajo las uñas a un campesino discapacitado de 37 años, le hundieron un cuchillo en la espalda a su sobrino de 13 años, le dispararon a un pastor y robaron comida, leche, ropa y medicamentos". En Tijuana, más de 20 policías, que fueron arrestados bajo acusaciones relacionadas con las drogas en marzo de 2010, dijeron que, para hacerlos confesar, los soldados "los golpearon, les pusieron bolsas de plástico en la cabeza hasta que algunos de ellos perdieron el conocimiento, los colgaron por los pies del techo mientras les hundían la cabeza en agua y les aplicaron descargas eléctricas".[5]

Al principio, el pueblo mexicano veía con optimismo los despliegues militares en sus ciudades y pueblos infestados de narcos, pero ese optimismo ha ido desapareciendo. Un ciudadano mexicano-estadounidense escribió lo siguiente acerca del sentimiento nacional general reinante en abril de 2010:

"A la gente de Estados Unidos le resulta difícil entender los sentimientos de ambigüedad con que el pueblo de México ve a sus fuerzas armadas… en América Latina, las fuerzas armadas solo responden a su propia cadena de mando y, cuando más, al poder ejecutivo, por lo que sus acciones son impunes ante cualquier forma de supervisión civil. La corrupción ética y delictiva en el seno de los ejércitos latinoamericanos siempre ha sido un problema. El entrenamiento, especialmente a los niveles de oficiales y suboficiales suele ser insuficiente en las esferas relacionadas con las tácticas de cumplimiento de la ley y el respeto a los derechos humanos… En todas las áreas en que el ejército mexicano se ha enfrentado a los carteles de la droga, las víctimas civiles han aumentado exponencialmente y el estado de derecho, si es que existía antes, ha desaparecido en su mayor parte… Tanto el público como distintos líderes de la sociedad civil han denunciado un caso tras otro de civiles inocentes que han sido asesinados por el ejército y que luego han sido hechos pasar como víctimas de los carteles. Esta realidad ha sido reconocida incluso por el gobierno federal, pero en ninguno de esos numerosos casos se ha llevado ante la justicia a ningún soldado ni oficial del ejército".[6]

Los portavoces del ejército mexicano aseguran que se trata de incidentes aislados y que todas las acusaciones están siendo debidamente investigadas. La Comisión Nacional de Derechos Humanos ha recibido más de 2.000 quejas acerca de soldados del ejército y ha documentado más de 600 casos de abuso, muchos de los cuales incluían torturas, como la asfixia y la aplicación de descargas eléctricas en los genitales a los sospechosos de tráfico de drogas. Esto ha hecho que el apoyo del pueblo mexicano a los despliegues militares se reduzca considerablemente. Según una encuesta realizada a finales de junio de 2010, solo el 18 por ciento de los habitantes de Ciudad Juárez aprobaban por completo la presencia del ejército. Dos meses antes, esa cifra llegaba al 65 por ciento.

Una gran parte del problema radica en que, a pesar de que el gobierno federal ha procurado involucrar a las autoridades civiles, el ejército mexicano es quien en la mayoría de los casos se encarga de realizar sus propias investigaciones sobre acusaciones de abusos de los derechos humanos.[7] Como consecuencia de esto, la credibilidad del ejército se ha reducido drásticamente. Por ejemplo, en mayo de 2010, hubo dos incidentes por separado en los que se acusó a soldados del ejército de disparar contra civiles inocentes —dos niños pequeños y dos estudiantes universitarios. Según los resultados de la investigación, a tres de las cuatro víctimas en realidad les habían disparado los narcotraficantes y no los soldados (nunca se determinó quién le disparó a la cuarta víctima). Las familias de las víctimas alegan que las investigaciones no fueron más que "encubrimientos llenos de mentiras".

Tampoco ayuda el hecho de que algunos miembros de la comunidad internacional consideran que la militarización de la guerra contra la droga en México fue un gran error y que el gobierno mexicano está aplicando un remedio insuficiente para tratar de restablecer cierta apariencia de que el pueblo tiene fe en el ejército. En septiembre de 2010, el PRI, desde la oposición, se dedicó de lleno a promover la aprobación de una ley para establecer un registro más estricto de las armas usadas por el ejército y para regular el uso de la fuerza a fin de evitar la muerte de civiles en los puntos de control y en las operaciones. El objetivo final es lograr establecer un vínculo directo entre cada soldado y su arma, mediante el uso de una "huella" balística.[8] Si en realidad se aplica dicha ley, esta debería facilitar el procesamiento de soldados que usen sus armas para realizar acciones cuestionables.

LA MODERNIZACIÓN DE LAS FUERZAS POLICIALES MEXICANAS

El aparato de orden público de México representa uno de los problemas más grandes en la guerra contra la droga. Hay más de 2.200 departamentos de policía municipal, 32 y dos agencias policiales estatales y varias agencias federales que no cooperan entre sí. La capacidad y el nivel de profesionalismo de los integrantes de estas agencias y departamentos van desde bastante buenos hasta pésimos. Si se tiene en cuenta la corrupción que ha infiltrado a todas las agencias, está claro que Calderón tiene una gran tarea por delante para acabar con el desorden.

Su estrategia para modernizar las fuerzas policiales del país se basa esencialmente en un enfoque triple. La primera tarea consiste en deshacerse de los policías corruptos pero, como en México hay tantos, es posible que Calderón tenga que eliminar a departamentos de policía completos. Empezó por despedir a los agentes policiales que no pudieran superar pruebas con detectores de mentiras o exámenes psicológicos que indicaran cierta proclividad a aceptar sobornos y cosas por el estilo. Y los despidos se están realizando tanto a nivel federal como local.

El comisionado de la policía federal mexicana anunció a finales de agosto de 2010 que 3.200 agentes —el 10 por ciento de la fuerza federal— habían sido despedidos ese año por corrupción, incompetencia o vínculos con la delincuencia. Otros 1.000 agentes encaraban medidas disciplinarias y podían perder sus empleos. El comisionado afirmó que ninguno de los agentes despedidos "podría volver a trabajar en ninguna función del orden público en el futuro".[9]

El paso siguiente de la estrategia, después de despedir a esos miles de agentes, consiste en sustituir a los policías corruptos con agentes nuevos que estén verificados (o por lo menos, lo mejor verificados posible) y mejor entrenados. Pero encontrar buenos policías en México es un gran problema. Según algunos informes, en la actualidad hay más de 400 municipios en México que carecen por completo de fuerzas policiales y aproximadamente otros 1.800 municipios tienen departamentos de policía con menos de 100 empleados. El 62 por ciento de los agentes ganan menos de 4.000 pesos al mes (aproximadamente $315) y el 68 por ciento no tiene educación secundaria. El 43 por ciento de los policías locales son demasiado viejos para poder realizar eficazmente sus funciones básicas y se considera que el 70 por ciento presenta sobrepeso u obesidad, lo que significa que son incapaces de correr tras un sospechoso por una distancia de más de 300 pies. Muchos agentes siguen usando antiguos revólveres de calibre .38, que han sido obsoletos desde hace más de una década y no pueden competir ni soñando con los AK-47 y los fusiles de calibre .50 que usan los narcos.[10]

En un informe presentado por el ICESI en 2010 se afirmó que la mayoría de los agentes policiales mexicanos "carecen de los conocimientos básicos y las habilidades prácticas esenciales de autodefensa, puntería, uso de computadoras o formulación de declaraciones orales o escritas".

Se añadió además que la baja remuneración que reciben los agentes y las peligrosas condiciones en que trabajan son "propicias al descuido de su labor, actos de corrupción como los sobornos y el cobro de cargos ilegales y, en el peor de los casos, la colusión con los delincuentes". Además, los ejecutores de los carteles siguen matando a policías a diestra y siniestra.

Calderón ha empezado el proceso de contratar a nuevos agentes policiales a los niveles federal, estatal y local, pero desafortunadamente ese proceso no parece estar yendo también como el presidente esperaba. Según los datos actuales, solamente el 22 por ciento de las fuerzas policiales en los tres niveles de gobierno se ha sometido a los exámenes que se suponía ayudarían a detectar a los policías corruptos o incompetentes en los dos años transcurridos desde que se anunció la iniciativa. Si bien casi la mitad de los 72.000 agentes federales y el 34 por ciento de los 171.000 agentes locales se han presentado a los exámenes, solo el 8 por ciento de los 283.000 policías estatales lo han hecho. En seis estados —Hidalgo, el estado de México, Nayarit, San Luis Potosí, Tlaxcala y Yucatán— menos del 1 por ciento de los policías se han presentado a los exámenes.[11]

Afortunadamente, la policía mexicana no tiene reparos en pedir ayuda a otros. En agosto de 2010, la Secretaría de Seguridad Pública anunció un acuerdo para que 200 empresas de seguridad privada mexicanas proporcionaran 40.000 guardias para reforzar la policía federal.[12] Esto es bueno porque los trabajadores de dichas empresas tienen mejor entrenamiento, mayor inteligencia y mejor equipamiento, y todo esto lo pueden aportar a la batalla. Pero lo malo es que la supervisión federal de cómo operan estas empresas es escasa o nula. Con todo, se agradece cualquier ayuda que puedan proporcionar estos guardias privados.

El tercer elemento en la estrategia es la consolidación de los más de 2.200 departamentos municipales en menos de unas 36 agencias de nivel estatal. En junio de 2010, Calderón y los gobernadores estatales aprobaron un plan para abolir las agencias policiales municipales y crear 32 agencias de orden público a nivel estatal que respondieran a una sola autoridad general en cada estado. Una parte esencial de ese proceso sería una revisión de cómo opera la policía. Si bien esto no solucionará por completo los problemas de corrupción e incompetencia, es la mejor forma de que las agencias policiales se comuniquen entre sí y reciban orientación de una autoridad estandarizada.[13]

No todo el mundo está feliz con el plan. A varios alcaldes de distintos pueblos y ciudades no les gusta la idea de "ceder" sus policías locales a una agencia estatal más grande. Quieren proteger los elementos sociales y políticos de los municipios y, dado que conocen a su localidad mejor que cualquier otra persona, saben cuáles son los puntos de conflicto a donde se debe enviar a la policía.[14] Irán surgiendo muchas interrogantes a medida que avance esta nueva estructura policial. Por ejemplo, la pregunta de si es posible llegar a restablecer la confianza del público en sus instituciones de cumplimiento de la ley. Desde 1982, los presidentes mexicanos han reorganizado el sistema de orden público en cinco ocasiones y han creado como mínimo cuatro fuerzas de élite, en un intento por formar nuevas unidades que estén libres de corrupción.[15]

CÓMO REPARAR UN SISTEMA DE JUSTICIA QUEBRANTADO

México es una democracia, pero su sistema de justicia opera de una forma muy distinta al de Estados Unidos. También está muy quebrantado, irremisiblemente, según algunos. El sistema legal estadounidense es del tipo de "derecho consuetudinario", lo que significa que, cuando los jueces emiten sus fallos en casos judiciales, se basan parcialmente en los fallos emitidos por otros jueces en casos similares anteriores. En tanto, México es un país donde se aplica el "derecho civil", lo que significa que los jueces emiten sus fallos basándose en una combinación de lo dispuesto en su constitución, el derecho romano y el código napoleónico. Además, los jueces participan activamente en la búsqueda de pruebas y en la elaboración de los casos. No existen los juicios por jurado ni los argumentos orales ni los interrogatorios a los testigos; los testimonios se presentan por escrito. Pero la diferencia más importante entre el sistema de justicia mexicano y el estadounidense es que, en México, el acusado se considera esencialmente culpable hasta que se demuestre lo contrario.[16]

Este sistema debería dar buenos resultados cuando se trata de meter a traficantes de drogas y sicarios de los carteles en la cárcel, pero la realidad es precisamente lo contrario. En México, se denuncian menos del 25 por ciento de los delitos cometidos, y de esos, se logra procesar judicialmente menos del 2 por ciento, debido a la ineficiencia y la falta de transparencia del sistema.[17] Los policías mexicanos no tienen acceso a equipos forenses básicos y México no posee una buena base de datos nacional de huellas dactilares. En la mayoría de los casos, el rendimiento de los agentes policiales se evalúa según el número de arrestos que hagan, no según si arrestan a la persona adecuada. El mismo criterio se aplica a los fiscales.[18]

En 2009, el presidente Calderón tomó una medida audaz y controvertida al ordenar el arresto de 35 alcaldes, fiscales, jefes de policía y otros funcionarios en su estado natal de Michoacán. Fueron condenados a prisión y acusados de aceptar sobornos de un cartel. En un inicio, parecía que el gobierno mexicano al fin estaba poniendo mano dura a todos los políticos corruptos, en especial si se tiene en cuenta que todos los arrestados pertenecían a distintos partidos políticos. Sin embargo, más de un año después, el juez rechazó la validez de las pruebas presentadas. Todos los acusados menos uno fueron puestos en libertad y la mayoría de ellos incluso volvieron a sus empleos poco después.[19]

Definitivamente, los fiscales no hicieron una buena labor a la hora de presentar pruebas sólidas y los informantes no fueron mucho mejores que ellos. Se trataba de informantes anónimos, pagados, y la información que presentaron ante el tribunal no pudo ser verificada. Algunos sospechosos fueron acusados de aceptar decenas de miles de dólares al mes de LFM, pero no se pudo decir que los investigadores hubieran hecho un esfuerzo concertado por examinar las cuentas personales de esos acusados para encontrar pruebas de los supuestos intercambios financieros. En declaraciones juradas, varios agentes de la policía federal mexicana describieron operaciones de vigilancia en las que "observaron a supuestos narcotraficantes entregar maletas y sobres a personas que, según los agentes, serían funcionarios corruptos. Resultó ser que los investigadores no estaban seguros de las identidades de los destinatarios de esas maletas y sobres, y en el expediente del caso no hay ninguna prueba de que haya llegado a determinar lo que había en los bultos".[20]

Otro caso ocurrido en marzo de 2010 tuvo que ver con una niña de cuatro años llamada Paulette Gebara Farah, que desapareció del apartamento de su familia en Huixquilucan, un barrio de clase alta de Ciudad México. Los padres de Paulette estaban particularmente preocupados porque la pequeña tenía dificultades para caminar y para hablar, por lo que tal vez no podría escapar de sus captores o comunicar su situación a la policía. Su familia inició una gran campaña pública para tratar de encontrarla, colocando vallas publicitarias y cientos de carteles con su foto por toda Ciudad México. También aprovecharon las redes sociales como Facebook y Twitter para tratar de conseguir que les devolvieran a su hija.[21]

Nueve días después que desapareció Paulette, la policía pensó que sería buena idea tratar de recrear los sucesos de la misma forma en que sucedieron la noche de su desaparición. No tuvieron que andar un trecho muy largo. Los investigadores encontraron su cuerpo metido en una bolsa de plástico y escondido entre su colchón y su cama; Paulette se había asfixiado la misma noche de su "desaparición". Cuando le preguntaron a la policía cómo era posible que hubieran pasado por alto algo tan importante como el cadáver de la víctima, el fiscal general regional de ese entonces explicó que la policía había concentrado sus esfuerzos de búsqueda fuera de la casa. Rápidamente, la madre de Paulette pasó a ser la sospechosa principal y el fiscal general presentó su renuncia poco después. Un líder del partido político de la oposición en ese estado dijo que cómo era posible que 100 agentes policiales con sus perros rastreadores hubieran buscado por todas partes a unos diez metros del cuarto de Paulette y no hubieran descubierto el cadáver. Exigió que se hiciera una investigación sobre "lo que realmente pasó".[22]

Incluso ante la remota posibilidad de que un narco o algún otro delincuente violento importante sea enviado a prisión, lo más probable es que no pase mucho tiempo en la cárcel. En los últimos años han aparecido en los medios mexicanos muchísimos reportajes sobre espectaculares fugas de las cárceles. Uno de los incidentes más notables ocurrió en mayo de 2009 en una prisión de Zacatecas. Las grabaciones de video de las cámaras de seguridad muestran un convoy de 17 vehículos —con la conveniente ayuda de un helicóptero que lo sobrevolaba— que llega al complejo penitenciario de Cieneguillas. Unos 30 hombres armados, algunos con uniformes policiales, salieron de los vehículos y se dirigieron al área de máxima seguridad. Rápidamente localizaron a todos los prisioneros que estaban buscando, la mayoría de los cuales eran casualmente miembros del Cartel del Golfo, los metieron en el convoy y se marcharon a toda velocidad sin que se disparara un tiro. Huelga decir que se trataba de un trabajo con cómplices internos; el alcaide y dos de los guardias principales fueron arrestados y otros 40 guardias fueron retenidos para interrogarlos. Era la tercera fuga de prisión ocurrida en Zacatecas en años recientes.[23]

En septiembre de 2010, 85 prisioneros —una vez más, principalmente miembros violentos de carteles de la droga— escaparon de una penitenciaría en Reynosa, que se encuentra justo al otro lado de la frontera de McAllen, Texas. La policía arrestó a más de 40 guardias de la penitenciaría, pero no logró encontrar a otros dos. Lo más probable es que hayan abandonado la ciudad junto con los prisioneros. En febrero de 2011, 18 guardias del complejo Apodaca en el norte de México fueron arrestados por haber dejado que sucediera una fuga de la cárcel. Nueve de ellos confesaron haber ayudado a 30 miembros de Los Zetas a escapar de la prisión de Apodaca antes de que otros miembros del mismo cartel aporrearan y mataran a puñaladas a 44 miembros del cartel rival del Golfo. Las autoridades consideraron que este suceso de evasión y matanza representó una de las peores matanzas penitenciarias en México en los últimos 25 años.[24]

Incluso si un miembro de un cartel realmente termina cumpliendo más de un par de años de prisión, si ocupa un puesto suficientemente alto en su organización, será tratado como un rey. Tendrá suficiente dinero y poder para sobornar a los guardias y administradores de la penitenciaría y para comprar cosas como comidas gourmet, vinos y otras bebidas alcohólicas; conseguir visitas conyugales ilimitadas con sus esposas y amantes; tener una celda más espaciosa y obtener un mayor acceso a todos los privilegios que haya en prisión. Pero lo más importante es que los narcos pueden seguir haciendo su trabajo desde la cárcel, mediante sus contactos virtualmente ilimitados con sus abogados y asociados.

Afortunadamente, la mala situación del sistema de justicia mexicano es uno de los aspectos de la guerra contra la droga en el que el gobierno estadounidense está tratando de ayudar. A finales de 2010, la fiscalía federal de Estados Unidos en Arizona impartió sesiones de entrenamiento a unos 180 fiscales, investigadores y especialistas forenses mexicanos sobre cómo realizar juicios orales y manejar las pruebas. También impartieron talleres sobre la mejor forma de procesar casos relacionados con el tráfico de drogas y armas de fuego y el lavado de dinero. El programa, que se calcula costará entre $500.000 y $700.000, será financiado al menos en parte por la Iniciativa de Mérida. El resto del dinero provendrá de fondos del Departamento de Estado norteamericano asignados al Departamento de Justicia para programas de asistencia internacional.[25]

En 2008, el gobierno mexicano instituyó una serie de reformas judiciales, con inclusión de un procedimiento de juicios orales, pero se supone que esos cambios no entren por completo en vigor hasta 2016. Esto representa un buen primer paso, pero las reformas en México —y en el resto de América Latina— avanzan a un paso sumamente lento, incluso más lento que en el propio Washington, DC. En una especie de complicado círculo vicioso, la constitución mexicana exige que el gobierno recurra a su sistema jurídico para... reformar su sistema jurídico. Por ejemplo, el gobierno debió en primer lugar introducir cambios importantes en la propia constitución, como el de establecer la presunción de inocencia y autorizar la detención de sospechosos criminales por un tiempo limitado. Solamente después de estos cambios (y aún quedan más por hacer) podrán los distintos estados mexicanos empezar a implementar sus propias reformas jurídicas.[26] Cualquiera puede imaginarse los desafíos inherentes a este proceso. No obstante, como dice el refrán, el viaje de las 1.000 millas comienza con el primer paso. Esperemos que los pasos que está dando el gobierno mexicano para componer su sistema de justicia quebrantado vayan en la dirección correcta.

LA DESPENALIZACIÓN Y EL DEBATE SOBRE LA LEGALIZACIÓN

Calderón dio un paso muy atrevido a mediados de 2009 cuando propuso (y recibió la aprobación del Congreso) la despenalización de la posesión de pequeñas cantidades de marihuana, cocaína, metanfetamina y otras drogas recreativas. Su intención era distinguir entre los usuarios de menor cuantía y los grandes vendedores de drogas —que son los verdaderos delincuentes— al mismo tiempo que "reorientar los principales recursos de la lucha contra el delito de modo que no se concentren en los consumidores sino en los traficantes de drogas y sus jefes, que son los capos de la droga". Calderón también quería empezar a tratar el consumo de drogas en México más como un problema de salud pública que como un problema penal.[27] Desafortunadamente, esta política de despenalización no ha surtido absolutamente ningún efecto en los últimos dos años.

Calderón dio otro paso atrevido en agosto de 2010, al emitir una declaración pública en la que decía que el debate sobre la legalización se debería considerar oficialmente, a pesar de sus propias dudas. No dijo que iba a proponer la legalización de las drogas ni que esto sería necesariamente lo mejor que se podía hacer. Después de todo, la política de descriminalización ha sido objeto de controversias a escala internacional y no ha conseguido reducir los niveles de violencia ni de dependencia de la droga dentro de México. Sin embargo, Calderón consideró que era hora de que México al menos tomara el tema en serio e investigar más a fondo los efectos potenciales de una política tan atrevida sobre el narcotráfico y la violencia conexa. En Estados Unidos, hay quienes aseguran que la legalización no hará que se reduzca la violencia en México ni eliminará el mercado negro, porque los carteles seguirán realizando otras actividades ilícitas, como los secuestros, la extorsión y el robo. Desafortunadamente, no hay manera de saber si la legalización produciría un beneficio neto o una pérdida neta si en realidad no se toman los pasos legislativos necesarios para legalizar ciertas drogas. No obstante, Calderón se está dando cuenta de que los tiempos desesperados exigen medidas desesperadas y, para bien o para mal, parece estar dispuesto a probar cualquier solución. Así es como piensa proceder con respecto a la droga hasta que finalice su período presidencial en diciembre de 2012.

DESAFÍOS POLÍTICOS Y DIPLOMÁTICOS

La inmigración ilegal es en la actualidad uno de los temas más candentes en Estados Unidos, pero no es el único desafío político y diplomático que enfrentan los gobiernos de Estados Unidos y México al tratar de aunar esfuerzos para combatir el tráfico de drogas y de armas, el contrabando de seres humanos y el lavado de dinero. Hay todo tipo de complicaciones en esa compleja relación y es importante conocer cuando menos algunos detalles de esos desafíos para ver por qué la implementación de determinadas estrategias resulta mucho más fácil en teoría que en la realidad.

Los muros fronterizos

Sí, habrá dos muros fronterizos. Aunque muchos estadounidenses no lo saben, México tiene sus propios planes de construir un muro en su fron-

tera sureña con Guatemala. Antes de adentrarnos en esa intensa controversia política, es conveniente analizar el tema de la frontera del norte.

El muro —o, en realidad, la serie de vallas— a lo largo de la frontera
entre Estados Unidos y México es un proyecto relativamente reciente. La
construcción de la valla fue propuesta en 2005 y se convirtió en ley cuando
se firmó la Ley de Vallas Seguras de 2006. En esa legislación se prevé la
construcción de más de 700 millas de vallas doblemente reforzadas en
partes de California, Arizona, Nuevo México y Texas, con objeto de disuadir a los contrabandistas de drogas y a los inmigrantes ilegales. Dicha
ley autoriza además la instalación de puntos de control, cámaras, sensores, iluminación y barreras vehiculares a fin de lograr el mismo objetivo.
En diciembre de 2007, se eliminó el requisito de que la valla fuera doble y
solo se llegaron a construir 34 millas de ese tipo de muro o valla. Hasta
enero de 2009, ya se habían instalado casi 600 millas de algún tipo de
valla, pero dichas secciones variaban —a veces en forma significativa—
en cuanto a longitud, altura y estilo.

Se suponía que las brechas entre las distintas secciones fueran monito-
readas por una "valla virtual", concepto que incluía la vigilancia mediante
sensores y cámaras de alta tecnología. Sin embargo, la construcción de
las partes virtuales del muro fronterizo quedó detenida y los fondos correspondientes fueron reorientados a otros proyectos de seguridad de la
frontera. En la primavera de 2010, los agentes de la patrulla fronteriza
estaban usando "cámaras con señales poco confiables y el número de
nuevos defectos identificados en la valla virtual crecía más rápidamente
que el número de defectos subsanados". Alan Bersin, el entonces Jefe de
la Oficina de Aduanas y Protección Fronteriza, echó por tierra toda esperanza de que se terminara la valla virtual cuando, durante una audiencia
en el Senado en abril de 2010, afirmó que este proyecto había sido un
"fracaso total".[28]

En realidad, toda la valla fronteriza ha sido un fiasco. Algunos organismos y ciudades y pueblos de la frontera estadounidense están encan-
tados con el muro y afirman que la inmigración ilegal y los delitos
relacionados con la droga se han reducido marcadamente en sus áreas
desde su construcción. Otros se quejan de que el hecho de que el muro
ha sido construido por secciones hace que los narcotraficantes y los inmigrantes simplemente se desvíen hacia áreas donde está incompleto, lo

que se traduce en un aumento del paso de ilegales y de los índices de criminalidad en esos sitios concretos. Dado que el estilo de construcción de la valla varía tanto, hay algunos lugares donde una persona que sea creativa y esté bien equipada puede simplemente abrir un hueco en la valla o escalarla con un poco de ayuda. Como dijo Janet Napolitano, Secretaria del Departamento de Seguridad Nacional de Estados Unidos, "Muéstreme un muro de 50 pies de altura y yo les mostraré una escalera de 51 pies de altura".

Según la patrulla fronteriza estadounidense, en los lugares donde existe, el muro cumple su propósito —o sea, disuadir, no impedir, que los inmigrantes y contrabandistas de drogas crucen la frontera ilegalmente. Hay muchísimos ejemplos en que tanto inmigrantes como contrabandistas han logrado dar un rodeo al muro, atravesarlo, o pasarle por debajo o por arriba. La valla fue concebida para hacer que los que trataran de cruzarla ilegalmente tuvieran que ir suficientemente despacio como para dar tiempo a los agentes de la patrulla fronteriza estadounidense para reaccionar y detenerlos. En lugares como San Diego, donde además del muro doble hay iluminación tipo estadio, cámaras, sensores y un camino pavimentado entre ambas vallas, el tiempo de respuesta de los agentes se ha reducido de entre 15 y 20 hasta dos minutos en la mayoría de los lugares. En contraste, hay partes de la frontera que son tan inhóspitas que ni siquiera se pueden encontrar fácilmente animales del desierto que vivan allí, y mucho menos personas a pie. Además, resulta ridículo invertir millones, si no miles de millones, de dólares del contribuyente estadounidense para cercar esas áreas cuando no parece haber ninguna amenaza de que alguien vaya a cruzar ilegalmente.

El muro ha tenido varios efectos negativos en las comunidades fronterizas estadounidenses. Los lugares donde se encuentra actualmente, y otros donde se proyecta su construcción, dividen a tres territorios tribales de indios norteamericanos. Hasta la propia Universidad de Texas en Brownsville quedaría dividida a la mitad si el muro se construye allí, como está planificado. Dado que la parte este de la frontera entre Estados Unidos y México está definida por el Río Grande, el cual es muy sinuoso, resulta excesivamente caro construir una valla que siga el contorno del río. En lugar de ello, el muro fue construido en línea recta al norte del río, con lo que se ha creado entre el río y el propio muro una gran brecha de terreno que, técnicamente, es territorio estadounidense —en algunos lugares, esa brecha tiene una milla de ancho. Los residentes estadounidenses que viven allí están preocupados de que, si les roban en sus casas o si los migrantes entran ilegalmente en su propiedad, los agentes de la patrulla fronteriza no podrán responder con suficiente rapidez. Se supone que a los residentes les den códigos que les permitan abrir las puertas del muro para que puedan pasar a un lado y al otro, pero les preocupa que las puertas no se abran lo suficientemente rápido en una situación de vida o muerte, o que tal vez los contrabandistas armados los tomen de rehenes a cambio del código para abrir las puertas.[29]

Por otra parte están los efectos negativos del muro sobre el medio ambiente, en lo que se refiere a aspectos tales como el flujo de las corrientes de agua, el crecimiento de la vegetación y la migración de animales. Los recursos naturales se ven afectados por una valla que en realidad no está cumpliendo la función para la que se diseñó originalmente. A pesar de todas estas desventajas y fallos, la mayoría de los estadounidenses siguen estando a favor del muro fronterizo. En una encuesta realizada por Rasmussen Reports en julio de 2010, se determinó que el 68 por ciento de los encuestados eran partidarios de construir una valla en la frontera del suroeste.

Aquí es donde las cosas se enredan en el plano diplomático entre Estados Unidos y su vecino. El gobierno mexicano no aprueba la valla fronteriza. Consideran que sus ciudadanos deberían poder entrar en Estados Unidos de una forma segura y ordenada (sea legalmente o no) y que el muro fronterizo pone en peligro la vida de los migrantes mexicanos. En noviembre de 2007, el gobierno mexicano emitió un informe de 208 páginas en el que advertía al gobierno estadounidense sobre el daño potencial que el muro a lo largo de la frontera ocasionaría al medio ambiente. Además, en el informe se comparaba la valla con el Muro de Berlín y la Gran Muralla china. En diciembre de 2006, el entonces Secretario de Relaciones Exteriores del presidente Fox, Luis Ernesto Derbez, declaró: "¡México no lo va a tolerar, no va a permitir algo tan estúpido como ese muro!".[30]

Quizás México no lo quiera permitir en la frontera norte, pero no ha tenido ningún problema en planificar silenciosamente la construcción de su propio muro en su frontera sureña con Guatemala, donde el gobierno mexicano actualmente tiene planes de construir un muro. Si bien el propósito oficial es impedir el paso de contrabando, está claro que también tiene el objetivo de impedir el paso de inmigrantes ilegales a México. Por supuesto, el gobierno de Guatemala no está nada feliz con esto. Distintas organizaciones civiles y gubernamentales guatemaltecas han dicho que el plan "carece de sentido", y que un muro fronterizo no impedirá que los migrantes indocumentados crucen la frontera en su camino hacia el norte.[31]

Otras controversias relacionadas con la inmigración

Nada sacudió tanto a los movimientos contrarios sobre el tema de la inmigración en 2010 como la Ley SB 1070 de Arizona, según la cual las autoridades estatales podrán hacer cumplir las leyes federales de inmigración. Cuando esta legislación se anunció por primera vez, los comentarios públicos y privados sobre la Ley SB 1070 estaban sumamente polarizados. Los partidarios de su aprobación decían que ya era hora de que los estados empezaran a hacer la tarea que el gobierno federal nunca asumió, mientras que sus oponentes alegaban que la ley daría pie a la discriminación basada en el perfil racial y al abuso de los inmigrantes.

Una de las controversias derivadas de la Ley SB 1070 se refiere a la hipocresía del gobierno mexicano acerca del tratamiento de los inmigrantes ilegales. Calderón y otras figuras políticas de alto rango en el gobierno mexicano han declarado muy públicamente su preocupación de que la Ley SB 1070 dé lugar a la aplicación de perfiles raciales, maltratos y abusos a los inmigrantes mexicanos que busquen una vida mejor en Estados Unidos. Históricamente, México ha exhortado a Estados Unidos a que relaje sus leyes migratorias, puesto que la estricta observancia de estas ha provocado que los inmigrantes arriesguen sus vidas al tener que cruzar la frontera por áreas cada vez más peligrosas. Diríase que el gobierno mexicano probablemente se sentiría muy feliz si Estados Unidos dejara por completo de aplicar sus leyes migratorias. Esto se debe en gran medida a los millones (si no miles de millones) de dólares por concepto de remesas que los migrantes mexicanos tanto legales como ilegales en Estados Unidos envían anualmente a sus familias en México, o sea, dólares que se inyectan en la economía mexicana.

Teniendo en cuenta esta posición sobre la inmigración, resulta interesante ver cómo las autoridades mexicanas miran a los que entran en México ilegalmente desde América Central y otras tierras. Según las leyes mexicanas, el gobierno de ese país impedirá la entrada de extranjeros si estos alteran "el equilibrio demográfico nacional". Si los extranjeros no contribuyen positivamente a los "intereses económicos o nacionales" del país o "se determina que carecen de salud mental o física", no son bienvenidos. Tampoco lo son aquellos que "atenten contra la soberanía o la seguridad nacional". Existe un mandato nacional que exige que los agentes del orden de todos los niveles apliquen las leyes migratorias mexicanas. Incluso el ejército mexicano está autorizado para arrestar a inmigrantes ilegales. Todo el mundo en México tiene que andar con una tarjeta de identidad ciudadana y el gobierno realiza el seguimiento de los extranjeros que visitan el país. A diferencia de Estados Unidos, los inmigrantes ilegales en México no pueden quejarse, porque en ese país están prohibidos los discursos políticos públicos de extranjeros.[32]

Por si fuera poco, los migrantes que tratan de atravesar el territorio mexicano tienen que preocuparse por la forma en que los tratan las autoridades migratorias mexicanas, conocidas como "la migra". El funcionamiento de la migra en México es considerablemente distinto al del Servicio de Inmigración y Control de Aduanas (ICE) o la patrulla fronteriza de Estados Unidos. Los activistas de inmigración afirman que los policías mexicanos corruptos no tienen reparos en discriminar sobre la base del perfil racial y constantemente acosan a los migrantes centroamericanos. En un artículo del periódico *USA Today* se indicó que, en un período de seis meses, de septiembre de 2008 a febrero de 2009, "al menos 9.758 migrantes fueron secuestrados y retenidos a cambio de un rescate en México —91 de ellos con participación directa de la policía mexicana. Otra situación común era que los migrantes fueran detenidos y obligados a pagar sobornos. En un estudio separado, realizado a lo largo de un mes en 2008 en diez refugios de inmigrantes, se determinó que las autoridades mexicanas estaban detrás de los ataques contra los inmigrantes en 35 de 240 casos, o sea, en el 15 por ciento de los casos".[33]

LA CONTROVERTIDA INICIATIVA DE MÉRIDA

En estos tiempos, se ofrece ayuda internacional cuando hay una crisis. Tanto estadounidenses como extranjeros elogian o critican Estados Unidos por ser el gendarme del mundo. Pero también es cierto que Estados

Unidos concede más ayuda extranjera que cualquier otro país del mundo; por ejemplo, en 2007 dio casi $42.000 millones, y la mayor parte de esta suma fue a parar a África y Asia.[34] Estados Unidos ha enviado aviones militares, soldados y suministros a los lugares más recónditos del mundo con fines humanitarios después de huracanes e inundaciones. Ha desplegado sus efectivos militares en conflictos en los que su interés nacional no está evidentemente en juego y ha dedicado miles de millones de dólares a programas de lucha contra la droga en el propio hemisferio occidental. Con todo, el concepto de que Estados Unidos ayude a México en la guerra contra la droga sigue siendo incomprensible para muchos.

La resistencia a esta idea se debe en su mayor parte a la larga y dolorosa historia de intervenciones estadounidenses en América Latina. En el momento de la historia en que Estados Unidos se estaba independizando como nación, los países de América Central y del Sur todavía eran un grupo de colonias. Sus metrópolis eran principalmente cuatro países europeos: España, Portugal, Francia y Gran Bretaña. El acontecer político y económico en Europa en aquellos tiempos era, cuando menos, complicado. El movimiento de independencia estaba arrasando por toda América Latina y los colonizadores europeos empezaron a sentir que sus lucrativos territorios se les iban de las manos. A principios del siglo XIX, consideraron que era hora de retomar el control de sus colonias, pero para ese entonces había surgido un nuevo desafío con el que tenía que lidiar: los nuevos Estados Unidos de América, cada vez más seguros de su propio poder.

Los líderes estadounidenses estaban deseosos de impedir que ninguno de esos países pudiera proseguir con sus esfuerzos de colonización y también deseaban evitar la injerencia de las potencias europeas en los asuntos del hemisferio occidental. En consecuencia, en diciembre de 1823, el gobierno estadounidense introdujo la Doctrina Monroe, en la que se estipulaba que cualquier nuevo intento de los países europeos de colonizar tierras o inmiscuirse en los asuntos de los Estados de la región de las Américas serían considerados actos de agresión que requerirían intervención. Gran Bretaña, con sus enormes intereses comerciales en América Latina, apoyaba esa doctrina, de la que también eran partidarios la mayoría de los líderes latinoamericanos. No se imaginaban estos países nacientes cuánto tendrían que maldecir esa doctrina en el futuro.

En las décadas que siguieron, el gobierno estadounidense se valió de la Doctrina Monroe como justificación (o como excusa) para todo tipo de proceder, desde su expansión hacia el oeste hasta la anexión de Hawaii. Basándose en esa misma doctrina, Estados Unidos entró en guerra con España, se hizo de Puerto Rico y de Filipinas e intervino en Cuba. Incluso el presidente John F. Kennedy citó dicha doctrina como fundamento para enfrentarse a la Unión Soviética durante la Crisis de los Misiles en Cuba.

Estados Unidos tuvo innumerables oportunidades de actuar en forma aun más agresiva en América Latina. En 1904, el presidente Theodore Roosevelt introdujo en la Doctrina Monroe lo que se dio a conocer como "Corolario de Roosevelt", en el que reivindicaba el derecho de Estados Unidos a intervenir en América Latina en casos de "violaciones flagrantes y crónicas de un país latinoamericano". En el siglo siguiente hubo muchas oportunidades para la intervención militar de Estados Unidos en la región, particularmente durante la Guerra Fría. Ya a Estados Unidos no le preocupaba solamente la injerencia de las potencias europeas; la diseminación del comunismo había pasado a ser el verdadero flagelo.

Desde 1890 hasta 2004, Estados Unidos envió fuerzas militares a América Latina en 55 ocasiones. Entre algunas de las operaciones militares más notables de las que el lector tal vez tenga conocimiento, se incluyen las intervenciones en Nicaragua en los años 20 y 30 para enfrentarse a Augusto Sandino, la revolución guatemalteca a mediados de los años 50, la invasión de Bahía de Cochinos en Cuba en 1961, el derrocamiento de Manuel Noriega en Panamá, la invasión de Granada en los años 80 y la expulsión de Aristide de la presidencia de Haití en 2004.

Algunas de estas intervenciones fueron acogidas con beneplácito por los gobiernos y los pueblos de los países involucrados, pero muchas no lo fueron. Algunas de esas operaciones les han dejado un amargo sabor de boca a los habitantes de esos países. Para empeorar las cosas, los gobiernos latinoamericanos han tenido históricamente la percepción de que a Estados Unidos no le interesaba ocuparse de sus propios asuntos, sino que se sentía responsable de garantizar la estabilidad militar, política y económica en la región. Tanto la Doctrina Monroe como el Corolario de Roosevelt ofrecían la justificación para hacer lo que fuera necesario para garantizar dicha estabilidad. El envío de efectivos militares no ha sido el único tipo de intervención de Estados Unidos en los asuntos de América Latina a lo largo de casi dos siglos. Otra forma de intervención ha consistido en enviar mucho dinero, por varias razones. La ayuda financiera normalmente asume una de dos formas: la asistencia económica o el apoyo contra las drogas.

La primera es la más complicada desde el punto de vista político y ha ocasionado la mayor cantidad de problemas en las relaciones entre Estados Unidos y los países beneficiarios. Un buen ejemplo de ello es Bolivia. Este país, que normalmente compite con Honduras y Paraguay por el título de nación más pobre del hemisferio occidental, vio su economía verdaderamente tocar fondo a principios de los años 80. Estados Unidos estaba dispuesto a ofrecer una buena cantidad de ayuda financiera, pero no sin condiciones. El gobierno de Bolivia tuvo que promulgar varias medidas de austeridad y políticas de libre mercado para poder reactivar su economía. Todo esto dio resultado durante un corto tiempo, pero al final la economía colapsó.

Casi todo el apoyo financiero que el gobierno estadounidense proporciona a América Latina, sea en forma directa o a través del Banco Mundial o del Fondo Monetario Internacional, está sujeto a ciertas condiciones. Como sucedió en el caso de Bolivia, estas condiciones casi siempre consisten en la adopción de medidas de austeridad económica y la implementación de reformas neoliberales. En esencia, esto significa que el gobierno beneficiario tendrá que empezar a administrar su economía de una forma más similar a como lo hace Estados Unidos. De ahí que no sea de sorprender que muchos gobiernos (y ciudadanos) latinoamericanos no vean como buenos ojos a Estados Unidos, a su dinero ni a las políticas exigidas a cambio de este.

Esto trae a colación el actual paquete de ayuda a México (y otros países latinoamericanos), conocido como "Iniciativa de Mérida", por el nombre de la ciudad mexicana donde el entonces presidente estadounidense George W. Bush y el presidente Calderón se reunieron en 2007 para hablar de la expansión de los esfuerzos de lucha contra la droga. En virtud de este acuerdo de cooperación, se concederían aproximadamente 1.600 millones de dólares por concepto de ayuda antidrogas a México, siete países de América Central, la República Dominicana y Haití. A México le corresponde la mayor parte de ese financiamiento, que está destinado a capacitación, equipos y apoyo de inteligencia a fin de luchar contra las amenazas del narcotráfico, el crimen trasnacional y el lavado de dinero.

La iniciativa es importante porque sirvió como un reconocimiento formal de que la guerra de México contra la droga es un problema compartido y, por lo tanto, una responsabilidad compartida. Estados Unidos tiene muchísimo interés en el éxito de este programa, porque esas amenazas claramente afectan a los ciudadanos estadounidenses. La iniciativa ha contribuido a aumentar el nivel de confianza entre los dos países al reconocerse ante los mexicanos el papel que desempeña Estados Unidos en el problema. También es señal de progreso el hecho de que México haya llegado a reconocer que necesita ayuda y que está dispuesto a cooperar a niveles sin precedente.

Afortunadamente para el contribuyente estadounidense, la mayor parte del dinero se invierte en equipos militares fabricados en Estados Unidos o vendidos al gobierno por contratistas privados, lo que significa que esos fondos se reinvierten en la economía estadounidense —y se mantienen fuera del alcance de los policías y funcionarios mexicanos corruptos. En el equipamiento se incluyen helicópteros, escáneres de iones y de rayos X, unidades caninas, sistemas de telecomunicaciones seguras y aeronaves de transporte. El dinero sirve además para costear el entrenamiento de las fuerzas militares y las agencias de orden público mexicanas por expertos estadounidenses. Ninguna parte de ese dinero va directamente al gobierno mexicano ni a contratistas mexicanos, sino que sirve para financiar los costos operativos del ejército y las agencias civiles.

¿Qué se ha logrado con la Iniciativa de Mérida? Las comunicaciones transfronterizas entre las agencias militares y de orden público son ahora mejores que nunca, lo que no quiere decir que sean perfectas ni tampoco magníficas; los organismos estadounidenses empezaron con un nivel de confianza muy bajo en los organismos mexicanos debido al elevado potencial de penetración por los carteles. Pero en algún punto tenían que empezar y las mejores relaciones bilaterales suelen comenzar a nivel del terreno. Los gobiernos de México y Estados Unidos trabajan además en la creación de un centro conjunto de inteligencia, como los que ya existen en Europa y Asia.

Desafortunadamente, la iniciativa tuvo un inicio muy lento, en un momento en que el apoyo proporcionado por ese dinero era muy necesario. Los obstáculos burocráticos en el Congreso hicieron que el flujo de fondos liberados no fuera más que un pequeño chorro. Para marzo de 2010, apenas se había asignado el 46 por ciento de los fondos y solo se había gastado el 9 por ciento de esos fondos asignados. Además de la burocracia, no había suficiente personal disponible para administrar los programas y desplegar los equipos. Uno de los problemas es el hecho de que la Iniciativa de Mérida en realidad no preveía parámetros concretos según los cuales medir su éxito o fracaso. Además, el plan carecía de una línea cronológica para la entrega de equipo y la implementación de los programas de entrenamiento.[35]

Por último, el gobierno estadounidense decidió retener el 15 por ciento de los fondos previstos en la iniciativa hasta que México empezara a mejorar su situación de derechos humanos. Esta exigencia no sentó nada bien en Ciudad México. El gobierno mexicano acusó al estadounidense de violar su soberanía e interferir en sus asuntos internos. Al final, el texto del acuerdo fue suavizado y se liberaron algunos de los fondos, pero lo sucedido dejó un sabor amargo al gobierno mexicano.

LA RESPUESTA DE LOS CARTELES

Evidentemente, los carteles mexicanos no tienen planes de plegarse a la voluntad de Calderón ni del gobierno estadounidense. Hacen alarde de su poder, su riqueza y su influencia y siguen matando a soldados, policías y a un número cada vez mayor de personas inocentes sin tener muy en cuenta el valor de la vida humana. Si bien los carteles no están interesados en tomar las riendas de la política, manipulan activamente a los gobiernos locales a través del soborno y la intimidación. Por ejemplo, en el otoño de 2010, los sicarios de los carteles se lanzaron a matar más de una decena de alcaldes de ciudades y pueblos en todo el país. Dado que los alcaldes controlan a la policía de su localidad, esto fue una forma fácil que usaron los carteles para anunciar públicamente que no tolerarán a ningún funcionario electo que no esté interesado en cumplir sus exigencias.

En noviembre de 2011, durante una elección regional en el estado de Michoacán, se reportó que unos hombres armados se acercaron a los que esperaban en la cola para votar y les dieron órdenes sobre lo que debían marcar en la boleta. La cuarta parte de los colegios electorales del estado se mantuvieron cerrados hasta el mediodía. Decenas de candidatos abandonaron sus campañas antes del día de las elecciones, a causa de las amenazas que les habrían hecho los grupos del crimen organizado.[36]

Además, los carteles a cada rato hacen intensas campañas de relaciones públicas, en las que cuelgan las banderolas antes mencionadas donde anuncian que el gobierno no puede proteger al pueblo. En noviembre de 2010, LFM distribuyó miles de volantes y publicó banderolas en las que ofrecía su disolución como cartel si el gobierno empezaba a dar una verdadera protección y oportunidades reales al pueblo mexicano. En aquel momento se debatió ampliamente la autenticidad del mensaje, pero algo está claro: hay algunos lugares de México donde la respuesta de los carteles a la estrategia de Calderón hace imposible que el gobierno proporcione la seguridad necesaria y que implemente estrategias incluso modestas.

CAPITULO 8

LA LUCHA POR DETENER A LOS CARTELES AL NORTE DE LA FRONTERA

El suceso que se describe a continuación tuvo lugar en 2003 en la zona rural del este del condado de San Diego. En ese entonces, el agente de la Patrulla Fronteriza Chris Moreno era supervisor de una unidad de operaciones de agentes no uniformados. A Moreno le encantaba contarle a su padre la emoción que sentía con las persecuciones y al enfrentarse a grupos de delincuentes que los superaban en número, e incluso quizás hasta le contaba que disfrutaba cierto grado de enfrentamiento físico. Sabía que con esas conversaciones le recordaba a su padre los vaqueros y los justicieros de su juventud; el hijo sentía una particular alegría cuando el viejo lo interrumpía en medio de su relato para hacerle preguntas y pedirle que empezara de nuevo. Moreno se entregaba de lleno a su trabajo cuando estaba en una asignación, pensando en cuando llegara el momento de contárselo a su padre.

Como Moreno era un supervisor que trabajaba vestido de paisano, tenía un vehículo sin identificación policial que podía usar para ir al trabajo si lo llamaban en horas extra. Pero el vehículo era un Ford Crown Victoria blanco que cualquier persona que se hubiera criado allí y hubiera visto cualquier tipo de serie policial en la televisión reconocería como carro de la policía. Afortunadamente, esta descripción no se aplicaba a la clientela de ilegales de la Patrulla Fronteriza. A cada rato Moreno veía a algún grupo de ilegales malamente escondidos al borde de la carretera, los llamaba y, en su torpe español "de güero", los convencía de que entraran en el carro y se agacharan para que no nos vieran. Una vez metidos todos dentro del carro, sin forma fácil de salir, Moreno fingía confusión y les decía en español: "Oh, se me olvidaba", y entonces sacaba su insignia policial que llevaba debajo de la camisa, colgada de una cadena. Por lo general esto era recibido con risas entre dientes y con el reconocimiento de que realmente había logrado engañarlos.

Una mañana en particular, Moreno se encontraba haciendo su viaje de 50 minutos por la sinuosa carretera rural que pasaba junto a Tecate. Rebasó una amplia curva, pasó por debajo de un pequeño puente ferroviario y dejó atrás un acantilado de roca negra que sabía que llegaba hasta un prado al otro lado de la curva. Había atrapado a muchísimos grupos en esta área, lo que no era sorprendente pues la carretera por la que viajaba se encontraba apenas a tres minutos a pie desde la frontera y esto la hacía sumamente atractiva para los contrabandistas de seres humanos y de mercancías. Después del anochecer, cualquiera podía subir a una colina cercana con gafas de visión nocturna y observar a los grupos reunirse entre los matorrales. A veces llegaban a ser hasta 100 personas que allí comían, conversaban y descansaban hasta que su guía específico estuviera listo —sin saber lo que les esperaba— para conducir a su grupo designado directamente a los brazos de los agentes que esperaban en el prado, inmóviles como piedras. Una vez, Moreno vio a través de una mira infrarroja cómo un grupo de 25 personas bajaban por un barranco desde el punto de reunión hasta la carretera fronteriza en lo bajo. Al final, dos rezagados quedaron sin saberlo a menos de 60 pies de un puma adulto. Moreno se vio obligado a ordenar a los agentes a que irrumpieran en la escena con sus faros y haciendo mucho ruido, o de lo contrario alguien definitivamente hubiera tenido un final horripilante. El puma desapareció al instante entre los matorrales desde que vio las linternas en lo bajo, y los inmigrantes, que se dispersaban, nunca supieron cuán afortunados habían sido de que alguien los estuviera vigilando.

Sin embargo, ese día a las 7 a.m. nadie estaba vigilando y, cuando el amplio acantilado quedó atrás y le permitió ver el prado abierto, Moreno observó un sedán de color marrón que se detenía junto al borde de la carretera. Al rebasarlo, Moreno notó que su conductor miraba fijamente hacia delante, con las manos aferradas al volante en la posición de "las diez y diez". La cerca de alambre de púas que allí se encontraba había perdido desde hacía mucho rato sus líneas rectas de estilo militar y había tomado más bien forma de parábola como consecuencia de la cantidad de personas que se habían metido por arriba y por debajo de ella. Incluso a la velocidad a que iba, Moreno podía ver fácilmente los pedazos de ropa arrancada que indicaban por donde había pasado la gente. Continuó media milla más por la carretera sin reducir la marcha y metió su auto en una entrada semiescondida para esperar hasta que pasara el otro vehículo. Lleno de adrenalina, Moreno empezó a llamar uno por uno a sus agentes y a decirles que tenía un sospechoso que estaba a punto de recoger su carga y que debían buscar a prisa sus vehículos. No habían pasado dos minutos cuando el sedán marrón lo rebasó y Moreno se incorporó a la carretera.

Rápidamente se hizo evidente que el conductor había reconocido a Moreno, pues aceleró después de pasarlo. Aunque solo podía ver al conductor, Moreno estaba seguro de que el carro llevaba alguna carga pesada, en vista de la forma exagerada en que su parte trasera rebotaba al pasar sobre los baches y depresiones de la carretera. Siguieron en dirección este y el hombre conducía a la velocidad límite porque no podía deshacerse de Moreno. Además, iba mirando fijamente por su espejo retrovisor, por lo que su vehículo se bandeaba a un lado y otro de su senda. Moreno pensó que el hombre estaba calculando su próxima jugada, por lo que siguió informando sobre su ubicación a la Patrulla Fronteriza y a sus agentes. Aproximadamente siete millas más adelante, el conductor giró en forma abrupta hacia una carretera local que llevaba hasta la frontera y Moreno se preparó mentalmente para la persecución a campo traviesa que seguramente se avecinaba hasta la frontera. En lugar de ello, el conductor giró con lentitud hacia la derecha, hacia una amplia entrada que llevaba a un camino de tierra que terminaba en algunas residencias de la localidad. Moreno imitó sus movimientos, se mantuvo atrás a una distancia de dos carros y luego fue frenando mientras el conductor hacía un giro en "U" sumamente lento. ¿Qué pretendía hacer? ¿Volver a la carretera hasta encontrar un lugar donde pudiera huir cómodamente? Eso no le preocupaba, pues así sus refuerzos tendrían más tiempo para responder.

Pero el vehículo no se movió. Los dos hombres se mantuvieron sentados, frente a frente, mirándose fijamente y esperando a ver qué hacía el otro. Los parachoques de los carros estaban separadas por una distancia de 15 pies, pero no estaban completamente frente a frente. Moreno no podía leer la expresión facial del conductor: su cara era completamente inexpresiva. Parecía la cara de alguien que se había quedado sin opciones; Moreno decidió hacer su jugada. Se levantó de su asiento, pero permaneció detrás de la puerta abierta por si tenía que volver a entrar de prisa, y empezó a gritar al conductor la orden de *¡Apague el motor!* El conductor no movió ni un músculo, simplemente mantuvo su fría mirada fija sobre el agente.

Moreno dio la vuelta a la puerta de su auto, la cerró tras de sí y empezó a avanzar hacia el otro carro, con un brazo estirado y señalando con el dedo, como si en cualquier momento fuera a lanzar un rayo que extinguiría la miserable existencia del conductor si este no hacía caso a sus órdenes. *¡Le dije que lo apagara! ¡No se mueva! ¿Me entiende? ¡NO SE MUEVA!* Moreno debe haber presentido que la situación estaba a punto de ponerse mala, porque empezó a perder de vista la imagen de fondo y concentró la mirada en la cara y las manos del conductor y en el sonido de su propia voz mientras gritaba las órdenes. Había avanzado un par de pasos más allá del parachoques de su carro cuando oyó el sonido del motor del otro auto acelerándose.

Moreno creyó que en realidad el vehículo se estaba moviendo hacia atrás en el momento en que sus neumáticos se afincaron sobre la tierra suelta del camino y el auto avanzó hacia él de un tirón. En una fracción de segundo, al ver que el conductor se le venía directamente encima, Moreno calculó que iba a ser golpeado por el auto y que probablemente quedaría inmovilizado contra su propio vehículo. Ya no percibía sonidos, solo movimientos, solo el vehículo que se le abalanzaba y la mirada invariable del conductor. De repente, Moreno tenía agarrada su pistola con las dos manos, apuntando a aquel rostro. El agente no recuerda el momento en que tomó la decisión de sacar la pistola, ni tampoco el acto de abrir la funda de su pistola y extraer el arma.

La primera bala salió como si la hubiera disparado en el vacío. Moreno no la oyó en absoluto y tampoco sintió moverse la pistola. Lo único que le indicaba que el arma se había disparado fue el cambio de la expresión facial del conductor en ese momento. Moreno estaba vagamente consciente de que había hecho contacto con su propio vehículo a sus espaldas y que ya no se estaba moviendo hacia atrás. Apuntó su arma un poco más hacia la izquierda para compensar el movimiento del vehículo que se aproximaba rápidamente. Se concentró en aquel rostro, que era lo único que podía ver en ese momento. Al apretar el gatillo por segunda vez, Moreno vio cómo el conductor bajaba la cabeza hacia la derecha, sin darse cuenta de que también estaba moviendo el volante. Esta vez vio claramente la bala salir por el cañón de su arma y golpear la ventanilla del lado del conductor, donde normalmente estaría la cabeza, haciendo que el vidrio se fracturara y se rompiera en mil pedazos.

En un instante, el vehículo había pasado de largo junto a él. Moreno había salvado el pellejo gracias al acto de autoconservación del conductor, que hizo que el vehículo diera un tirón hacia la derecha y le pasara casi rozando. El agente no volvió a disparar, pues ya no había amenaza. El vehículo dio un brusco giro a toda velocidad para incorporarse a la carretera y se perdió de vista, yendo hacia el oeste a aquellas horas de la mañana. Moreno echó mano inmediatamente al radio de su vehículo y gritó: *¡Hubo disparos! ¡Hubo disparos!* Recibió en respuesta un montón de preguntas: dónde estaba el sospechoso, si él estaba herido, si necesitaba asistencia médica, etc. Moreno trató de dar la impresión de serenidad porque, en ese momento, lo que más ocupaba su mente era solo el temor de pasar una vergüenza ante sus compañeros debido a sus gritos por el radio. A Moreno no le pareció que había sonado muy calmado, pero consiguió hacer una descripción y dar la última ruta conocida del sospechoso a los agentes que respondieron a su llamada. Entonces se dio cuenta de que tendría que resignarse a oír decir cómo él, un experto francotirador, no solamente había errado el tiro, sino que había gritado por el radio como una niña asustada. Sus refuerzos llegaron y, por suerte, se reservaron las burlas y escucharon con gran atención para enterarse de los detalles del sospechoso.

Veinte minutos después, Moreno oyó cómo uno de sus agentes, un hombre corpulento descendiente de puertorriqueños, informaba con excitación que estaba siguiendo al sospechoso, el cual se dirigía de vuelta al área donde el conductor había sido visto por primera vez. Desafortunadamente para este, dio un giro hacia la entrada de un camino que estaba protegida por un portón cerrado, con lo que solo le quedó tratar de huir a pie, intento que fue atajado por el agente de Moreno, que de una patada le cerró encima la puerta del carro, suficientemente fuerte como para doblarlo en dos. El conductor y tres ilegales quedaron detenidos.

Moreno pensó: ¿tres ilegales? ¿Ese era el valor de su vida para aquel hombre? El agente tenía una hija y su esposa estaba esperando a un bebé; ambos habían estado a punto de quedarse sin padre. La idea era deprimente. No obstante, no se llenó de ira ni sintió que su machismo le hiciera decir a todos que hubiera querido reventarle la cabeza de un tiro a aquel tipo. Solo le quedó la sensación temblorosa de incredulidad ante la idea de que alguien fuera capaz de hacer semejante cosa con tal de poder huir. Y, encima, para huir de un delito por el que quizás no hubiera sido procesado si simplemente hubiera detenido el carro y se hubiera entregado. Tres ilegales no eran suficientes para merecer la atención de los fiscales federales. Los tribunales estaban repletos de delitos relacionados con la frontera, muchos más que los que se podían procesar y mucho más graves que el de transportar a tres migrantes ilegales. El conductor hubiera sido enviado a casa esa misma tarde, después de habérsele informado de su acusación. Moreno no entendía su reacción.

Posteriormente se enteró de que no había tenido tan mala puntería después de todo, teniendo en cuenta que había disparado contra un blanco en movimiento. La primera bala había quedado atrapada en la columna que separaba la ventanilla del conductor del parabrisas. Si hubiera sido un proyectil de mayor velocidad, con mayor capacidad de penetración, probablemente los dos habrían terminado muertos: el conductor con un agujero en la cabeza y Moreno, espachurrado. El segundo proyectil no dio en el blanco porque el conductor reaccionó y bajó la cabeza. La bala entró por la ventana, atravesó el espacio interior del carro y quedó atrapada en la puerta trasera derecha del sedán, justo encima de la cabeza de una mujer que estaba acurrucada contra el piso. Moreno pensó que ese día todos habían sido protegidos por ángeles guardianes.

Los otros ilegales, dos hombres, iban metidos dentro del baúl y se alegraron mucho de que los dejaran ir. El conductor se declaró culpable de contrabando de inmigrantes ilegales y de agredir a un agente federal pero, según el acuerdo con la fiscalía, no recibió mucho tiempo de prisión. Eso no le gustó a Moreno, aunque era algo que había visto suceder antes y hasta cierto punto estaba acostumbrado. No resultó herido y el conductor declaró que no estaba tratando de hacerle daño al agente, sino que solo trataba de huir. Moreno tuvo suerte una vez más y no dejó que esto le afectara en su trabajo; simplemente trató de aprender la lección de su experiencia y reconfortarse al saber que, si era necesario, podía responder con fuerza mortal. Así es la vida de un agente de la Patrulla Fronteriza y así es la batalla al norte de la frontera.[1]

Las dos agencias federales responsables de la seguridad nacional de Estados Unidos son el Departamento de Seguridad Nacional (DHS) y el Departamento de Justicia de Estados Unidos (USDOJ); este último supervisa a la Dirección de Control de Drogas (DEA) y a la Oficina de Alcohol, Tabaco, Armas de Fuego y Explosivos (ATF).

Además de esto, decenas de miles de agentes policiales, analistas, empleados estatales, contratistas y personal del ejército también participan activamente en esta misión a los niveles estatal y local. En este capítulo se explora la forma en que el gobierno y las agencias de seguridad pública de Estados Unidos protegen a su gente de los efectos de la guerra de la droga en México y cómo tratan de cumplir sus misiones.

EL DEPARTAMENTO DE SEGURIDAD NACIONAL Y LA LUCHA POR MANTENERSE ARRIBA

El DHS es como la "medusa" de las agencias federales porque tiene muchas ramas distintas y, si una de estas se disuelve, parecería que en su lugar aparecen dos o tres más. Actualmente hay 18 componentes y siete agencias que quedan dentro del ámbito del DHS. El concepto de "seguridad nacional" comprende tantas disciplinas y responsabilidades distintas, que resulta difícil abarcar todo de ninguna otra manera en una sola organización. La seguridad de la frontera se separa en dos divisiones: la observancia de las leyes de inmigración y de aduanas, administrada por el Servicio de Inmigración y Control de Aduanas (ICE) y la realización de inspecciones en la frontera, administrada por la Oficina de Aduanas y Protección Fronteriza (CBP).

La Oficina de Aduanas y Protección Fronteriza de Estados Unidos

El servicio de Aduanas y Protección Fronteriza es el encargado de proteger casi 7.000 millas de frontera terrestre que Estados Unidos comparte con Canadá y México y 2.000 millas de aguas costeras: las que rodean a la península de la Florida y las cercanas a la costa del sur de California. La agencia protege además 95.000 millas de frontera marítima en asociación con el Servicio de Guardacostas de Estados Unidos. Los funcionarios y agentes de la CBP trabajan en los puertos oficiales de entrada y también en el resto de las zonas costeras, para impedir la entrada ilegal de personas y contrabando en Estados Unidos. La CBP posee la fuerza aérea dedicada a la seguridad pública más grande del mundo, la cual patrulla las fronteras terrestres y marítimas del país para poder detener a terroristas y contrabandistas antes de que entren al país.[2]

Cualquier estadounidense que alguna vez haya viajado a un país extranjero y regrese a Estados Unidos ha tenido una breve conversación con un inspector de la CBP, en el aeropuerto, en una terminal de cruceros, o en un cruce fronterizo. A lo largo de la frontera del suroeste, estas son las personas que revisan los pasaportes, inspeccionan el equipaje, ponen perros a olfatear alrededor de los vehículos y a veces desarman esos mismos vehículos si sospechan que tienen compartimentos bien disimulados en los que transportan drogas ilegales. Especialmente en el calor del verano, no siempre resulta una tarea agradable vestir de uniforme negro y mantenerse de pie durante varias horas seguidas, con la responsabilidad de impedir que drogas y terroristas entren al país. Pero alguien tiene que hacerlo y, en este caso, la CBP es la que cumple esta tarea en todos los cruces fronterizos.

La Patrulla Fronteriza de Estados Unidos

La Patrulla Fronteriza de Estados Unidos es la parte de la CBP encargada de proteger las fronteras entre los distintos puertos de entrada. En muchos sentidos, la tarea de la Patrulla Fronteriza es aun más ingrata debido al entorno a menudo brutal en que sus agentes se ven obligados a operar. Desde 1924, la misión general de la Patrulla Fronteriza ha consistido en detectar e impedir la entrada ilegal de extranjeros en Estados Unidos. Sin embargo, después del 11 de septiembre, su función principal fue modificada para incluir la detección, detención y disuasión de terroristas y armas con fines de terrorismo.

Igual que en el caso relatado al principio de este capítulo, una de las actividades más importantes de un agente de la Patrulla Fronteriza es lo que se conoce como "vigilancia en la línea": o sea, tratar de capturar a los malos (contrabandistas, coyotes, terroristas y otros) mediante el uso de escondites, la vigilancia y el trabajo en equipo. Los agentes tienen varios medios a su disposición, pero también tienen muchas responsabilidades distintas: el seguimiento de denuncias, atender sistemas de televisión con sensores electrónicos, la detección de aviones y la interpretación y seguimiento de pistas, marcas y otras pruebas físicas. Todas estas actividades significan que los agentes a menudo andan en camiones, en vehículos todoterreno, o a pie por el desierto, por colinas escarpadas, terrenos montañosos y otros lugares remotos.

Encima de todo lo anterior, a menudo están en la línea de fuego cuando se enfrentan a personas que tratan de contrabandear drogas o de cruzar ilegalmente por la frontera entre Estados Unidos y México. En los años fiscales 2009 y 2010, hubo un poco más de 1.000 incidentes cada año en que personas desde el lado mexicano de la frontera lanzaron piedras y cócteles Molotov o abrieron fuego contra agentes de la Patrulla Fronteriza.[3] En julio de 2009, el agente Robert Rosas murió tras recibir disparos mientras se encontraba de patrulla en las cercanías de Campo, California. Tres hombres que cruzaron a Estados Unidos emboscaron al agente Rosas y lo engañaron para que abandonara su patrullero. Recibió múltiples disparos y luego los hombres le robaron su bolsa de equipamiento, sus esposas, su arma y sus gafas de visión nocturna.

En diciembre de 2010, el agente Brian Terry también murió tras recibir disparos en uno de los corredores más peligrosos a lo largo de la frontera, en el Cañón Peck, cerca de Rio Rico, Arizona.

El Servicio de Inmigración y Control de Aduanas de Estados Unidos

La misión del Servicio de Inmigración y Control de Aduanas (ICE) consiste en hacer cumplir las leyes migratorias y de aduanas. Son los agentes de chaquetas oscuras que a menudo se ven en los noticieros haciendo redadas en negocios que emplean a inmigrantes ilegales. Pero la detención y la deportación no son las únicas misiones del ICE. Su Oficina de Inteligencia desempeña un importante papel en el apoyo de investigaciones relacionadas con la inmigración ilegal, los delitos financieros, el fraude comercial, el contrabando y tráfico de seres humanos, el turismo sexual infantil, la proliferación de armas, el contrabando de drogas y otras actividades delictivas.

En el capítulo 2 se describió la forma en que los traficantes de drogas usan cada vez más aviones ultraligeros para contrabandear drogas. En diciembre de 2010, una investigación realizada por el ICE en Hereford, Arizona, condujo al arresto de Jon Youngs, de 50 años y capataz de un rancho, y de Marta Williamson, de 42 años, bajo acusaciones de haber usado aviones ultraligeros para contrabandear marihuana desde Sierra Vista, Arizona, hasta Tucson.[4]

En diciembre de 2010, una operación de cinco días realizada por el ICE en la Florida condujo al arresto de casi 100 extranjeros de 22 países distintos, que anteriormente habían sido hallados culpables de delitos de sangre, delitos sexuales y de tráfico de droga. El ICE se responsabiliza además de asegurarse que los detenidos se sometan a los correspondientes procedimientos penales, de expulsión o de deportación.[5]

El Servicio de Guardacostas de Estados Unidos

Si bien gran parte de la atención relacionada con la seguridad a lo largo de la frontera del suroeste se concentra en personas que viajan por tierra, las fronteras estadounidenses se adentran 12 millas en el mar y, de todos modos, a los contrabandistas de drogas no les importa dónde está la verdadera frontera. Una gran parte de la misión del Servicio de Guardacostas consiste en proteger las fronteras marítimas de todo tipo de intrusiones, para lo cual deben detener el flujo de drogas, inmigrantes y contrabando y legales a través de esas rutas marítimas. Los carteles mexicanos de la droga utilizan lanchas rápidas y embarcaciones de placer para traer drogas a aguas estadounidenses, y el Servicio de Guardacostas es responsable de impedir que esas drogas lleguen a la costa.

El Servicio de Guardacostas desempeñó un importante papel en uno de los arrestos más importantes de capos de carteles mexicanos. En agosto de 2006, agentes de la DEA y el Servicio de Guardacostas apresaron a Javier Arellano Félix (de la organización Arellano Félix) mientras este se encontraba pescando en alta mar a unas 15 millas de la costa norte de Baja California, México. Javier era un miembro clave del cartel de Tijuana y, durante su juicio, admitió que había participado y había ordenado los asesinatos de varias personas a fin de promover los objetivos del cartel.

Admitió además que otros miembros de la organización Arellano Félix y él mismo habían "obstruido y obstaculizado en forma repetida y deliberada la investigación y procesamiento judicial de las actividades de la organización al pagar millones de dólares en sobornos a personal militar y de cumplimiento de la ley, asesinar a informantes y testigos potenciales y matar a agentes del orden público". Además, los miembros de los carteles constantemente grababan conversaciones telefónicas de traficantes de droga rivales y de funcionarios mexicanos de seguridad pública, fingían ser funcionarios militares y de seguridad pública mexicanos, entrenaban a escuadrones de la muerte, "cobraban impuestos" a personas que quisieran realizar actividades delictivas en Tijuana y Mexicali y realizaban secuestros a cambio del pago de un rescate.[6]

Javier fue el último de los hermanos Arellano Félix en ser apresado mientras desempeñaba un papel importante de liderazgo en la organización, y su arresto aceleró grandemente la decadencia de la organización Arellano Félix. Como resultado de un acuerdo con la fiscalía, recibió una sentencia de cadena perpetua en una prisión estadounidense, de la cual no puede escapar y donde no está recibiendo ninguna atención especial.

EL DEPARTAMENTO DE JUSTICIA

El Departamento de Justicia estadounidense se reporta al Fiscal General de Estados Unidos, y muchas de sus divisiones participan directamente en el proceso investigativo. La agencia más conocida del Departamento de Justicia es el Buró Federal de Investigación (FBI), pero hay otras dos que desempeñan un papel mucho más importante en la guerra contra la droga en México.

La Dirección de Control de Drogas

La misión de la Dirección de Control de Drogas (DEA) es doble: en primer lugar, se encarga de aplicar las leyes estadounidenses sobre narcóticos y llevar al sistema de justicia a los involucrados en la producción o distribución de drogas ilegales que ya se encuentran en Estados Unidos o que estén en camino hacia este país. En segundo lugar, la DEA apoya programas dirigidos a la reducción de la disponibilidad de drogas ilegales en los mercados nacional e internacional. La DEA posee actualmente siete oficinas residentes en México, desde donde trabaja con el gobierno y las autoridades de orden público de ese país para realizar investigaciones y proporcionar entrenamiento y asistencia.[7]

Si bien la DEA ha tenido grandes éxitos contra los carteles mexicanos, también ha experimentado algunos reveses funestos. A principios de los años 80, el agente de la DEA Enrique Camarena ("Kiki") empezó a trabajar contra las organizaciones de narcotráfico en México después de una carrera exitosa de varios años en la agencia. En febrero de 1985 se encontraba trabajando en forma encubierta contra un importante proveedor de drogas, cuando fue secuestrado mientras iba a un almuerzo con su esposa. Los objetivos de la operación antidroga en la que estaba trabajando habían identificado a Camarena como agente encubierto y procedieron a torturarlo brutalmente para luego matarlo. Su cadáver fue encontrado un mes después y su muerte se convirtió rápidamente en un símbolo de la lucha de Estados Unidos contra el narcotráfico. Poco tiempo después, los habitantes de varias comunidades estadounidenses empezaron a llevar cintas rojas en sus brazos para indicar su compromiso para impedir la difusión del consumo y la demanda de drogas. Ese movimiento ha evolucionado hasta convertirse en lo que ahora se conoce como la Campaña Nacional de la Cinta Roja.

La DEA tiene cierta reputación de "chico malo" en la comunidad de agencias de seguridad pública. Debido al tipo de trabajo que hacen, sus agentes son un poco bruscos y a menudo también tienen el aspecto correspondiente. Además, la DEA presenta una alta frecuencia de agentes "que se corrompen", especialmente cuando se han visto sometidos a mucho trabajo encubierto y se han expuesto regularmente a una gran cantidad de drogas y de dinero.

La Oficina de Alcohol, Tabaco, Armas de Fuego y Explosivos

La Oficina de Alcohol, Tabaco, Armas de Fuego y Explosivos (ATF) tiene realmente uno de los papeles más prominentes en los esfuerzos del gobierno estadounidense por combatir a los cárteles de la droga mexicanos. La misión oficial de la ATF consiste en proteger a las comunidades contra delincuentes violentos, organizaciones delictivas, el uso ilegal y el tráfico de armas de fuego, el uso ilegal y el almacenamiento de explosivos, los incendios intencionales y la colocación de bombas, los actos de terrorismo y la desviación ilegal de productos de alcohol y de tabaco. La ATF trabaja además en la investigación de infractores de las leyes federales sobre armas de fuego y explosivos y para asegurarse de que las personas que posean licencias y permisos estén operando dentro del marco de las leyes y regulaciones establecidas.

El papel fundamental de la ATF en la guerra contra la droga en México consiste en impedir el flujo ilegal hacia el sur de armas de fuego provenientes de fuentes estadounidenses para que no caigan en manos de los carteles mexicanos. La ATF cumple esta función de dos formas distintas, según el lado de la frontera donde esté trabajando. En Estados Unidos, la ATF trabaja con los vendedores en armerías y exhibiciones de armas de fuego para identificar las actividades de compra por testaferro mediante la realización de inspecciones regulares de los registros de ventas y mediante charlas y conversaciones con los vendedores para hacerles saber lo que les debe resultar sospechoso. A través de sus esfuerzos investigativos, los agentes de la ATF pueden identificar y detener a sospechosos de infringir las leyes federales sobre armas de fuego o de planificar el contrabando de armas originadas en Estados hacia el otro lado de la frontera del suroeste, para hacérselas llegar a los traficantes de drogas.[8] Al igual que la DEA, la ATF cuenta con varias oficinas en México, desde las que colabora con el gobierno y las agencias de seguridad pública de México para identificar la actividad relacionada con el tráfico de armas.

LAS AGENCIAS ESTATALES Y LOCALES

En Estados Unidos hay cuatro estados, 23 condados, varias decenas de pueblos y ciudades, unas cuantas reservaciones indias y 12 millones de personas que comparten la frontera con México. Esto significa que cientos de personas que trabajan para agencias estatales, centros de fusión (donde muchas agencias trabajan bajo el mismo techo a fin de mejorar el intercambio de información), comisarías, departamentos de policía locales y agencias tribales están involucradas activamente en la misión de mantener la seguridad de la frontera. Cada estado del suroeste tiene su propia agencia gubernamental responsable de la seguridad fronteriza, entre otras funciones de gestión de emergencias. Las agencias estatales se involucran activamente en la gestión y la participación en sus centros de fusión estatales.

A lo largo y ancho del país hay 72 centros de fusión designados. En los estados fronterizos del suroeste, cinco de estos centros se encuentran en California, dos en Texas, uno en Arizona y uno en Nuevo México. Los centros de fusión fueron concebidos para que representantes de muy diversas agencias estatales, locales y federales pudieran trabajar bajo el mismo techo a fin de compartir en forma más eficaz la información sobre amenazas internas. La autora pasó personalmente cuatro años trabajando como analista en el centro de fusión principal de California y, por lo tanto, está familiarizada con la intensa labor de estos analistas para mantenerse al tanto de la situación de seguridad en México. Leen decenas de informes de inteligencia de las autoridades locales y nacionales para poder armar el rompecabezas de todos los cambios y movimientos que ocurren en la guerra contra la droga. Sus análisis son compartidos con agencias estatales, locales y federales que también siguen los acontecimientos que ocurren al sur de la frontera.

Los agentes del orden público de los departamentos de policía locales y las comisarías a lo largo de la frontera del suroeste forman la primera línea de defensa contra la violencia en dicha frontera. Enfrentan situaciones de violencia relacionada con la droga en muy diversas circunstancias —desde persecuciones de vehículos en el propio centro de El Paso hasta el seguimiento de huellas en los ranchos de la parte rural de Arizona. Por ejemplo, en enero de 2006, varios hombres vestidos con uniformes como los del ejército mexicano atravesaron el Río Grande cerca del cruce de Neely —a unas 50 millas al este de El Paso, Texas— como parte de una misión de contrabando de marihuana. Fueron enfrentados por agentes de la comisaría del condado de Hudspeth, pero afortunadamente no se disparó ni un tiro. Los hombres volvieron a internarse en México a través de la frontera con la mayor parte de su cargamento de drogas, pero tuvieron que abandonar más de media tonelada de marihuana en un vehículo utilitario que se quedó atascado en el río. Consiguieron prender fuego al vehículo antes de huir. Un portavoz de la comisaría declaró posteriormente que los hombres estaban usando armas y un Humvee del ejército mexicano, pero el gobierno de México negó que ninguno de sus soldados estuviera involucrado.[9]

En estos lugares, nadie conoce las características del terreno mejor que los policías. Saben cuáles son las pandillas que operan en sus jurisdicciones, qué tipo de drogas están distribuyendo y, a menudo, saben también cuáles son los carteles mexicanos que tienen personal en el área. Muchos departamentos incluso realizan reuniones de enlace con sus contrapartes mexicanas al otro lado de la frontera, particularmente en lugares donde las ciudades hermanadas solo están separadas por el Río Grande o por una valla. Otros departamentos más grandes incluso han llegado a crear grupos de tareas para abordar amenazas específicas derivadas de la violencia relacionada con la droga. Por ejemplo, en junio de 2008, el Departamento de Policía de Phoenix creó un grupo de tareas antisecuestros a fin de hacer frente directamente al número cada vez mayor de casos de secuestros transfronterizos en la ciudad.

EL APOYO DEL EJÉRCITO

Tanto el Departamento de Defensa como la Guardia Nacional desempeñan papeles activos en la seguridad de la frontera. El Comando Norte de Estados Unidos es el comando militar unificado responsable de la seguridad nacional. Una de sus funciones consiste en proporcionar apoyo militar a las agencias federales de seguridad pública en lo que respecta a la identificación e intercepción de amenazas a lo largo de la frontera. Entre esas amenazas se incluyen las actividades realizadas por los carteles mexicanos, como el tráfico de drogas y el contrabando de seres humanos. Algunas personas ven con preocupación el hecho de que el ejército ayude a la policía a cumplir su función, pero estos grupos de tareas fundamentalmente sirven de apoyo a los agentes locales para que puedan hacer su trabajo con mayor eficacia. Algunos ejemplos de la ayuda que proporciona el Departamento de Defensa incluyen el reconocimiento aéreo, la vigilancia por radar, las operaciones con sensores terrestres, las evaluaciones de vulnerabilidad, el apoyo en materia de inteligencia, el apoyo en materia ingenieril, el entrenamiento móvil y la detección de túneles bajo la frontera.[10]

La Guardia Nacional también desempeña un inmenso papel en la seguridad de la frontera del suroeste. Por ejemplo, entre mayo de 2006 y julio de 2008, se desplegaron más de 29.000 miembros de la Guardia Nacional a los cuatro estados de la frontera del suroeste. Su misión consistió en proporcionar apoyo administrativo y de ingeniería civil a la CBP y a la Patrulla Fronteriza para que tuviera mayor libertad de realizar sus propias misiones de orden público. En esencia, la Guardia Nacional cumplió la función de servir como miles de ojos y oídos extra al servicio de estas agencias, cuyo personal entonces pudo realmente salir a apresar a individuos que estuvieran realizando actividades ilegales a lo largo de la frontera. Durante ese tiempo, también ayudaron a construir carreteras, levantar vallas y crear barreras vehiculares.

La misión de la Guardia Nacional en la frontera terminó en 2008, aunque muchos de los gobernadores de los estados fronterizos del suroeste querían que se quedaran. El gobierno federal rechazó sus peticiones de continuar el apoyo, a pesar de que los estados presentaron estadísticas que demostraban los buenos resultados de su despliegue. El asesinato del ranchero de Arizona Robert Krentz en marzo de 2010 hizo que se intensificaran las exhortaciones de los políticos locales y representantes congresionales a que el gobierno proporcionara el apoyo de la Guardia Nacional.

En la primavera de 2010, el presidente Obama anunció que se desplegarían 1.200 efectivos de la Guardia Nacional en la frontera del suroeste como refuerzo a las operaciones de la Patrulla Fronteriza y la CBP.[11] En comparación con el número de efectivos utilizados en el anterior despliegue a la frontera, esto no era más que una gota en el mar y se consideró que era, en gran medida, un simple intento de guardar las apariencias durante una época de incidentes violentos con amplia cobertura de prensa en el lado de la frontera de Arizona.

INICIATIVAS CONJUNTAS

Lo que una agencia involucrada en la seguridad de la frontera no se puede dar el lujo de hacer es trabajar en un vacío. Por este motivo, hay literalmente decenas de iniciativas conjuntas dedicadas a lidiar con la amenaza que representa el tráfico de drogas, de armas, de seres humanos y otras actividades delictivas relacionadas con la guerra contra la droga.

Una de esas iniciativas es el Grupo de Tareas de Seguridad de la Frontera (BEST), consistente en una serie de equipos formados por diversas agencias con la finalidad de identificar, desmembrar y desmantelar las organizaciones delictivas que representan importantes amenazas para la seguridad en la frontera. Los equipos están concebidos con la idea de aumentar el intercambio de información y la colaboración, y en ellos se incorpora personal proveniente de varias agencias distintas de cumplimiento de la ley de nivel federal, estatal, local e incluso extranjeras. Actualmente existen 17 de esos equipos en nueve estados; 11 de ellos se encuentran en los cuatro estados de la frontera del suroeste.[12]

En 2003, el ICE creó el grupo de tareas sobre los túneles de San Diego, que también está compuesto por representantes de varias agencias de investigación federales, locales y militares. Este grupo utiliza una gran variedad de equipos de alta tecnología e información de inteligencia para definir exactamente la ubicación de los túneles de tráfico de drogas a lo largo de la frontera en la región. Hasta abril de 2012, las autoridades federales habían descubierto más de 150 túneles de un lado a otro de la frontera del suroeste, en parte gracias a la asistencia proporcionada por este grupo de tareas.

En 1974, el Departamento de Justicia presentó un informe a la Oficina de Administración y Presupuesto en el que se presentaban recomendaciones sobre cómo mejorar las operaciones de control de drogas y de la frontera en el suroeste de Estados Unidos. En una de esas recomendaciones se proponía el establecimiento de un centro de inteligencia regional para recabar y diseminar información relacionada con el contrabando de drogas, inmigrantes y armas para ayudar así a las agencias de cumplimiento de la ley de toda el área. En respuesta a ese estudio, se creó el Centro de inteligencia de El Paso (EPIC), que inicialmente tuvo en su nómina a representantes de la DEA, el Servicio de Aduanas de Estados Unidos (como se llamaba antes) y el Servicio de Inmigración y Naturalización (como se llamaba antes). En un inicio, el EPIC se concentraba en la frontera del suroeste, sobre todo en busca de los traficantes de heroína y los contrabandistas de inmigrantes de México. Después del 11 de septiembre, la misión del EPIC pasó a incluir esfuerzos antiterrorismo, además del apoyo a los esfuerzos de intercepción y las investigaciones relacionadas con el tráfico de drogas, el contrabando de inmigrantes y de armas y otras actividades delictivas. En la actualidad, las agencias federales, estatales y locales representadas en el EPIC son más de una docena.[13]

A pesar del número de agencias y personas que trabajan en la seguridad de la frontera, el cumplimiento de su tarea aún enfrenta muchos problemas. Desafortunadamente, mientras más agencias haya, más problemas de comunicación y de intercambio de información pueden surgir.

DESAFÍOS QUE ENFRENTAN LAS AGENCIAS DE SEGURIDAD NACIONAL DE ESTADOS UNIDOS

Mike Allen se dio un manotazo en el cuello por centésima vez. Como de costumbre, los mosquitos no daban respiro a nadie cerca del Río Grande, y esa noche Allen y su compañero, John Ridge, estaban sirviendo de suculenta cena para los insectos. Los dos agentes de la Patrulla Fronteriza estaban desde las dos de la mañana en una operación de vigilancia, esperando una posible descarga de narcóticos. A pesar de las agradables condiciones climáticas, las circunstancias eran cualquier cosa menos agradables. Allen y Ridge habían sido dejados a una buena distancia de donde debían ocultarse a esperar, por lo que tuvieron que empezar la caminata de 30 minutos entre los densos matorrales y árboles en una oscuridad casi total.

Allen y Ridge quizás habrían estado más cómodos si hubieran ido vestidos de excursionistas, pero esta vez iban con sus uniformes estándar verde olivo, con relucientes insignias doradas. Llevaban consigo sus pistolas de calibre.40 y sus fusiles M-4, pero el único equipo táctico que tenían eran unas gafas de visión nocturna. Afortunadamente, esas gafas le sirvieron para llegar sin incidentes hasta su punto de observación, donde tuvieron que esperar unas largas cinco horas. Allen y Ridge procuraron mantenerse despiertos. Era importante que estuvieran alertas a los sonidos de los traficantes que se acercaran y de los animales salvajes peligrosos. Allen estaba feliz de no haberse encontrado con ninguna serpiente esa noche; dice que su omnipresente sensación de paranoia le viene de estar constantemente tratando de diferenciar entre los sonidos producidos por un explorador de los carteles y una serpiente de cascabel. Simplemente se quedó sentado en el suelo, cambiando de posición cada cierto tiempo para ayudar a la circulación, y trató de mantenerse hidratado.

Los dos agentes, que se encontraban a unos 75 pies de distancia entre sí y aproximadamente a 30 pies del río, se despabilaron repentinamente cuando oyeron sonidos que venían del Este. Poco después del amanecer, notaron varios vehículos en el lado mexicano del río. Pudieron identifi-

car que el ruido siguiente era el de un "vehículo de carga" en el lado estadounidense, que venía a recoger los narcóticos que los contrabandistas
acaban de traer desde el otro lado del río. Allen y Ridge continuaron a
pie, corriendo lo más rápido posible para tratar de apresar a los contrabandistas, pero no lograron alcanzarlos. El conductor del vehículo de
carga lo dejó todo y se escapó, pero las unidades móviles de la Patrulla
Fronteriza lograron bloquear el vehículo propiamente dicho. ¿Cuál fue la
recompensa de su larga e incómoda espera? La incautación de 1.400 libras de marihuana mexicana que, o se enviarían a un almacén de pruebas
judiciales, o se incinerarían.

Allen señala que la mayoría de las personas no se dan cuenta de que
algunas partes de la frontera entre México y Estados Unidos son como
una zona de guerra. Los agentes hacen patrullas, establecen puntos de
observación y tratan de evitar ser emboscados. Los "malos" mandan exploradores para buscar a los agentes, por lo que estos se tienen que mantener muy quietos si no quieren malograr toda la operación. Con suerte,
confiscan la marihuana y realizan un arresto. Cuando no tienen suerte,
puede suceder que uno de los malos embista contra su automóvil y tengan que ir al hospital para que los vea un médico. Nunca saben lo que va
a suceder. Muchas veces, no llegan a incautar nada después de pasar tantas horas esperando, mirando y escuchando. No obstante, en las ocasiones en que los agentes como Allen y Ridge llegan a hacer una
confiscación, todo el trabajo valió la pena: horas y horas de aplastante
tedio e incomodidad a cambio de ocho a diez minutos de emoción y la
inyección de adrenalina que se obtiene al descubrir cientos de libras de
droga mexicana. Estas son las situaciones y decisiones que día a día enfrentan las agencias de seguridad pública a lo largo de la frontera del suroeste y más allá.[14]

Nadie ha dicho jamás que garantizar la seguridad de la frontera sería
una tarea fácil. Las agencias fronterizas tienen que lidiar con sus propios
problemas internos, como si no fueran suficientes las amenazas de los
narcotraficantes armados, las piedras que lanzan los que intentan cruzar
la frontera y las implacables condiciones climáticas y del terreno. Cualquier persona que alguna vez haya trabajado para cualquier tipo de agencia del gobierno sabe que no siempre todo el mundo se lleva bien. Las
rivalidades y peleas entre distintas agencias han existido desde la propia

fundación de estas y, si bien normalmente son inofensivas, esas riñas a veces pueden afectar seriamente la capacidad de las agencias de cumplir sus respectivas misiones.

Un ejemplo de ello es la "guerra fría" existente entre el ICE y la ATF. Las dos agencias tienen función investigativa, pero sus responsabilidades a menudo se superponen entre sí. Esto ha dado como resultado luchas por el control y la falta de disposición a compartir información entre una agencia y otra. La situación llegó a ponerse tan mala que, en junio de 2009, las dos agencias tuvieron que firmar un memorando de entendimiento en el que se estableció claramente la forma en que el ICE y la ATF debían compartir la información de inteligencia y trabajar juntos en las investigaciones relacionadas con armas de fuego.[15] Parece ser que ni siquiera esta importante directiva sirvió de mucho. En septiembre de 2010, el Inspector General del Departamento de Justicia publicó un informe en el que decía que la ATF y el ICE "no colaboran con eficacia" y que "rara vez realizan investigaciones conjuntas" y casi nunca se notifican mutuamente sobre los casos en los que están trabajando. El resultado es que nunca llegaron a comunicarse entre sí la inteligencia relacionada con las actividades de tráfico de armas que potencialmente habría contribuido a la realización de arrestos y de procesos judiciales a contrabandistas en la frontera[16] —una prueba más de que la actitud general de una agencia en cuanto a su disposición a compartir información y cooperar en investigaciones puede influir grandemente en la eficacia de los esfuerzos de seguridad en la frontera.

Otro caso válido es el de la integración de los centros de fusión estatales en el proceso de seguridad de la frontera. Los nueve centros de fusión en los estados fronterizos están concebidos para hacer que los funcionarios federales, estatales y locales relacionados con la seguridad nacional y pública trabajen bajo el mismo techo para que compartan información de una forma más eficaz. En algunos casos, el sistema funciona bien. En otros, apenas funciona. Esto pasaba frecuentemente con los analistas por contrata en el centro de fusión de Sacramento. El centro estaba ubicado en el mismo edificio de una agencia estatal de seguridad pública y los analistas tenían acreditación de seguridad para acceder a los niveles más altos de información clasificada. No obstante, a menudo se les negaba el acceso a materiales tan simples como informes policiales de agencias de otras partes del estado en las que nunca había oído hablar de ellos y a las que no les entusiasmaba la perspectiva de compartir datos de inteligencia con contratistas. En incontables ocasiones, cuando los analistas llamaban a la ATF para obtener información, debían invertir una enorme cantidad de tiempo en explicar quiénes eran y qué cosa era el centro de fusión, además de dar la información de su agencia para que se pudieran verificar las acreditaciones de los analistas. En un caso específico, una agencia tardó todo un mes para confirmar la identidad de una analista en particular y su autorización para ver sus informes relacionados con la seguridad pública. La analista necesitó varios años, muchas llamadas telefónicas, repetidas conversaciones con los mismos contactos y encuentros en persona con los agentes en varias conferencias, para poder establecer su reputación como alguien que sabía lo que hacía y en quien se podía confiar.

Otro desafío que enfrentan las agencias fronterizas es el de la corrupción. Aunque muchos preferirían ignorar esta realidad, los agentes e inspectores fronterizos a veces llegan a aceptar sobornos de narcotraficantes mexicanos para que no presten atención a ciertos vehículos que pasan por las sendas de inspección en los puertos de entrada, o para que dejen que los coyotes entren al país con grandes grupos de inmigrantes ilegales. Afortunadamente, las agencias fronterizas se han vuelto mucho menos tolerantes ante este tipo de comportamiento y los agentes están mucho menos dispuestos a encubrir las actividades ilegales de sus colegas. Entre 2004 y principios de 2009, fueron arrestados 84 agentes, y 62 fueron hallados culpables de acusaciones de corrupción.[17]

En 2011, una investigación de la Patrulla Fronteriza reveló que 127 empleados de la CBP habían sido arrestados o acusados formalmente por corrupción desde 2004.[18] Desde 2007, los investigadores han detenido por lo menos a cuatro agentes fronterizos que, según suponen, habían sido enviados por los carteles de la droga para infiltrarse en la CBP.[19] A finales de 2009, las autoridades estadounidenses descubrieron que una agente de la CBP, Martha Garnica, estaba realizando actividades delictivas que la hacían parecer más bien una doble agente que una inspectora. Según informes de prensa, Garnica "creó códigos secretos, entregó fajos de billetes a través de ventanillas de autos e hizo un croquis para que los contrabandistas pudieran traer drogas y trabajadores indocumentados desde el otro lado de la frontera sin problemas. Por todo esto fue abundantemente recompensada; vivía en una casa espaciosa con una piscina interior, tenía dos vehículos Hummer e iba a Europa de vacaciones". A finales de agosto de 2010, un juez federal de distrito la sentenció a 20 años en prisión después de declararse culpable de seis cargos de contrabando de drogas, tráfico de seres humanos y soborno. Según los fiscales, Garnica era un "valioso recurso" del sindicato del crimen "La Línea", basado en Ciudad Juárez. La agente "dirigía los movimientos de al menos cinco hombres, cuatro de los cuales ahora están en prisión o muertos".[20]

En septiembre de 2010, un inspector de la CBP fue acusado de conspirar para contrabandear cocaína y metanfetamina a través de su senda de inspección en el cruce fronterizo de Calexico, entre California y México. El oficial, que llevaba dos años trabajando en la agencia, supuestamente "aceptó sobornos por una suma de $52.000 de informantes y agentes federales encubiertos que fingían ser traficantes de drogas, a cambio de permitir que por su senda pasaran sin inspección algunos automóviles que él creía que iban cargados de drogas. Se alega que el agente coordinó cuidadosamente los intentos de contrabando y le dio su horario de trabajo a un informante para revelarle la senda en la que estaría trabajando. Cuando el informante llegó a su caseta de inspección en el primer intento en junio de 2009, supuestamente el agente le escaneó su pasaporte, sonrió y lo dejó pasar".[21]

Ese mismo mes, otro agente de la CBP fue detenido por cargos de conspiración y corrupción, acusado de "aceptar sobornos a cambio de permitir que vehículos cargados de inmigrantes ilegales y marihuana pasaran por sus sendas de inspección en los cruces fronterizos de Otay Mesa y San Ysidro en California". El agente, que llevaba 17 años en su trabajo, recibió sumas de hasta $20.000 por cada camioneta llena de inmigrantes ilegales que dejara pasar por su senda sin inspeccionarla. Según testigos, el agente "avisaba previamente a los contrabandistas de cuáles sendas tenía asignadas para que supieran por dónde cruzar". Se alega que uno de los testigos le hizo al agente entre ocho y diez pagos de $10.000 cada uno.[22]

El DHS dice tener una buena explicación sobre el aumento de los casos de corrupción. Las estadísticas de seguridad nacional sugieren que la prisa por llenar miles de plazas vacantes para el control de la frontera en respuesta a la violencia fronteriza cada vez mayor ha hecho que se reduzca el nivel de exigencia en la contratación. Según informes, "menos del 15 por ciento de los solicitantes de empleo en la CBP se someten al detector de mentiras; de estos, el 60 por ciento ha sido rechazado por la agencia porque no pasaron la prueba del detector de mentiras o porque no tenían las cualificaciones necesarias para el puesto que solicitaban. El número de investigaciones sobre corrupción en la CBP iniciadas por el inspector general aumentaron de 245 en 2006, a más de 770 en 2010. En su agencia hermana, el ICE, los casos de corrupción aumentaron de 66 a más de 220 durante el mismo período. La inmensa mayoría de estos casos tenían que ver con el tráfico ilegal de drogas, armas de fuego y dinero en efectivo de un lado a otro de la frontera del suroeste".[23]

Si bien definitivamente la corrupción es un desafío que debe preocupar a las agencias fronterizas, no por eso deben obviarse los éxitos que esas agencias han obtenido ni las necesidades que siguen teniendo. En la actualidad hay unos 17.000 agentes fronterizos que trabajan a lo largo de la frontera entre Estados Unidos y México, lo que significa que solamente el 4,5 por ciento de esos agentes fueron investigados por corrupción en 2010. Esta cifra debería ser mucho menor, claro está, y algunos dirían que es inaceptable cualquier porcentaje mayor que cero. Este dato es un preocupante efecto colateral de la fortuna y el *glamour* asociados con el tráfico de drogas, por lo que es inevitable que este tipo de cosas resulten tentadoras para algunos de los que trabajan en la seguridad fronteriza. El desafío consiste en reconocer cuándo esas tentaciones se vuelven irresistibles para los agentes fronterizos y, lo que es más importante, hacer algo al respecto.

ESPERANZAS PARA LA COOPERACIÓN FUTURA ENTRE ESTADOS UNIDOS Y MÉXICO

Afortunadamente, Estados Unidos y México están experimentando un grado de cooperación sin precedente como resultado de la búsqueda de soluciones ante el aumento de la violencia en algunos tramos de su frontera compartida. Es importante señalar que el intercambio de datos de inteligencia y la cooperación entre las autoridades a ambos lados de la frontera no son fenómenos nuevos para estos gobiernos. No obstante, después del 11 de septiembre, la amenaza del narcotráfico pasó a segundo plano en comparación con el terrorismo, y la reorganización de decenas de agencias de seguridad pública en Estados Unidos bajo el DHS provocó el descalabro en algunos mecanismos tradicionales de cooperación. Como la seguridad fronteriza es una preocupación que ambos países comparten en la actualidad, han podido organizar mejor los mecanismos que utilizan para compartir datos de inteligencia y aumentar el flujo de información en los años posteriores a los sucesos del 11 de septiembre.

Uno de los principales desafíos desde el punto de vista el intercambio de información es la gran corrupción de la que adolecen las instituciones mexicanas en todos los niveles. Las agencias estadounidenses se resisten a compartir datos de inteligencia con sus homólogos mexicanos porque saben que hay buenas probabilidades de que dicha inteligencia vaya a parar a manos de los miembros de los carteles, de modo que podría poner en peligro alguna operación delicada. La ATF ha llevado su sistema *eTrace* de seguimiento de armas de fuego a varios lugares a lo largo y ancho de México para que lo usen las autoridades federales mexicanas, pero tuvo que reducir el número original de lugares donde aplicaría el sistema debido a la preocupación de que agentes corruptos pudieran manipular la información para ayudar a los carteles.

Uno de los factores que contribuyen a mejorar la situación es la presencia en el propio México de agencias estadounidenses como la ATF y la DEA. De este modo, los miembros de las agencias de seguridad pública estadounidenses pueden trabajar más de cerca con los mexicanos, proporcionándoles un entrenamiento sólido y estableciendo relaciones personales que promueven la confianza y la motivación necesarias para no dejarse corromper. Una parte considerable de los fondos previstos en la Iniciativa de Mérida será destinada al entrenamiento de representantes de las autoridades mexicanas por agencias estadounidenses.

Este tipo de colaboración también se está registrando en la propia frontera. En septiembre de 2009, los agentes de la Patrulla Fronteriza empezaron a realizar "patrullas paralelas" con la policía federal mexicana a lo largo de un tramo de 80 millas de la frontera cerca de Nogales, Arizona. Cada mañana, los agentes estadounidenses comunicaban a la policía mexicana los lugares donde tenían previsto explorar ese día, y entonces los agentes mexicanos hacían sus patrullas al otro lado de la frontera, de una forma que recibió el nombre de "control en espejo". Jeffrey D. Self, vice jefe interino de la Patrulla Fronteriza, afirmó que el programa ha permitido llegar a "toda una serie de distintos niveles de comunicación que nunca antes se habían establecido" entre la Patrulla Fronteriza estadounidense y los agentes de la seguridad pública mexicanos. En este programa no participan agentes de la policía local mexicana de las ciudades fronterizas, donde la corrupción relacionada con la droga ha provocado el descalabro de algunas fuerzas policiales municipales, sino que está destinado a los agentes federales de seguridad pública. A través del entrenamiento y las consultas diarias, los agentes de la Patrulla Fronteriza han ido identificando a "policías buenos y honestos en el lado mexicano", afirmó el Sr. Self.[24]

En agosto de 2011, el periódico *The New York Times* publicó un informe sobre "operaciones en boomerang" iniciadas por la administración de Obama. Según el diario, varios "comandos mexicanos han viajado discretamente a Estados Unidos, se han reunido en zonas designadas y han despachado misiones en helicóptero hacia el otro lado de la frontera en busca de sospechosos de narcotráfico. Según funcionarios de la [DEA], esta agencia proporciona apoyo logístico del lado estadounidense de la frontera, mediante la creación de áreas de preparación y el intercambio de datos de inteligencia que ayudan a los mexicanos a adoptar decisiones sobre sus objetivos y tácticas". ¿A qué se debe tanto secreto y discreción? A la necesidad de "evadir la vigilancia —y las malas influencias— de las organizaciones delictivas que monitorean muy de cerca los movimientos de las fuerzas de seguridad dentro de México".[25]

Lo anterior representa solamente un par de ejemplos de programas que los fondos previstos en la Iniciativa de Mérida buscan promover. Todo es parte de un plan de juego más amplio para la cooperación futura en materia antidroga entre Estados Unidos y México, pero muchos ven con escepticismo sus perspectivas de éxito. Les preocupa el hecho de que se parece demasiado al Plan Colombia, que fue concebido como una forma de reducir el volumen de cocaína que ingresaba en Estados Unidos y desmantelar grupos como las Fuerzas Armadas Revolucionarias de Colombia. La mayor parte de ese dinero fue destinado al ejército colombiano y sus operaciones antidrogas.

No obstante, hay diferencias importantes. En el caso de México, no existe una fuerza como las FARC que esté tratando de derrocar al gobierno, aunque los carteles son igualmente malignos y quizás hasta estén mejor armados. Además, parte del dinero de la Iniciativa de Mérida se destina al entrenamiento de personal de seguridad pública en Estados Unidos, y no a despliegues de efectivos militares estadounidenses a bases del ejército mexicano.

La semejanza principal —al menos de entrada— es la falta de resultados positivos de la inversión hasta el momento. El Plan Colombia lleva más de una década en funcionamiento y, si bien las FARC han sufrido grandes reveses en lo que respecta a sus líderes y su composición, aún siguen produciendo cocaína. Las rutas del narcotráfico desde Colombia y a través del Caribe hasta el sureste de Estados Unidos están ahora mucho más tranquilas que antes, pero no ha habido una disminución notable de las importaciones de cocaína desde que se puso en práctica el plan.

En un informe de la Contraloría General de Estados Unidos (GAO), en el que se hicieron duras críticas a la Iniciativa de Mérida, se presentaron varias sugerencias útiles para mejorar el plan. Algunos aspectos de la guerra contra la droga resultan difíciles de cuantificar, pero otros no. Entre las metas y parámetros que podrían utilizarse se incluyen el porcentaje de aumento de las incautaciones de drogas, el porcentaje de reducción de las armas y el dinero que logran llegar a México y el porcentaje de reducción de los índices de asesinatos y secuestros.

La rendición de cuentas también es importante, especialmente cuando está involucrado el dinero de los contribuyentes estadounidenses. Esta no es un área en la que el gobierno ha tenido buenos resultados a la hora de dar dinero a países latinoamericanos. No basta con que las autoridades mexicanas sean las que confirmen que los equipos enviados realmente fueron a parar a las manos adecuadas (y, lo que es más importante, que hayan permanecido en esas manos). Al tratarse de un esfuerzo de cooperación, tiene sentido que las agencias estadounidenses tengan una participación más directa en lo referente a ver por sus propios ojos a dónde van a parar el dinero y los equipos.

Sería beneficioso que hubiera una mayor publicidad acerca de los éxitos derivados de la iniciativa. Al capturar a un importante líder de los carteles de la droga, ¿las autoridades utilizaron uno de los helicópteros proporcionados por la Iniciativa de Mérida? Cuando se reducen los índices de delincuencia en una ciudad fronteriza donde antes reinaba la violencia, ¿se debe esto a que los fondos concedidos por la iniciativa ayudaron a entrenar a la policía de esa localidad?

La Iniciativa de Mérida se diferencia de otros paquetes de ayuda extranjera porque no tiene el potencial de que los soldados y efectivos estadounidenses sufran consecuencias graves. Aunque es posible que se pierda una gran cantidad de dinero de los contribuyentes, esto probablemente no llegará a ser noticia, debido a que no implica un importante aumento en las muertes de agentes estadounidenses. Parte del desafío de la rendición de cuentas consistirá en recordar al Congreso que, aunque en este caso Estados Unidos no esté perdiendo soldados por ataques con cañones y carros bombas, es importante no perder terreno en las guerras contra la droga durante una época de dificultades económicas en la que el Congreso pueda sentirse tentado de reducir los fondos.

Por último, debe haber algún tipo de límite o techo en la financiación de la Iniciativa de Mérida, incluso si esto implica la inclusión de un ultimátum. Estados Unidos no está en condiciones económicas de financiar infinitamente una guerra contra la droga que nunca va a terminar. Es necesario que la iniciativa muestre resultados concretos y positivos, así como un progreso significativo hacia el cumplimiento de metas mutuas en un plazo determinado.

México no está a punto de convertirse en un estado fallido, a pesar de algunos informes controvertidos que aseguran lo contrario. México es la decimotercera economía más grande del mundo, posee un sector de tecnología de la información en crecimiento y sus industrias de manufacturas y turismo son cada vez más grandes. Tal vez en estos tiempos algunos estadounidenses tengan miedo de viajar a México, pero los canadienses, europeos y otros turistas extranjeros siguen visitando sus playas, junglas, ciudades coloniales y ruinas antiguas. Cuando se habla de estados fallidos o a punto de serlo, uno piensa en lugares como Somalia, Sudán o Pakistán. Si se comparan las situaciones de México y de Somalia, se ponen verdaderamente de relieve las grandes diferencias entre los desafíos que enfrenta cada país. Al menos México tiene una verdadera democracia con elecciones libres, una economía fuerte, un ejército que funciona y un sistema de justicia que, aunque quebrantado, por lo menos existe. En realidad México tiene muchos elementos a su favor como país, aunque esto quede eclipsado por la violencia relacionada con la droga. En la actualidad, más de uno de cada tres mexicanos apoyan la asistencia militar estadounidense en la guerra contra la droga, y ese número ha ido en aumento desde que esta situación empezó a deteriorarse. Si las cosas siguen empeorando, es probable que esa estadística aumente considerablemente con el paso del tiempo.

CAPITULO 9

LOS CULTIVADORES DE MARIHUANA EN ESTADOS UNIDOS

Digamos que usted vive con su esposa y dos hijos en Carolina del Norte —aproximadamente a 1.400 millas de la frontera de Estados Unidos con México. La familia decide irse de *camping* por una semana, en medio de las montañas cerca de un parque nacional. Arrancan con todo su equipaje, los niños y el perro, y se van a ese punto remoto y pacífico donde pueden caminar y explorar todo lo que quieran, sin que nadie en absoluto los moleste, lejos de todo tipo de turistas o de otros campistas.

En su segundo día de vacaciones, la familia se encuentra andando por un sendero para excursionistas y su hijo ve un venado. Quiere seguirlo, por lo que todos deciden salirse del sendero y adentrarse en los bosques de Carolina del Norte para disfrutar la aventura. Poco después, el venado llega a un claro y, de repente, la familia se encuentra ante un inmenso campo que se extiende hasta donde alcanza la vista. El campo está lleno nada menos que de plantas de marihuana. El perro empieza a ladrar con excitación, lo que al otro lado del campo atrae la atención de hombres armados con poderosos fusiles de asalto para defender la plantación contra intrusos. Esos hombres trabajan para los carteles mexicanos de la droga y son capaces de cualquier cosa con tal de asegurarse de que ustedes no les cuenten a las autoridades lo que acaban de ver. De repente, la frontera del suroeste y la violencia extrema en el lado mexicano no parecen fenómenos tan distantes.

LOS CARTELES MEXICANOS SE INFILTRAN EN LOS PARQUES Y BOSQUES DE ESTADOS UNIDOS

La situación antes descrita puede parecer traída por los pelos pero, desgraciadamente, se está convirtiendo en un fenómeno cada vez más común. En Estados Unidos ha habido plantaciones de marihuana controladas por los carteles mexicanos por lo menos desde 2003. En 2006 (el último año sobre el que se dispone de información pública), los diez principales estados productores de marihuana cosechada al aire libre —donde las plantaciones a veces son controladas por estadounidenses y, a veces, por mexicanos— eran, en orden de importancia, California, Tennessee, Kentucky, Hawaii, Carolina del Norte, Washington, Alabama, Virginia Occidental, Georgia y Arkansas.[1] Observará el lector que, de esos diez estados, solamente uno de ellos colinda con México en la frontera del suroeste. Otros estados no fronterizos que son cada vez más populares entre los cultivadores incluyen Colorado y Utah, donde se aprovechan las altas elevaciones, e incluso estados que se encuentran muy al norte, como Wisconsin y Michigan. En diciembre de 2011, David Ferrell, director de la seguridad pública del Servicio Forestal de Estados Unidos, declaró ante el Congreso que se habían descubierto plantaciones de marihuana en 67 bosques nacionales de 20 estados y que, en el período comprendido entre los años fiscales 2005 y 2010, se habían erradicado aproximadamente 3.900 plantaciones en terrenos del Sistema Nacional de Bosques. Los datos de seguridad pública del Servicio Forestal de Estados Unidos mostraban que 1.607 lugares de cultivo en todo el Sistema Nacional de Bosques eran atendidos por inmigrantes ilegales.[2]

La comisaría del condado La Crosse en Wisconsin ha dicho que desde hace años han recibido llamadas de residentes para denunciar que han encontrado un sembrado de marihuana. En Wisconsin, las autoridades han llegado a colocar letreros para advertir a los excursionistas y a otros visitantes de los parques sobre cuáles serían los indicios de que se estarían acercando a un sembrado de marihuana.[3] En 2010, se eliminó de los bosques nacionales de Michigan un total de 1.500 plantas de marihuana.

Fue entonces que las autoridades empezaron a encontrar plantaciones de marihuana operadas por grandes organizaciones de narcotráfico mexicanas en los terrenos públicos de Michigan, y probablemente van a seguir encontrando muchos más en los próximos años.[4] En julio de 2010, las autoridades descubrieron un sitio remoto escondido en el bosque nacional de Chattahoochee, a solo dos millas de Helen, Georgia. En distintas parcelas bajo las densas copas de los árboles crecían más de 26.000 mil plantas, cuyo valor se estimó en $52 millones.[5]

Resulta alarmante el increíble tamaño de algunas de estas plantaciones y el valor que su producto tiene en la calle. A finales de abril de 2009, unos agentes de la comisaría del condado de Santa Clara en California descubrieron un sembrado de 7.000 plantas valoradas en $10 millones en las colinas de la zona rural que se encuentra al norte de Saratoga. El mexicano que atendía la parcela estaba armado con una pistola cargada. En 2006, las autoridades federales y estatales incautaron más de 550.000 plantas de marihuana cuyo valor se estimó en $1.000 millones en condados remotos de la región de los Apalaches en Kentucky.[6] A principios de junio de 2010, unos agentes antinarcóticos en Arkansas encontraron 97 plantas de marihuana, valoradas en $100.000, que estaban siendo cultivadas en dos partes distintas de un parque urbano en las cercanías de Fayetteville. Los investigadores señalaron que las parcelas estaban suficientemente cerca de un sendero para excursionistas como para que alguien que estuviera caminando por el parque las hubiera podido ver.[7] En septiembre de 2009, unos agentes antinarcóticos de Tennessee cortaron 151.000 plantas de marihuana cerca del parque estatal de Indian Mound, muy próximo a la línea divisoria entre Tennessee y Kentucky. En abril de 2010, se encontraron 457 plantas de marihuana que crecían en un área remota de la Base Eglin de la Fuerza Aérea —una instalación militar protegida— en la franja norte del territorio de la Florida.

Antes de que se pueda iniciar un sembrado, hay que escoger el lugar. Por un amplio margen, los sitios más populares para las granjas de marihuana controladas por los carteles de la droga mexicanos son los bosques y parques nacionales financiados por dinero de los contribuyentes estadounidenses. Convenientemente, estos terrenos cubren el 10 por ciento del territorio del país. La decisión de utilizar terrenos de propiedad pública resulta inquietante por muchas razones, pero tiene sentido para los carteles. Muchos bosques y parques nacionales se encuentran en sitios muy remotos, tienen un acceso limitado por carretera a la mayor parte de sus áreas y reciben pocos visitantes.[8]

California es el estado donde más grave es el problema de las plantaciones de marihuana controladas por los carteles en terrenos públicos. En 2003, unos funcionarios del Servicio Forestal de Estados Unidos dijeron que habían identificado cinco organizaciones de narcotráfico mexicanas separadas que operaban en el estado, y que una de ellas tenía operaciones de cultivo de marihuana en siete bosques distintos, ubicados en nueve condados.[9] Las redes de caminos intrincados para el control de fuegos y para el transporte de madera, la riqueza del suelo, la abundancia de sol y la disponibilidad de buenas fuentes de agua proporcionan a los narcotraficantes un acceso fácil y condiciones de cultivo ideales en las tierras relativamente apartadas del Servicio Forestal en ese estado.[10]

Los mejores lugares para cultivar marihuana se encuentran entre los 4.000 y los 6.000 pies sobre el nivel del mar, y los diez estados incluidos en la lista mencionada tienen regiones montañosas de menor escala que cumplen esos parámetros. Además, los cultivadores buscan sitios cerca de los cuales haya acceso a fuentes de agua y donde crezcan densas malezas como la del arbusto de la manzanita. Eliminan los arbustos menores y siembran marihuana, pero dejan intactas las copas de los árboles más altos para así camuflar el cultivo e impedir su detección aérea.[11]

Una vez seleccionado el sitio, los carteles traen a trabajadores y equipos para poner todo en marcha. Las pandillas de narcotráfico traen de otros países a expertos en marihuana y a mano de obra poco calificada para que ayuden en la búsqueda de las mejores tierras o para construir sistemas de irrigación. No es difícil reclutar mexicanos para trabajar en estas plantaciones porque los carteles los traen desde el otro lado de la frontera y les pagan un salario decente. A menudo estos trabajadores piensan que la labor no va a ser tan difícil o que no es un delito tan grave dedicarse a regar unas plantas en un parque. Los reclutadores buscan a personas que todavía tengan familia en México, para poder usarlos como medio de influencia para que sigan trabajando sin decir nada a nadie.[12]

Después de contratada la mano de obra, los carteles traen miles de toneladas de equipo, con inclusión de cañerías plásticas de irrigación, fertilizante, riego con temporizadores, armas, trampas contra intrusos, tanques de propano, equipos de *camping* y comida para alimentar a los trabajadores durante toda la temporada de cultivo y la cosecha. Según Nores y Swan, cuando las plantas de marihuana empiezan a germinar, "hacen pequeñas represas en los arroyos e instalan miles de cañerías de plástico negro para irrigación, con las que conectan los sembrados con reservas de agua mezclada con fertilizantes y pesticidas, lo que representa una combinación perfecta para hacer que las plantas crezcan rápidamente. Si un venado o un oso llegan accidentalmente a las parcelas, los matan y se los comen. Los cultivadores reciben un suministro constante de alimentos y agua mediante descargas cuidadosamente planificadas, y pronto empiezan a acumularse montones de latas y de basura".[13] De hecho, los fertilizantes y pesticidas representan uno de los peligros más grandes de estas plantaciones. Los cultivadores de marihuana utilizan sustancias químicas cuya potencia es muchas veces superior a la aprobada para su uso en céspedes estadounidenses y son, por lo tanto, ilegales. Estas sustancias químicas se filtran rápidamente hacia el suelo. Los pesticidas matan de inmediato a los insectos y a otros parásitos, pero los fertilizantes que se escurren contaminan las vías fluviales locales y contribuyen al crecimiento de algas y malas hierbas. La vegetación resultante obstaculiza el flujo normal del agua, que es un factor decisivo en la supervivencia de varias especies de animales.[14]

Durante la Operación Trident, una operación de control de marihuana realizada a gran escala entre distintas agencias en 2010 en tres condados de California, "se sacaron 15,5 toneladas de basura, 29 millas de cañerías de irrigación y 4.580 libras de fertilizante de sitios de cultivo de marihuana controlados por los carteles". Aproximadamente 270 acres de tierra habían sido completamente modificados o destruidos por el cultivo ilegal de marihuana durante los varios meses de duración de dichas operaciones.[15] Limpiar uno de esos sitios de cultivo cuesta unos $5.000 por acre. La restauración del sitio para restablecer las corrientes de agua cuesta otros $5.000 por acre y, además, hay que invertir otros $5.000 por acre para restablecer el área a su estado natural. Al final, los costos de limpieza y restauración llegan a ser entre $150.000 y $300.000 por acre.[16]

La temporada de cultivo de marihuana empieza en la primavera y dura entre cuatro y cinco meses, hasta que se realiza la cosecha en septiembre u octubre. Durante ese tiempo, los encargados de los cultivos empleados por los carteles trabajan desde sus campamentos que se encuentran dentro de las propias parcelas. Así se aseguran de que las plantas sean regadas, se configuren los temporizadores para el riego, se haga cualquier reparación necesarias a las líneas de irrigación, se establezcan patrullas de seguridad y se traigan los suministros desde los lugares de descarga predeterminados. También toman medidas para evitar ser detectados por los guardaparques y agentes del Servicio Forestal pero, por suerte para ellos, eso no resulta tan difícil.

Nos quedaríamos cortos si dijéramos que el Servicio Forestal y el Servicio de Parques Nacionales de Estados Unidos no están bien preparados para combatir la amenaza que representan las plantaciones de marihuana dentro del país. A finales de 2010, había aproximadamente 640 agentes del orden público y agentes especiales que protegían los 191.6 millones acres de bosques nacionales en Estados Unidos. Los agentes especiales investigan los delitos graves, como los incendios, sean intencionales o no, el robo de madera y la producción de drogas. Los policías ayudan activamente en esos casos, pero también se ocupan de las funciones cotidianas de patrullaje, en las que se incluyen desde las perturbaciones en los terrenos de *camping* hasta los rescates de personas en lugares apartados de los parques y el control del uso de los recursos forestales. En California, solamente 130 policías y agentes patrullan casi 25 millones de acres de terrenos apartados, dispersos entre dieciocho bosques nacionales —un área equivalente a casi la quinta parte de todo el estado. Ken Harp, capitán de patrullas en el bosque nacional de San Bernardino, dijo que en California "tenemos a ocho personas que se dedican al control de drogas. Solamente este cartel tiene 60 u 80 empleados". Harp, quien lleva 33 años trabajando para el Servicio Forestal, supervisa las operaciones de patrullaje en un bosque de 700.000 acres que recibe 6 millones de visitantes al año y solo tiene cinco empleados.[17] Decir que esto es una pelea ardua no alcanza siquiera para empezar a describir los desafíos que enfrentan estos agentes.

Los gobiernos estatales y federales están tratando de hacer lo que pueden por ayudar, pero sus esfuerzos no sirven de casi nada en comparación con lo que realmente se necesita. El personal de orden público del Servicio Forestal se duplicó de 14 a 28 agentes en California entre 2007 y 2008. El Congreso va a enviar algunos fondos, después que la Senadora

Dianne Feinstein (demócrata de California) consiguió una apropiación suplementaria de $3 millones para que el Servicio de Parques pudiera añadir 25 nuevos agentes del orden público a sus parques nacionales de la región del Pacífico. Es una suma irrisoria, pero la adición de cualquier guardia o agente es mejor que nada, especialmente teniendo en cuenta que el negocio nacional de la marihuana marcha muy bien.

Según informes oficiales, el número de plantas de marihuana confiscadas por funcionarios del Servicio Forestal entre 2004 y 2008 "aumentó, en promedio, un 51 por ciento en cada uno de esos años, hasta llegar al límite de 3,3 millones de plantas en 2008. El número de plantas incautadas solamente en los bosques nacionales de California fue aumentando gradualmente de 569.000 en 2003 a 2,4 millones en 2008". En 2010, el 87 por ciento del cannabis erradicado de los bosques nacionales fue encontrado en 16 bosques nacionales en California. Ese récord nacional de confiscaciones se volvió a romper en 2010, cuando se incautaron 3,5 millones de plantas de marihuana en bosques nacionales. El número de bosques nacionales donde se erradicaron lugares de cultivo aumentó de aproximadamente 55 bosques en 2008 a 59 en 2009.[18] En julio de 2009, una cantidad de marihuana valorada en $2,5 millones fue confiscada en un sembrado de alta tecnología en las montañas cercanas a un lugar de Colorado conocido como Cheesman Reservoir, en el bosque nacional Pike. A principios de junio de 2009, unos excursionistas de una zona remota del suroeste de Idaho tropezaron con una plantación de marihuana en la que incautaron 12.545 plantas, con un valor estimado en la calle de $6,3 millones.[19] Todo esto parece ser mucho, pero es como una gota en el mar. Wayne Hanson, jefe de la unidad de marihuana de la comisaría del condado de Humboldt en California, cuando se le pidió a finales de 2009 que estimara cuál era la proporción de plantaciones de marihuana que se estaban confiscando, declaró: "Para decir verdad, debo reconocer que tenemos suerte si estamos confiscando el 1 por ciento".[20]

En muchos casos, las agencias de seguridad pública han tenido dificultades para identificar positivamente a las personas encargadas de administrar las plantaciones y sus posibles vínculos con organizaciones de narcotráfico mexicanas. El lector podría suponer que los cultivos que se encuentran en determinados estados deben ser controlados por los carteles más cercanos, pero no tiene por qué ser así. Según esta lógica, las plantaciones que se encuentran en Texas serían operadas por la gente del Cartel del Golfo, Los Zetas, o el Cartel de Juárez, y las que se encuentran en California serían operadas por la organización Arellano Félix; sin embargo, es difícil determinarlo con exactitud en este momento. Los datos de inteligencia sugieren que los carteles principales están directamente detrás de gran parte de los sembrados de marihuana que se realizan en tierras de propiedad pública. No obstante, las autoridades estadounidenses han tenido dificultades para demostrar esa conexión, en parte debido a que las personas que cultivan las plantas no tienen la menor idea de para quién están trabajando y es muy poca la información que pueden dar cuando son arrestados.[21]

La temporada más peligrosa tanto para las agencias de seguridad pública como para los cultivadores mexicanos es la cosecha que va de septiembre a octubre. Ya ha quedado atrás el trabajo fácil y discreto de regar y fertilizar las plantas y se nota más el trabajo de cortar las plantas y manipularlas para su procesamiento hasta convertirlas en marihuana que se pueda usar, pues esta labor es más intensiva en cuanto al uso de mano de obra. La ventaja para las agencias de seguridad pública involucradas en la erradicación de la marihuana nacional es que, durante esa temporada, es relativamente más fácil encontrar esas plantaciones. La desventaja es que los cultivadores mexicanos están preparados para luchar a muerte con tal de proteger sus cosechas. Según el Centro Nacional de Inteligencia sobre las Drogas, los cultivadores mexicanos "emplean a guardias armados para proteger las plantas tanto en interiores como en exteriores. Advierten a los intrusos con luces de bengala y utilizan como trampas fosos llenos de estacas afiladas, anzuelos que dejan colgando a la altura de los ojos, perros guardianes o alambres detonadores conectados a escopetas, granadas u otros explosivos".[22]

Cada vez más, los cultivadores están armados con fusiles de asalto de gran calibre, escopetas y otras armas de fuego. Durante una redada realizada en junio de 2003 en una parte del bosque nacional Shasta-Trinity, los agentes confiscaron fusiles AK-15 y fusiles de asalto SKS con clips de municiones de estilo militar con cartuchos dobles. Los agentes y funcionarios de la seguridad pública dicen que ha habido casos en que excursionistas, cazadores y otras personas que se adentran en lo profundo de los terrenos y bosques han sido obligados a huir, a punta de pistola, después de haber tropezado con parcelas de marihuana. A principios de octubre de 2003, dos cazadores de venados que se habían adentrado en lo profundo del bosque nacional Los Padres cerca de Ojai, California, reportaron que unos cultivadores de marihuana les habían disparado. En el mes anterior, la situación dio un giro fatal durante una semana mortífera en la que funcionarios de la seguridad pública dispararon y mataron a cuatro cultivadores de marihuana de nacionalidad mexicana en dos incidentes por separado en los condados de Shasta y Butte. Según los informes, los cultivadores tenían "fusiles de asalto especiales durante las redadas que hicieron las autoridades en parcelas adyacentes a tierras de bosques nacionales". Los investigadores dijeron que las parcelas estaban controladas por organizaciones de narcotráfico mexicanas.[23]

Para el mes de octubre, los cultivadores mexicanos de marihuana ya han hecho una buena cosecha y han evitado la detección por las autoridades estadounidenses. Durante la cosecha, cortan las plantas, les quitan las hojas largas y recortan con mucho cuidado las hojas que rodean a los brotes de marihuana. Luego hay que poner a secar las plantas de marihuana; el tiempo que toma esta fase del proceso varía según la potencia que los cultivadores quieren que alcancen los brotes. Las plantas pueden incluso curarse por un período de hasta dos semanas después de secarlas, pero tal vez algunos cultivadores no puedan darse el lujo de realizar este paso. Después que se han secado suficientemente los brotes, los cultivadores los cortan de sus tallos. Pueden guardarse para ser enviados a los dueños de la cosecha y también para su posterior procesamiento hasta convertirlos en marihuana empacada, lista para vender y para fumar.

LA COMPETENCIA ESTADOUNIDENSE: UNA BREVE HISTORIA Y SITUACIÓN LEGAL ACTUAL

La vida es cada vez más difícil para los carteles mexicanos que mantienen plantaciones en Estados Unidos. Ahora tienen algunos problemas cuyo origen probablemente no se esperaban: la competencia de productores de marihuana estadounidenses. El mejor lugar para empezar a examinar el extendido cultivo de marihuana por granjeros norteamericanos es la propia historia de la marihuana con fines médicos en California. Todo empezó con la aprobación de una medida legal, conocida como Propuesta

215, y también por el nombre de Ley sobre el uso de la marihuana con fines compasivos. La Propuesta 215 fue una iniciativa de los votantes, lo que significa que, al ser redactada como propuesta para la legislatura de California, el objetivo era someterla a votación del público. Resultó aprobada, con aproximadamente el 56 por ciento de los votantes a favor y el 44 por ciento en contra, y fue prmulgada en noviembre de 1996. En esencia, esta propuesta permite —solamente bajo la ley estatal— el cultivo y distribución legal de la marihuana por dispensarios registrados que la pueden vender a pacientes que traigan una receta médica. Como parte de esta medida, se supone que los médicos y pacientes involucrados también estén protegidos contra enjuiciamiento bajo la ley estatal.[24] Desafortunadamente para los pacientes, médicos y dispensarios de California —así como para los otros 12 estados que tienen leyes que aprueban el uso de marihuana con fines médicos— estas personas no tienen ninguna protección ante las leyes federales, que siempre están por encima de las leyes estatales.

En la Ley federal de sustancias controladas de 1970 se enumera la marihuana como una droga de Categoría I. Esto significa que la marihuana, según el gobierno federal, presenta un elevado potencial de abuso, no tiene ningún uso aceptado para el tratamiento médico de ninguna dolencia y carece de medidas de seguridad aceptadas para ser utilizada bajo supervisión médica. En la Categoría I se incluye la lista de estupefacientes más restrictiva y condenatoria, por lo que el hecho de que la marihuana esté incluida en esa lista es un tema sumamente controvertido. En primer lugar, la existencia o no de beneficios médicos del uso de la marihuana se ha debatido acaloradamente durante décadas entre los sobrevivientes de cáncer, quienes juran que esta droga reduce el dolor y las náuseas provocadas por la quimioterapia, y los oponentes en representación del gobierno, quienes consideran que la marihuana es una "droga de iniciación" a otras sustancias como la cocaína y la heroína. Según muchas opiniones, es extraño que alguien pueda considerar la marihuana como una droga de iniciación a otros estupefacientes más fuertes y mortíferos, pues tanto la cocaína como la heroína están incluidas en la Categoría II, que es mucho menos restrictiva. (Como aclaración, las drogas de Categoría II sí tienen usos médicos aceptados actualmente en Estados Unidos, según esa ley).[25]

Desde que se empezaron a promulgar las leyes estatales por las que se autorizaba el uso de marihuana con fines médicos, el gobierno federal durante las administraciones de los presidentes Bill Clinton y George W. Bush ha anunciado en repetidas ocasiones que las leyes federales siguen siendo primordiales en lo que se refiere al negocio de la droga y que no se tolerarán tales actividades. De hecho, ha habido numerosas redadas de la DEA a productores y dispensarios de marihuana médica en todos los estados donde las leyes estatales aprueban el uso de la marihuana con fines médicos. En 2008, el USDOJ, bajo el presidente Obama, instruyó a los fiscales federales que permitieran que los cultivadores y distribuidores de marihuana con fines médicos siguieran operando siempre que cumplieran las leyes de sus estados en particular. No obstante, la DEA ha seguido haciendo redadas en muchos estados.

En las zonas donde los cultivadores y dispensarios estadounidenses pueden operar relativamente sin trabas por las autoridades federales, de todas formas no es un negocio fácil de mantener. Las leyes estatales no son precisas en lo que se refiere a los detalles concretos de cómo cultivar en la práctica la marihuana con fines médicos, por lo que quienes están interesados en dedicarse a este negocio se ven obligados a hacerlo clandestinamente. Algunas ciudades de California están tratando de simplificar los procedimientos de concesión de permisos para su cultivo a mayor escala con objeto de prevenir los daños ambientales que caracterizan estas plantaciones. No obstante, los permisos implican un honorario anual de $211.000, y los cultivadores tendrían que aplicar medidas de protección ambiental y de seguridad, normas laborales, transparencia en las finanzas y una forma de seguir el inventario. Al parecer, el esfuerzo y la curva de aprendizaje valen la pena, pues según un análisis económico realizado para una organización no lucrativa que deseaba obtener uno de los permisos de cultivo en Oakland, una instalación de 100.000 pies cuadrados podría generar hasta $71 millones en ventas anuales.[26]

Miles de plantaciones "familiares" en Estados Unidos están poniendo en riesgo las ganancias de los carteles, en parte debido a esas modificaciones recientes de las leyes estatales que permiten el uso legal de la marihuana con fines médicos. En la actualidad, 16 estados y el Distrito de Columbia permiten que los médicos receten marihuana a pacientes para tratar muy diversas enfermedades y sus síntomas conexos o para tratar sus efectos secundarios, por ejemplo, cáncer, VIH, esclerosis múltiple y glaucoma. En algunos estados como California, los requisitos para la obtención de esas recetas son muy poco estrictos. Los críticos aseguran que la legalización de la marihuana con fines médicos ha dado lugar a una "cultura encubierta de la marihuana" en los estados que aprueban su uso. Según las estimaciones, solamente en Los Angeles hay unos 1.000 dispensarios ilegales de marihuana.[27]

Para empezar, hay varias razones que explican por qué los carteles mexicanos cultivan marihuana en tierras estadounidenses de propiedad pública. No tienen que preocuparse de traerla ilegalmente por la frontera, tienen acceso directo a los mercados de los consumidores norteamericanos y pueden competir más directamente con los cultivadores de ese país que están empezando a afectarles sus ganancias, las cuales pueden ser enormes. Una planta de marihuana puede producir entre una y dos libras de marihuana refinada. Según la calidad, que puede ser muy superior a la de la marihuana cultivada y mantenida en malas condiciones en México, el valor de esas dos libras puede alcanzar hasta $9.000 en la calle, y a veces más, si se cultiva en condiciones controladas estrictamente.[28]

Resulta irónico que, en la competencia entre la hierba mexicana y la norteamericana, los cultivadores en México están empezando a adoptar técnicas de cultivo utilizadas en Estados Unidos. Lo hacen porque así pueden obtener un producto de mayor calidad y, por lo tanto, venderlo a mayor precio. La tarifa actual que se paga por la marihuana de máxima calidad cultivada en Estados Unidos es de alrededor de $2.500 por libra, mientras que las variedades mexicanas se venden por menos de $500 la libra. Los funcionarios dicen que las nuevas tácticas de cultivo son señal de que México se está viendo obligado a competir con los cultivadores del lado norte de la frontera, especialmente en California, donde el negocio va bien gracias a la venta del producto con fines médicos. Lo típico es que los cultivadores de México cultiven su marihuana en campos al aire libre, pero ahora recurren cada vez más al uso de invernaderos en los que pueden producir plantas con un mayor contenido de THC, el ingrediente psicoactivo de la marihuana. Otra ventaja es que los nuevos invernaderos son más difíciles de detectar por los helicópteros y aviones del ejército, pues se asemejan a los campos de tomates que son comunes en Sinaloa.[29]

EL FUTURO DE LAS PLANTACIONES DE MARIHUANA

El panorama de las plantaciones de marihuana en Estados Unidos ha cambiado considerablemente en las dos últimas décadas y lo más probable es que esta situación siga así, debido a un par de factores. En primer lugar, la actitud general hacia la legalización de la marihuana se está volviendo más favorable. Si bien el país en general aún no está preparado para eso (incluso los votantes californianos rechazaron la Propuesta 19 en 2010, con la que se habría legalizado su uso con fines recreativos a nivel estatal) en los próximos años habrá un mayor número de estados que decidirán legalizar el uso de la marihuana con fines médicos según sus leyes estatales. Si eso sucede, habrá cada vez más cultivadores estadounidenses que se dediquen al lucrativo negocio de cultivar marihuana.

En segundo lugar, los carteles mexicanos de la droga están cada vez más vigilados por las agencias de seguridad pública estadounidenses y mexicanas, por lo que se les hace cada vez más atractiva la solución de cultivar su producto más lucrativo en lugares más próximos a sus mercados finales. No tienen que preocuparse de contrabandear pacas de hierba por la frontera en condiciones peligrosas, tienen un mayor control de la calidad y la cantidad de marihuana que se destina al mercado y no tienen que preocuparse tanto por la posibilidad de que los detecten las agencias de seguridad pública estadounidenses. Si las incautaciones de marihuana en la frontera siguen aumentando y se les hace cada vez más difícil traer marihuana al país mediante métodos más tradicionales, un mayor número de carteles mexicanos probablemente decidirán empezar a cultivar dentro de las fronteras estadunidenses.

Estas dos tendencias tienen una implicación preocupante: un volumen mucho mayor de marihuana se va a cultivar en tierras de propiedad pública y las agencias encargadas de impedirlo simplemente no están equipadas para lidiar con el problema. Incluso si se cuadruplicara el número de agentes estatales y del Servicio Forestal dedicados a encontrar y erradicar estas granjas, los funcionarios estatales dicen que de todos modos sería difícil realizar arrestos en las granjas de marihuana. Para poder acusar a los cultivadores, estos tienen que ser atrapados en el acto. En la mayoría de los casos, pueden escapar antes de que intervengan las agencias de seguridad pública.[30] Llegado ese punto, lo único que pueden hacer los agentes es arrancar las plantas y retirar toda la infraestructura instalada con ese fin. No obstante, como dijo una vez un veterano de la lucha antidroga de la Guardia Nacional de California, eso sería como recortar el césped en el jardín: se ve magnífico justo después de terminar pero, una semana después, ya hay que volver a cortarlo.

Desafortunadamente, todo parece indicar que el Servicio Forestal no tiene muy clara la gravedad del problema. En el sitio web del departamento, se dice que solo una pequeña fracción de las tierras del Sistema Nacional de Bosques (40.000 de sus 193 millones de acres, o el 2 por ciento) están afectadas por el cultivo ilegal de marihuana. Si se tiene en cuenta lo sumamente difícil que resulta detectarlos y que tal vez solo un ínfimo porcentaje de ellos han sido descubiertos hasta la fecha, parece poco probable que dicha estimación sea adecuada.

El Servicio Forestal de Estados Unidos recibió un presupuesto global de $5.900 millones para el año fiscal 2012 —una disminución de $226.000 en comparación con el año anterior— que algunos considerarían una suma generosa. Pero solo se designaron $144 millones para "operaciones de seguridad pública", una *disminución* de $1 millón en comparación con el presupuesto de 2011. Es inferior a la cantidad presupuestada para "recreación, patrimonio y áreas silvrestres" ($290 millones) y "planificación, evaluación y monitoreo de gestión de tierras" ($205 millones). Lo increíble es que el Servicio Forestal en 2008 destinó a la lucha contra los cultivadores de marihuana solo una ínfima parte de su presupuesto, de por sí reducido ($15.1 millones de un total de $131.9 millones).

Por fortuna, el Servicio Forestal de Estados Unidos ha desarrollado recientemente una estrategia conjunta de colaboración para hacer frente al problema del cultivo de marihuana en tierras de propiedad pública. Dicha estrategia incluye una mejor asignación de recursos, el intercambio de datos de inteligencia con otras agencias estatales, locales y federales y la rehabilitación de los sitios.[31] Sin embargo, al parecer su implementación va a ser una pelea ardua. Para empezar, necesitan un pequeño ejército de helicópteros y personal para poder encontrar los sembrados dispersos entre los millones de acres de bosques de los parques nacionales. Cuando al fin encuentren uno de esos sembrados, necesitarán desplegar otro pequeño ejército en tierra para allanar el sitio y desmantelarlo por completo. Es una medida que sirve como recurso provisional, pero de todas maneras las probabilidades de capturar a los empleados del cartel que administran las plantaciones son ínfimas. Esto significa que la gente de los carteles simplemente esperará a que las autoridades se retiren y enseguida empezarán otro sembrado. Por si fuera poco, perseguir a esos cultivadores es muy peligroso, por lo que ese "pequeño ejército" necesitaría aún más financiación para armas de fuego, equipo blindado y otras medidas de protección. Es de ilusos creer que se podrá conseguir que el Congreso destine suficientes fondos para financiar todos esos helicópteros, agentes y guardaparques, así como armas de fuego y equipo blindado.

Una solución que sería un arma de doble filo es aumentar las campañas de concienciación pública acerca de la existencia de estas plantaciones. Por una parte, los visitantes a los parques y bosques pueden ser de gran utilidad porque multiplican la cantidad de ojos que pueden detectar cultivos ilegales. De hecho, en varios estados se colocan carteles y se distribuyen volantes en las entradas de los parques para informar a los visitantes acerca de las señales que les podrían indicar que se han tropezado con un sembrado de marihuana: fuertes olores a sustancias químicas, tanques de propano, la presencia de equipos de *camping* donde no debería haberlos, montones de basura, etc. Con una llamada de denuncia realizada por un excursionista, los guardaparques pueden acudir con refuerzos de las agencias de seguridad pública a un área específica, sin tener que buscar durante horas y horas.

Por otra parte, anunciar la probabilidad de que existan sembrados controlados por los carteles mexicanos dentro de un parque o bosque nacional podría tener el efecto de desalentar la visita de muchos turistas. O, quizás, la curiosidad podría envalentonar a algunos visitantes o ponerlos en peligro si se topan con este tipo de gente. El sitio web del Servicio Forestal trata de dar una impresión de normalidad, pues dice que está utilizando todos los medios disponibles para combatir el problema y que constantemente procura mantener un entorno seguro para los visitantes. Pero también advierte: "Si usted se encuentra con un sembrado de drogas, ¡váyase inmediatamente! Nunca hable con los cultivadores ni se acerque a ellos, pues son gente muy peligrosa". ¡Y uno que pensaba que toparse con un oso hambriento sería su mayor problema durante su próximo viaje de *camping*!

Parece ser que la salud y la seguridad futuras de las tierras públicas estarán cada vez más en peligro debido a la aceptación cada vez mayor del uso y el cultivo de la marihuana con fines médicos y a los beneficios económicos que obtienen los carteles mexicanos al cultivarla en territorio estadounidense. Las únicas formas de mitigar este problema consisten en reducir significativamente la demanda de la droga (lo que es poco probable), legalizar la marihuana en todo el país y designar áreas de cultivo fuera de las tierras de propiedad pública, donde la afectación al medio ambiente sería mínima (casi igual de improbable), o dedicar muchísimo más dinero, equipos y personal para lidiar con el problema desde la perspectiva de la seguridad pública. La tercera opción es la más práctica, pero todas las agencias del gobierno piden dinero a gritos en una economía muy tensa.

Es poco probable que las agencias federales, estatales y locales que se dedican a la erradicación de la marihuana en el país adquieran suficientes recursos adicionales en los próximos años como para contribuir significativamente a resolver el problema. Mientras no haya algún cambio a este respecto, todo aquel que esté pensando en su próxima aventura como excursionista deberá tener en cuenta que es tan importante reconocer una hoja de marihuana como reconocer una de hiedra venenosa.

CAPÍTULO 10

RESTABLECER LA FE Y RESCATAR A MÉXICO DE LAS MANOS DE LOS NARCOS

Uno de los obstáculos principales con que tropiezan tanto el gobierno mexicano como el estadounidense para poder hacer frente eficazmente a los carteles mexicanos es que se mantienen aferrados a conceptos tradicionales sobre cómo clasificar dicha amenaza. En la actualidad, los enemigos suelen caer en una de las tres categorías siguientes: terroristas, insurgentes o delincuentes. Los gobiernos y los ejércitos poseen estrategias y tácticas para enfrentar a cada tipo de enemigo en distintas circunstancias. Pero, ¿qué pasa si el enemigo muestra características de los tres grupos y se le aplica una sola de esas etiquetas (que suele ser incorrecta)? Que, por lo general, la estrategia termina por fracasar.

Los hechos de violencia cometidos por los carteles y sus grupos de ejecutores a ambos lados de la frontera se consideran actos delictivos. Sin embargo, en muchos casos se trata de actos similares a los que cometen las organizaciones terroristas como al-Qa'ida, las FARC y el IRA, y sus intenciones también son similares. Las decapitaciones y desmembramientos, que son típicos para algunas de estas organizaciones, se han convertido en la norma para los ejecutores de los carteles cuando quieren enviar un claro mensaje a sus rivales o al gobierno.

En 2008, los especialistas estadounidenses en contraterrorismo reportaron que el Cartel del Golfo —con su condición debilitada en ese momento— era incapaz de enfrentarse directamente con el ejército mexicano. Por esta razón, los líderes del cartel decidieron que tendrían ventaja si usaban tácticas de insurgencia contra el ejército, y estaban en lo cierto. Ya desde hacía mucho tiempo otros carteles mexicanos usaban métodos del estilo de tácticas de insurgencia contra el ejército y las agencias de seguridad pública mexicanas —con inclusión de emboscadas y ataques sorpresivos contra convoyes, puntos de control en las carreteras e instalaciones policiales y militares. En 2008, el ejército mexicano y las fuerzas policiales federales utilizaron tácticas de contrainsurgencia contra los carteles, y en muchos casos las preferían antes que los procedimientos estándar de las agencias de seguridad pública.[1]

La etiqueta de "crimen organizado tradicional" ya no se puede aplicar a los carteles mexicanos. Hay dos modelos más o menos reconocidos sobre cómo funcionan los grupos del crimen organizado: el modelo norteamericano y el colombiano. En Estados Unidos, la mafia italiana y otros grupos, como la mafia rusa, operan bajo un código de conducta más o menos "civilizado". Con el paso de los años, este código ha evolucionado y se ha vuelto más conservador con el objetivo de pasar inadvertidos. El crimen organizado sigue prosperando en ciertas zonas del país, y la mafia se mantiene activa en el chantaje, la prostitución, el juego y la extorsión. También siguen eliminando en forma violenta a sus rivales y traidores, pero lo hacen discretamente. Lo que es más importante, procuran por todos los medios no tocar a los familiares de sus víctimas.

Desafortunadamente, cada vez da más la impresión de que los carteles mexicanos han seguido el camino del crimen organizado colombiano: un modelo en el que se combina la actividad delictiva tradicional con la insurgencia contra el gobierno, el ejército y las agencias de seguridad pública. Los carteles no siguen las normas "civilizadas" de la mafia italiana; no tienen problemas para secuestrar, torturar y matar a los familiares de sus rivales y a personas que de un modo u otro les hayan hecho algo malo. Además, son extremadamente explícitos cuando se trata de enviar mensajes al matar a policías, funcionarios del gobierno o soldados, pues a menudo dejan notas firmadas junto a los cadáveres. A cada rato los narcos cuelgan banderolas en vías concurridas en cualquier lugar del país, con mensajes en los que se adjudican la responsabilidad de determinados asesinatos, o en los que afirman lo contrario, o para advertir al público que el gobierno no los puede proteger de los carteles. Las mafias de los Estados Unidos nunca han procedido de esa manera.

Entonces, si los grupos del crimen organizado de México realizan claramente actividades que se pueden comparar con el terrorismo, la insurgencia y el crimen organizado no tradicional, ¿por qué los gobiernos de ambos lados de la frontera insisten en clasificarlos y tratarlos como si fueran grupos tradicionales de crimen organizado? Esto impone limitaciones sustanciales a cualquier estrategia. Las autoridades estadounidenses nunca mandarían a miles de soldados a Nueva York para solucionar el problema de la mafia, y tampoco mandarían jamás a Pakistán a un puñado de agentes del Departamento de Policía de Los Angeles para que se enfrentaran a al-Qa'ida. La situación en México ha llegado a un punto en el que ya no se puede considerar que ha sido causada simplemente por el crimen organizado. En la actualidad, los carteles son organizaciones híbridas que tienen que considerarse como tales si el gobierno mexicano desea realmente hacer mella en sus operaciones. Por su parte, el gobierno estadounidense también debe hacer esta distinción, si es que en algún momento va a proveer a las agencias de seguridad pública federales, estatales y locales los recursos adecuados para hacer frente a las situaciones de violencia derivadas de las actividades de los carteles.

Se hace necesario un cambio diametral de filosofía, pues las autoridades mexicanas ya llevan algún tiempo aplicando tácticas de contrainsurgencia para hacer frente a los carteles. El término más adecuado que se ha utilizado en años recientes para describir a los carteles mexicanos es el de "insurgencia criminal". Es una descripción que no soslaya el carácter delictivo del conflicto pero, al mismo tiempo añade una dimensión nueva y necesaria para que el gobierno apoye la asignación de recursos extra y tenga un mayor sentido de urgencia en la búsqueda de soluciones al problema.

El gobierno mexicano ha empezado a darse cuenta de las ventajas de tratar a los narcos más bien como terroristas que como simples delincuentes. En diciembre de 2010, la Cámara de Diputados de México (equivalente a la Cámara de Representantes de Estados Unidos) aprobó una enmienda legal según la cual los carteles de la droga se pueden considerar organizaciones terroristas. Gracias a esta modificación, los jueces pueden imponer sentencias que oscilan entre diez y 50 años de prisión a quienes "intimiden a la sociedad mediante la diseminación de actividades que siembran el miedo". Entre algunos de los ejemplos en que se aplicaría la nueva ley se incluyen el ataque con granadas ocurrido en septiembre de 2008 en Morelia, el uso de coches bombas en Ciudad Juárez y el ataque ocurrido en agosto de 2011 contra el Casino Royale en Monterrey. Dado que solamente el 2 por ciento de los delitos relacionados con las drogas se llegan a investigar satisfactoriamente, con el correspondiente procedimiento judicial y la ulterior sentencia, los diputados no hacen ninguna declaración sobre la eficacia que esta ley tendrá supuestamente.[2] No obstante, es un paso en la dirección adecuada.

A continuación se presentan algunas formas de empezar a cambiar la perspectiva que aplica el gobierno estadounidense (y, evidentemente, también el gobierno mexicano) al ver a los carteles como organizaciones:

- El Departamento de Seguridad Nacional puede realizar conferencias o mesas redondas con importantes académicos y analistas que siguen la guerra contra la droga para analizar el verdadero significado e impacto del cambio de dichas etiquetas.
- El gobierno estadounidense puede comunicar claramente a todas las agencias federales, estatales y locales involucradas en la seguridad de la frontera (por ejemplo, la Patrulla Fronteriza, la CBP, la comisaría de El Paso) lo que significa la nueva etiqueta y lo que este cambio implica en cuanto a la forma de realizar sus labores correspondientes.
- El DHS puede explorar nuevas fuentes de financiación que se pondrían a disposición de sus agencias, así como de agencias estatales y locales, después de que los carteles han sido reclasificados como un nuevo tipo de organización híbrida.
- Los gobiernos de ambos lados de la frontera pueden desarrollar estrategias nuevas y más eficaces para hacer frente a los carteles como un tipo de insurgencia, en lugar de verlos simplemente como grupos criminales.

En estos momentos, es necesario pensar y trabajar sin imponerse limitaciones. Cuando resulta evidente que una estrategia no está consiguiendo ningún avance significativo, es hora de explorar otras opciones menos ortodoxas.

DESTRUIR DESDE DENTRO LA DOMINACIÓN DE LOS CARTELES

En el análisis que se hace en este libro sobre la historia de la corrupción en América Latina en general, y en México en particular, se ofrece una perspectiva adecuada de por qué resulta tan difícil la reducción efectiva de la corrupción en México (nótese que no hablamos de "eliminación", que no es más que un sueño). Pero eso no quiere decir que el presidente Calderón no está intentando cambiar la situación: de hecho, ha obtenido algunos logros. En junio de 2007, Calderón sustituyó a los jefes de la policía federal de cada uno de los 31 estados del país y del Distrito Federal, hasta que se les realizaran pruebas de detector de mentiras y de drogas para determinar si efectivamente estaban del lado de la ley. En enero de 2008, los agentes federales arrestaron a 11 policías locales y estatales por acusaciones relacionadas con las drogas, y los efectivos del ejército han confiscado armas a unos 300 policías mexicanos a lo largo de la frontera con Texas, que estaban siendo investigados por corrupción. En octubre de 2008, cinco importantes funcionarios del grupo de tareas federal sobre el crimen organizado fueron arrestados por aceptar sobornos después de ser identificados por un informante que trabajaba simultáneamente para la embajada estadounidense en Ciudad México y para la Federación de Sinaloa. A finales de mayo de 2009, las fuerzas federales irrumpieron en el estado de Michoacán, plagado por la corrupción, y se llevaron a diez alcaldes y a otros 17 funcionarios gubernamentales por acusaciones de corrupción relacionada con los narcos. Tres semanas antes, fueron arrestados por acusaciones similares tres agentes policiales del estado de Morelos; asimismo, un jefe de policía y el antiguo jefe de seguridad del estado fueron detenidos para someterlos a interrogatorio.

Estos relatos no son más que una gota en el mar en comparación con todo el catálogo de purgas que ha iniciado Calderón en el gobierno y en las agencias de seguridad pública. No obstante, por nobles que sean sus objetivos, el proceso parece inútil, si se tiene en cuenta que es muy poco lo que ha cambiado en las operaciones cotidianas contra los carteles. Las agencias de policía locales siguen siendo muy poco confiables e incluso el ejército ha recibido fuertes críticas por abusos de los derechos humanos. Algunas de las operaciones más recientes para arrestar a líderes de carteles de gran notoriedad han sido realizadas por agencias federales reestructuradas y por comandos de las fuerzas navales. Quizás Calderón ha tenido cierto éxito en la limpieza de sus agencias federales, pero se está quedando sin opciones en lo que respecta al uso del ejército. A pesar de la batalla extremadamente desigual por eliminar de raíz la corrupción en México, Calderón no puede darse el lujo de cejar en sus esfuerzos en estos momentos. Debe mantener el rumbo y seguir enviando el mensaje de que no se tolerará la corrupción entre los empleados del gobierno.

Sin embargo, no basta con hacer una limpieza para eliminar a los policías y políticos corruptos. Es necesario reformar el sistema de justicia y hacerlo más transparente para que los policías y políticos arrestados por colusión con los delincuentes lleguen a ser debidamente procesados, condenados y enviados a prisión con carácter definitivo. No sirve de nada encarcelar a una figura importante del gobierno o de un cartel, cuando tanto el propio delincuente como el público saben que no pasará mucho tiempo en prisión y, en todo caso, podrá vivir allí como un rey.

A pesar de los recientes intentos de reforma, el sistema jurídico de México sigue siendo poco satisfactorio y requiere la introducción de importantes modificaciones en un número considerable de leyes federales (por ejemplo, cómo se realizan los juicios y qué normas se aplican a las evidencias) para poder producir avances reales. No es que sea imposible hacer esas modificaciones de las leyes y del sistema judicial, pero sí requerirán mucho tiempo y voluntad política. Imaginemos por un momento el impacto que podrían tener esos cambios en los mexicanos, cuando estos tengan la capacidad de acceder a los detalles del juicio de un acusado de narcotráfico, un guardia de prisión sospechoso, o un alcalde o agente policial corrupto. Podrían rediseñarse los sistemas carcelarios para compartimentar el acceso a determinadas áreas. De ese modo, ningún guardia podrá tener acceso a todo y se podrá reducir el número de fugas de prisión. Además, es necesario hacer que las cárceles mexicanas se conviertan en lugares donde los narcos la pasen muy mal.

No obstante, no están dando buen resultado ni siquiera las reformas que ya se están implementando. Durante un diálogo sobre seguridad nacional celebrado en agosto de 2010 entre el presidente Calderón y líderes empresariales, organizaciones no gubernamentales (ONG), el clero, líderes de los partidos políticos, el poder judicial y los gobernadores, Calderón preguntó por qué el estado de Chihuahua presenta los niveles de violencia más elevados cuando es, hasta la fecha, la entidad que ha implementado más íntegramente las reformas judiciales. El presidente preguntó además por qué se ha condenado a tan pocos delincuentes en comparación con los grandes números de personas detenidas.

En respuesta, el magistrado Ortiz, presidente del Tribunal Supremo, señaló que la policía "aún no ha recibido todo el entrenamiento requerido en los procedimientos necesarios para hacer una verdadera labor investigativa en procedimientos jurídicos en los que se aplican las normas adecuadas sobre las evidencias". Añadió que los fiscales todavía tienen muy poca experiencia con el nuevo sistema de justicia.

Arturo Chávez, Fiscal General de la República en 2010, dijo que el nuevo sistema de justicia penal "adolece de defectos en estados donde se ha empezado la implementación y que el público ha dejado de apoyar las reformas, pues considera que estas no han logrado contrarrestar la violencia y la ilegalidad cada vez mayores". El Fiscal General reconoció además que la Ley sobre Confiscaciones, piedra angular de la reforma del derecho penal, concebida para incautar los bienes de los narcotraficantes convictos, ha tropezado con dificultades y será necesario volver a redactarla. El presidente del Tribunal Supremo reconoció que la Ley sobre Confiscaciones casi nunca se aplica.[3]

La reforma será definitivamente un proceso de avances paulatinos debido al deterioro presente en todo el sistema en relación con la eficiencia y la transparencia. No obstante, mientras México tenga un presidente y un número suficiente de funcionarios importantes que quieran hacer cambios y, lo que es más importante, asegurarse de que esos cambios echen raíz y empiecen a dar resultado, habrá realmente esperanzas en cuanto a la reforma del sistema de justicia.

SEGUIR EL DINERO

El presidente Calderón dejó bien claro cuando asumió su cargo en diciembre de 2006 que entre sus prioridades principales estaban las de hacer frente a los carteles y reducir los niveles de violencia en todo el país. Ha aplicado nuevas estrategias, como la de enviar al ejército a los puntos de mayor acción de los narcos, y ha hecho purgas en las agencias del gobierno y en los departamentos de policía para sacar de ellos a los políticos y agentes corruptos. Pero aún queda un aspecto de la persecución de los grupos criminales organizados que el gobierno mexicano todavía no ha explorado por completo y en el que ni siquiera ha hecho esfuerzos modestos por mejorar sus resultados: seguir el dinero de la droga.

Aquí viene a colación una de las facetas de la época de la Ley Seca en Estados Unidos: la manera en que al final se logró vencer a Al Capone y a su organización mafiosa. Como Al Capone hizo la mayor parte de su fortuna con el contrabando de bebidas alcohólicas, la prostitución y el juego, muchos creen que al final fue detenido por alguno de esos delitos. En realidad, Al Capone fue arrestado, procesado, hallado culpable y encarcelado por evasión de impuestos. El investigador del servicio de rentas internas encargado de su caso tuvo que trabajar mucho, y tener muchísima suerte, para que su investigación fuera coronada por el éxito. Al final, uno de los gángsteres más grandes de la historia de Estados Unidos no fue atrapado por el tráfico de bebidas alcohólicas, ni por la prostitución ni las apuestas ilegales a los caballos, sino que fue atrapado y procesado porque el gobierno decidió seguirle la pista al dinero. De forma más o menos similar, cuando el gobierno de Estados Unidos lucha contra organizaciones terroristas extranjeras como al-Qa'ida o Hezbolá, no se limita a tratar de encontrar a sus operativos o sus armas, sino que sigue el dinero utilizado para financiar sus operaciones.

Así pues, ¿por qué el gobierno mexicano no se concentra en seguirle la pista a las ganancias de las organizaciones de narcotráfico? Parte del motivo es que las leyes mexicanas sobre el lavado de dinero son poco estrictas. Aunque abarcan muchos aspectos, no están a la altura de las normas internacionales, por lo que deben ser fortalecidas para mejorar su aplicación. Lo que es aun más preocupante, los delitos de lavado de dinero no se investigan adecuadamente. Las autoridades mexicanas solamente han conseguido 25 condenas por lavado de dinero desde que esta actividad fue tipificada como delito en 1989. De 2004 a 2007, los fiscales presentaron cargos formalmente en 149 casos, pero solo dos de estos estaban relacionados con investigaciones de la unidad de inteligencia financiera de México, la agencia gubernamental encargada de luchar contra esta forma particular de corrupción.[4] México ha registrado algunos avances en cuanto al desarrollo de su sistema para combatir el lavado de dinero, pero aún le queda un largo trecho por recorrer.

Otra parte del problema es el hecho de que la economía de México depende grandemente del lavado del dinero de la droga, que se revierte hacia el sistema en ese proceso, así como del dinero gastado por los cabecillas más poderosos y los miembros de su séquito. La economía mexicana recibe entre $35.000 millones y $40.000 millones cada año por concepto de ingresos relacionados con la droga, según algunos cálculos. No obstante, esto no representa todas las ganancias de los carteles, pues se quedan con una parte del dinero para invertirlo en otras cosas, además de que las ganancias de la droga deben mantenerse en forma líquida e imposible de detectar para poder ser utilizadas. Aunque está claro que una parte del dinero de la droga termina fuera de México, los contrabandistas pueden influir en el proceder del gobierno mexicano si invierten parte de ese dinero en su propio país. Por estas razones, el cierre completo del negocio de la droga tendría ramificaciones negativas para el gobierno y la economía de México.[5]

Esto no quiere decir que el gobierno mexicano no esté tratando de detener el lavado de dinero, al menos en forma suficiente como para reducir los niveles de violencia. Según un estudio realizado en enero de 2012 por la firma *Global Financial Integrity*, México ha perdido $872.000 millones en los últimos 40 años debido al lavado de dinero, la evasión de impuestos y otras formas de corrupción,[6] por lo que el gobierno comprende la necesidad de reducir drásticamente el torrente de dinero que sale del país. Pero el mensaje que se ha transmitido una y otra vez es que las agencias del gobierno no poseen el personal ni los recursos financieros suficientes como para investigar adecuadamente el lavado de dinero ni otros delitos conexos. Además, no es tarea fácil cambiar las leyes existentes o introducir nuevas leyes (incluso sobre un tema tan importante como este). Toma mucho tiempo y muchas negociaciones lograr que alguna legislación sea aprobada por el Congreso de México. Al final, el obstáculo principal para cualquier cambio de legislación será el conflicto de intereses en lo que respecta al fortalecimiento de las leyes contra el lavado de dinero.[7]

El presidente Calderón ha empezado a dar algunos pasos tímidos para reducir el lavado de dinero. En junio de 2010, anunció algunas de las restricciones más severas en la historia de México sobre las transacciones en efectivo efectuadas en dólares estadounidenses. Ahora los turistas y los mexicanos que no tengan cuentas bancarias no podrán cambiar sumas superiores a los $1.500 al mes. Según la agencia AP, "el objetivo de la medida es contribuir a reducir la avalancha de casi $10.000 millones en flujos de efectivo sospechosos que se piensa que estén vinculados con el narcotráfico".[8]

La mayor responsabilidad de fortalecer estos esfuerzos recae sobre el gobierno mexicano, pero eso no significa que Estados Unidos no pueda ayudar. El gobierno estadounidense se ha valido de la Ley de Designación de Cabecillas Extranjeros del Narcotráfico (conocida como Ley *Kingpin*) para interrumpir el suministro de dinero a decenas de miembros de carteles y negocios de propiedad de los carteles. El gobierno mexicano podría elaborar nuevas legislaciones basándose en el modelo de la Ley *Kingpin*. También podría colaborar más estrechamente con la Oficina Estadounidense de Control de Activos Extranjeros —la agencia que controla a las entidades incluidas en la lista de la Ley *Kingpin*— para desarrollar por sí mismo un programa más fuerte contra el lavado de dinero.

Parece que los bancos estadounidenses necesitan ponerse las pilas en lo que se refiere a la detección de transacciones financieras sospechosas con un posible vínculo con el narcotráfico. En abril de 2006, tras registrar un avión DC-9 en el aeropuerto de Ciudad del Carmen, situada a 500 millas al este de Ciudad México, efectivos del ejército encontraron 5,7 toneladas de cocaína. Descubrieron que el avión había sido comprado con dinero de la droga que había sido lavado a través de los bancos Wachovia y Bank of America. Diríase que Wachovia estaba habituada a mover dinero para los contrabandistas de drogas mexicanos, y el banco Wells Fargo, que adquirió a Wachovia en 2008, reconoció ante los tribunales que su unidad incumplió su deber "de monitorear y reportar casos de sospecha de lavado de dinero por traficantes de narcóticos, incluido el dinero en efectivo utilizado para comprar cuatro aviones con los que se enviaron en total 22 toneladas de cocaína". Wachovia reconoció que no había hecho lo suficiente para detectar fondos ilícitos al procesar $378.400 millones en nombre de casas de cambio mexicanas en el período comprendido entre 2004 y 2007.[9]

Wachovia no ha sido el único banco que ha procedido con desconocimiento y complicidad. American Express Bank International, una entidad bancaria radicada en Miami, tuvo que pagar multas en 1994 y 2007 tras reconocer que no había identificado y reportado a los vendedores de drogas que lavaban dinero a través de sus cuentas. Según acusaciones presentadas ante los tribunales en México, los narcotraficantes utilizaron cuentas en sucursales de Bank of America en Oklahoma City para comprar tres aviones en los que se transportaron diez toneladas de cocaína. Los agentes federales han atrapado a personas que trabajan para los carteles mexicanos depositando fondos ilícitos en cuentas del Bank of America en Atlanta, Chicago y Brownsville, Texas, de 2002 a 2009. A la postre, Wachovia fue acusada de infringir disposiciones de la Ley de Secreto Bancario al no disponer de un programa eficaz contra el lavado de dinero. En un tribunal federal de Miami, el banco Wells Fargo prometió examinar minuciosamente su programa y modernizar su sistema para la identificación de transacciones sospechosas. Wells Fargo, que es el nuevo propietario de Wachovia, pagó $160 millones en multas y sanciones administrativas y suscribió un acuerdo con el gobierno estadounidense para que, si cumplía su promesa, todas las acusaciones contra el banco fueran retiradas en marzo de 2011.[10]

Parte de la culpa de estos increíbles descuidos se debe achacar a las leyes estadounidenses vigentes que regulan el sistema bancario. La Ley de Secreto Bancario, de 1970, exige que todos los bancos reporten a los reguladores todas las transacciones de más de $10.000 y que le informen al gobierno sobre otras supuestas actividades de lavado de dinero. Sin embargo, jamás ninguno de los grandes bancos estadounidenses ha sido acusado formalmente de infringir la Ley de Secreto Bancario ni ninguna otra ley Federal. En lugar de ello, el Departamento de Justicia zanja las acusaciones delictivas mediante el uso de acuerdos de procesamiento diferidos, según los cuales el banco paga una multa y se compromete a no volver a infringir la ley. Es necesario que se revoquen estas formas de eludir la justicia y que se sometan a un escrutinio mucho mayor las transacciones en efectivo que tengan posibles vínculos con el narcotráfico, aplicándoles penalidades muchas más estrictas.

SALVAR A LA JUVENTUD DEL MAÑANA

La creación de un mundo de oportunidades para los jóvenes dentro de México podría ser el mayor desafío de todos para el presidente Calderón y su promesa de derrotar a los narcos. Por si no fuera suficientemente difícil introducir los cambios necesarios en las estructuras y organizaciones del gobierno ya existentes, Calderón tiene que buscar una forma de obtener algo de la nada: crear empleos y oportunidades de educación para los jóvenes de las ciudades y de las innumerables zonas rurales pobres de México, donde actualmente no existen dichos empleos y oportunidades.

Pero, ante todo, el pueblo mexicano tiene que luchar por sus niños. No pueden resignarse a que a les espere un destino de violencia que parece ineludible. En este mismo momento, en lugares como Tijuana y Ciudad Juárez, hay niños pequeños que se dedican a inventar juegos de secuestro y a crear pandillas en los patios de juego en las escuelas primarias. En lugar de admirar a policías y bomberos, idolatran a los capos de la droga y sueñan con las riquezas que podrían obtener si se dedicaran al narcotráfico cuando sean adultos. Según trabajadores sociales de México, gran parte de la culpa la tienen los padres que se ausentan de casa porque tienen que trabajar largas horas en los campos y fábricas. Los niños tienen escaso acceso a buenas escuelas y ven, en el ejemplo de sus padres, que las largas horas de trabajo intenso ofrecen escasa recompensa en comparación con el estilo de vida de los narcos, de poco trabajo y mucha riqueza.[11]

En parte, lo que hay que superar es el aspecto cultural de la influencia de los narcos. Es necesario que los padres inculquen a sus hijos la inaceptabilidad del estilo de vida de los narcos, como mismo procuramos enseñar a los niños que no es una buena elección dedicarse a ser gángster. Si para un niño criado en un hogar problemático rodeado de vendedores de drogas en una ciudad estadounidense resulta extremadamente difícil escapar de ese tipo de vida y llegar a ser un miembro valioso de la sociedad, este es el mismo tipo de batalla cuesta arriba que hay que echar por el bien de los niños mexicanos. Puede lograrse, pero no sin una importante reestructuración de la sociedad para la que el pueblo mexicano tal vez aún no está preparado.

Por su parte, el gobierno mexicano tiene que ayudar a proporcionar oportunidades de educación a los niños y programas sociales que vayan más allá del horario escolar. Pueden buscar la ayuda de las ONG, dentro del propio México y de Estados Unidos, Canadá y otros países del hemisferio, para poner pequeñas escuelas en áreas rurales donde los hijos de los cultivadores de amapolas puedan empezar a recibir mensajes más positivos sobre su futuro. Además, los niños necesitan un lugar adonde ir y cosas constructivas que hacer una vez que termina su día escolar. Esta es otra esfera en la que pueden ayudar las ONG y los grupos caritativos. Muchos programas de actividades extraescolares en Estados Unidos han resultado sumamente beneficiosos para muchos niños norteamericanos que presentan un alto riesgo de terminar siendo miembros de pandillas o de usar drogas. Los ninis mexicanos necesitan encontrar formas positivas de encauzar su energía y su tiempo, sea a través de los deportes, la música y las artes, o el trabajo voluntario. Además, sus padres deben alentarlos con decisivas expresiones de apoyo.

Una vez que terminen sus años de enseñanza formal, los jóvenes de México necesitan opciones de empleo que no sean las del narcotráfico. Es obvio que el gobierno mexicano y el sector privado tienen problemas para ofrecer a sus ciudadanos empleos suficientemente remunerados. De lo contrario, no habría todos los años millones de mexicanos que tratan de entrar ilegalmente en Estados Unidos, en busca de empleos mejor remunerados. Muchos jóvenes mexicanos nunca irán a la universidad, por lo que es necesario concentrarse en la capacitación laboral y en la creación de empleos para trabajadores menos capacitados. A los medios de prensa mexicanos y norteamericanos les encanta hablar de la cantidad de nuevas fábricas y plantas que están abriendo en México los fabricantes de automóviles y otros gigantes industriales de Estados Unidos, como señal de desafío ante la violencia de los carteles y el declive de la economía. Sin embargo, una planta para fabricar automóviles que da empleo a 700 trabajadores mexicanos capacitados no sirve de nada para un adolescente mexicano de 16 años que no tiene ninguna esperanza de recibir más educación ni capacitación laboral, que es lo que le permitiría tener acceso a un empleo que valga la pena.

Quizás parte del problema consista en que nadie quiere hablar de la falta de perspectivas para la juventud mexicana. En octubre de 2010, Juan Martín Pérez, jefe de la ONG mexicana Red por los Derechos de la Infancia, declaró lo siguiente a la agencia Reuters: "Lo peor es que no hay ninguna respuesta oficial para tratar de impedir que los niños mueran o que sean utilizados en el crimen organizado. Prácticamente nadie habla de esto". Es probable que el silencio se deba a que el gobierno mexicano no quiere reconocer que no puede competir con los carteles. Los jóvenes que carecen de capacitación laboral en Ciudad Juárez pueden ganar $700 al mes si trabajan como aprendices de sicarios de la droga, o sea, el triple de lo que ganarían si trabajaran en una maquiladora para producir microondas o piezas de automóvil para el mercado estadounidense.[12]

Al igual que sus intentos de arreglar el sistema de justicia, los intentos del gobierno mexicano por mejorar el sistema de educación no están realmente surtiendo efecto. Es cierto que Vicente Fox, el antecesor de Calderón, inició un programa aclamado internacionalmente para entregar dinero en efectivo a las familias a cambio de que se aseguraran de que sus hijos fueran a la escuela. El programa, denominado "Oportunidades", beneficia a 5,8 millones de familias en todo México y ha sido reforzado en Ciudad Juárez para ayudar a 26.000 familias, en comparación con las 12.000 que ayudaba a finales de 2009. Según los datos más recientes de la CIA, México invierte en la educación el 5,5 por ciento de su producto interno bruto, o sea, apenas un poco menos que Gran Bretaña y Francia. Aunque no se pueda decir que los mexicanos son grandes lectores, el país tiene una tasa de alfabetización del 86 por ciento. Como promedio, los mexicanos reciben enseñanza escolar durante 13 años, lo que se aviene perfectamente a los lineamientos de las Naciones Unidas para el progreso de los países en desarrollo. Según Catherine Bremer, Calderón "visitó Ciudad Juárez dos veces en este año y se comprometió a aumentar la inversión en escuelas, servicios sociales, guarderías infantiles y campos de fútbol para la ciudad, que carece casi por completo de espacios verdes o parques. Pero no ofreció ningún detalle sobre cómo lo financiaría. El gobierno dice que, desde febrero [de 2010] ha concedido miles de subvenciones educacionales a Ciudad Juárez, ha renovado unas 50 escuelas y ha abierto centros de rehabilitación... [Pero] los trabajadores de organizaciones no lucrativas que pasan las tardes jugando fútbol y saltando la cuerda con los niños pobres en patios polvorientos [dicen que] no han visto ninguna evidencia de que se esté gastando ningún dinero en estos fines".[13]

Un minúsculo rayo de luz que se reportó ampliamente a principios de diciembre de 2010 fue la creación en Ciudad Juárez de una orquesta juvenil por una ex adicta a la heroína. Tras recuperarse de la adicción a las drogas a los 35 años de edad, Alma Rosa González sé inspiró en la famosa red de orquestas de Venezuela conocidas como "El Sistema", que busca rescatar los jóvenes pobres a través de la música. Alma Rosa se dio cuenta de que en la ciudad había muchos recursos musicales, principalmente los músicos que vienen a Ciudad Juárez de todas partes de México e incluso de lugares tan distantes como Europa Oriental. Hasta la fecha, el programa "ha ayudado a más de 400 niños en la ciudad, a pesar de amenazas y robos y de los estudiantes que abandonan el programa cuando les han secuestrado a sus padres. Pero los padres de los niños que participan en el programa no se dejan amedrentar, pues saben que esta podría ser la única oportunidad que tendrán sus hijos de escapar de la violencia de la droga que acecha literalmente al doblar de la esquina". Algunos de los niños han llegado incluso a estudiar música en Ciudad México. Si bien González reconoce que "no todos los niños que participan en el programa llegarán a ser virtuosos", siente que esta es una de las mejores opciones que tienen a su disposición, dadas las actuales circunstancias reinantes en la ciudad. Aunque Alma Rosa se las arregló durante años exclusivamente con las contribuciones caritativas, ahora recibe ayuda del gobierno federal para financiar su programa de orquestas, que opera en diversas escuelas y centros comunitarios.[14]

México está en crisis, no solo porque el presente esté plagado de la violencia propugnada por la droga, sino porque su futuro ya se le está escapando de las manos. Hay decenas de soluciones potenciales para ayudar a reducir la violencia relacionada con las drogas en México, pero esas soluciones no son más que palabras sobre el papel si ninguna autoridad hace nada para llevarlas a la práctica. Calderón y su administración —así como cualquier otra persona que quiera postularse a la presidencia en 2012— deben examinar seriamente la posibilidad de hacer algunos cambios difíciles. El pueblo mexicano también necesita sacar fuerzas de flaqueza para afrontar la lucha que tiene por delante. No solamente para que el gobierno y el pueblo puedan salvar a su México de los narcos, sino incluso para impedir que estos se apoderen de su recurso más valioso: su infancia.

■CAPITULO 11■

CÓMO MEJORAR LA SEGURIDAD EN LA FRONTERA Y MÁS ALLÁ

Y a debe haber quedado claro que la guerra contra la droga y todos los males asociados con esta no se limitan únicamente a la frontera del suroeste. También resulta evidente que este problema multifacético tiene relación no solo con las drogas ilícitas, sino con las armas, el dinero y la invasión de los terrenos de propiedad pública en Estados Unidos. En cualquier estrategia que se conciba para impedir que la guerra mexicana contra la droga se apodere por completo de los propios Estados Unidos, hay que tomar en cuenta todas estas cuestiones en forma amplia. Pero antes que el DHS, el USDOJ o la Casa Blanca puedan abordar los problemas relacionados con la seguridad en la frontera y más allá, es necesario comprender dichos problemas. Allí es donde empiezan las dificultades.

EL DEBATE SOBRE EL DESBORDAMIENTO DE LA VIOLENCIA DE LA FRONTERA

A pesar de todas las pruebas en contra que se han presentado en estas páginas, hay muchísima gente en el gobierno y las agencias de seguridad pública estadounidenses que considera que la guerra contra la droga no representa un gran problema para Estados Unidos. Se amparan para esto en las bajas estadísticas de criminalidad en las ciudades fronterizas norteamericanas y en el hecho de que no hay tiroteos a plena luz del día, como sucede en Ciudad Juárez. El DHS ha publicado varias evaluaciones en las que, en esencia, se dice que no hay pruebas que indiquen que la violencia de la frontera se esté desbordando. La otra cara de la moneda son algunos políticos, como Jan Brewer, gobernadora de Arizona, y el gobernador de Texas, Rick Perry, los alguaciles como Paul Babeu del condado de Pinal, en Arizona, y cientos de rancheros en áreas rurales que aseguran que las fronteras estadounidenses están siendo invadidas por delincuentes violentos que nadie puede detener.

Una de las razones fundamentales de esta discrepancia es el hecho de que no existe una definición consensuada del concepto de "desbordamiento de la violencia". En un informe presentado al Congreso en 2009 por un agente especial de la DEA, este concepto se definió de la forma siguiente: "El desbordamiento de la violencia conlleva ataques deliberados y planificados por los carteles contra objetivos estadounidenses, por ejemplo, funcionarios civiles, militares o de seguridad pública, ciudadanos estadounidenses inocentes o instituciones físicas, como los edificios del gobierno, consulados o negocios. Esta definición no incluye la violencia entre un traficante y otro, sea en México o Estados Unidos".[1]

El problema es que esta definición no ha sido adoptada oficialmente por nadie. Así pues, cuando dos agencias similares o dos funcionarios homólogos empiezan a hablar del desbordamiento de la violencia, sea en informes oficiales o en reportajes mediáticos, es como comparar manzanas con naranjas. Un problema aun mayor es el hecho de que la violencia relacionada con la droga en México suelen consistir fundamentalmente en ataques de delincuentes contra delincuentes, aunque esta situación está cambiando. Lo lógico sería que el desbordamiento de la violencia proveniente de México mantuviera esta característica. No obstante, el DHS ha afirmado explícitamente que su definición no tiene en cuenta la violencia entre delincuentes cuando se examinan los posibles incidentes de desbordamiento.

Si se analizan estrictamente las estadísticas de delitos, no parece haber ningún problema de este tipo. En San Diego, los niveles de criminalidad se han mantenido estables o han disminuido en los últimos seis años, que es aproximadamente el período en que comenzó el pronunciado aumento de la criminalidad en Tijuana. El índice de criminalidad general de San Diego cayó en un 18 por ciento en 2009, con una disminución del 25,5 por ciento en homicidios y del 15,4 por ciento en violaciones.[2] En noviembre de 2010, la editorial CQ Press —especializada en libros y productos de Internet sobre política y asuntos de actualidad de Estados Unidos— clasificó la ciudad de El Paso como la más segura de Estados Unidos, basándose en las estadísticas de delitos de 2009, y lo volvió a hacer en noviembre de 2011. Los informes y estadísticas sobre criminalidad del FBI presentados por agencias policiales muestran que las tasas de criminalidad en Nogales, Douglas, Yuma y otras localidades fronterizas de Arizona se han mantenido esencialmente estables durante la última década.[3] Los propios habitantes de esas localidades aseguran que es exagerado hablar del desbordamiento de la violencia. "Tengo que decir que muchas de estas afirmaciones son muy exageradas", declaró Gary Brasher de Tuboc, Arizona, presidente de la Coalición por la Seguridad de la Frontera.[4]

Por otra parte, hay decenas, si no cientos, de informes confirmados de hechos de violencia que se cometen en suelo norteamericano o contra ciudadanos estadounidenses. Entre estos se incluye el asesinato del ranchero Robert Krentz, el ataque con granada contra un local de *striptease* de Texas, y ataques contra agencias de seguridad pública estadounidenses por cultivadores de marihuana asociados a los carteles. A pesar de las diversas opiniones sobre el desbordamiento de la violencia, es innegable que los carteles mexicanos de la droga están presentes en Estados Unidos, y el efecto de sus actividades no se limita a la frontera del suroeste. Solo hay que preguntarle al alguacil del condado Shelby, en Alabama, que descubrió los cadáveres torturados de mexicanos que debían dinero al Cartel del Golfo, o a los padres de Cole Puffinburger, que fue secuestrado de su propia casa en Las Vegas, supuestamente porque su abuelo debía dinero a un cartel.

Está claro que los sicarios al servicio de los carteles no están campeando por sus respetos a plena luz del día en las calles de Estados Unidos y que no están matando a tiros a personas que se detienen en una intersección mientras van conduciendo sus carros. Frente a las escuelas primarias estadounidenses no se encuentran montones de cuerpos decapitados acompañados de notas desafiantes de los carteles. Pero, aunque estas cosas están sucediendo del lado mexicano de la frontera, y no del lado estadounidense, eso no significa que las agencias federales, estatales y locales de seguridad pública estadounidenses tengan los recursos necesarios para combatir los delitos relacionados con las drogas que se cometen actualmente en Estados Unidos.

La guerra contra la droga en México no es solo un problema de seguridad de la frontera, ni un problema de narcotráfico, ni de contrabando de armas hacia el sur. Es un problema de seguridad nacional que es silencioso e insidioso. Los pandilleros que trabajan para los carteles mexicanos amenazan a los niños de Estados Unidos al ofrecerles drogas a precios asequibles y reclutarlos valiéndose de visiones edulcoradas del estilo de vida que podrían darse. Los miembros de los carteles utilizan las carreteras y ciudades norteamericanas para mover y esconder drogas y personas. Se hacen pasar por ciudadanos que obedecen la ley y, amparados en las leyes estadounidenses, compran armas para mandarlas a brutales asesinos al otro lado de la frontera. Hace ya tiempo que ha llegado hasta aquí la guerra contra la droga, y aquí permanecerá a menos que los gobiernos de ambos lados de la frontera puedan idear soluciones valientes y creativas para atacar esta plaga provocada por los estupefacientes.

ENVIAR MÁS RECURSOS A LOS LUGARES ADECUADOS

Es bien sabido que actualmente hay falta de dinero en todas partes y que no hay suficientes policías ni agentes federales para cubrir todas las necesidades. Sin embargo, la asignación eficaz de los recursos es clave cuando tenemos una guerra en el umbral. Hay demasiadas informaciones procedentes de policías locales y agentes federales que trabajan en la frontera, en las que se revela que el equipamiento que utilizan es anticuado o escaso y que sus armas y medios de protección no están a la altura de la capacidad de ataque de sus adversarios.

La Guardia Nacional y el Departamento de Defensa de Estados Unidos han proporcionado a las agencias que trabajan en la frontera mucha asistencia en forma de equipos prestados —aviones no tripulados, gafas de visión nocturna, catalejos y cosas por el estilo. No obstante, cuando se marchan, muchas veces se llevan sus equipos con ellos. En ocasiones, los sectores de la Patrulla Fronteriza de Estados Unidos tienen que pedir equipo prestado a sectores vecinos o a otras agencias porque sus presupuestos no les alcanzan para comprar su propio equipamiento. Debido a las duras condiciones climáticas, muchas carreteras cercanas a la frontera del suroeste se vuelven intransitables en ciertas épocas del año. A veces, la Patrulla Fronteriza no cuenta con los fondos necesarios para poner esas carreteras en buenas condiciones ni para obtener vehículos todoterreno que les darían acceso a determinadas partes de su propio sector. Por supuesto, esto significa que para los contrabandistas de drogas y de seres humanos también es difícil acceder a esas mismas áreas. Pero si saben que la Patrulla Fronteriza no puede llegar allí con la suficiente rapidez como para atraparlos, definitivamente tratarán de usar esos caminos.

Para la misión de la seguridad de la frontera, la situación de la tecnología de punta ha sido incluso más desastrosa que los propios problemas del financiamiento diario. La idea de la "valla virtual", con tantas cámaras y sensores de acceso remoto, ha implicado el desperdicio de $1.000 millones de dólares de los contribuyentes. Y esa suma se refiere únicamente al programa piloto implementado en Arizona, en el que solo se protegían 53 millas de frontera. Afortunadamente, el programa fue eliminado en enero de 2011 porque "no cumple las normas actuales de viabilidad y eficacia en función de los costos", según la Secretaria Napolitano. Los sensores sísmicos diseñados para detectar túneles por debajo de la frontera a veces dan resultado, pero uno de los mejores métodos de detección sigue siendo cuando un camión pasa por encima de la entrada de un túnel. Es bueno que los agentes puedan interceptar a un grupo de migrantes o contrabandistas mientras realizan una patrulla rutinaria, pero el tiempo de patrullaje se reduciría si pudieran contar con un aviso previo de informantes o de las autoridades mexicanas homólogas. Los nuevos aviones no tripulados *Predator* que se están desplegando a la frontera son capaces de hacer y de ver cosas increíbles en su función de vigilantes de alta tecnología en el cielo para la Patrulla Fronteriza y la CBP. Pero, si no hay agentes experimentados que puedan reaccionar ante las situaciones detectadas por las cámaras de dichos aviones, se ha desperdiciado su tiempo de vuelo. Los buenos recursos tecnológicos son definitivamente necesarios y tienen su lugar en la misión de proteger la seguridad de la frontera. No obstante, no se debería esperar que la tecnología ocupe el lugar de un control humano adecuado, o de buenas operaciones en la fuente, o de relaciones de enlace entre agencias.

Uno de los problemas principales es que simplemente no hay suficientes personas que puedan acudir a toda la diversidad de sectores, estaciones y oficinas en las que trabajan múltiples agencias y departamentos a lo largo de la frontera. En marzo de 2009, en respuesta a preocupaciones relacionadas con la seguridad de la frontera, la Secretaria Napolitano anunció que el DHS iba a reforzar su personal en la región. El plan preveía el despliegue de 360 efectivos y agentes en la frontera y en México. Esto incluía la duplicación del personal de los equipos BEST, la triplicación del número de analistas asignados, el despliegue de 100 agentes más de la Patrulla Fronteriza y el envío a las agencias fronterizas de más equipos, como escáneres de rayos X y unidades caninas. En algunos casos, esto ha sido de gran ayuda. Pero en otros, no ha sido más que una forma de mantener las apariencias. Por ejemplo, un buen número de los agentes adicionales de la Patrulla Fronteriza de Estados Unidos que se envían a la frontera recién han terminado su entrenamiento. Esto significa que cada uno de ellos tiene que pasar un período obligatorio como agente a prueba, aprendiendo lo básico y haciéndolo todo junto con un compañero. A veces pasan hasta dos años antes que un nuevo agente de la Patrulla Fronteriza pueda salir solo a patrullar en una camioneta. Esa no es exactamente una forma de multiplicar las fuerzas.

De modo similar, la ATF no cuenta con suficiente personal para abordar eficazmente el problema del tráfico de armas hacia el sur. El escándalo de la operación *Rápido y Furioso* ha hecho que el gobierno estadounidense y el pueblo norteamericano estén incluso menos dispuestos a facilitarles más o mejores recursos. A continuación se enumeran algunos de los desafíos que enfrenta la ATF.

El Centro Nacional de Seguimiento (*National Tracing Center*) es el único lugar del país que está autorizado para hacer el seguimiento de las ventas de armas. Allí, los investigadores de la ATF hacen llamadas telefónicas y analizan minuciosamente registros escritos a mano procedentes de todo el país para localizar a propietarios de armas de fuego. En contraste con otras técnicas de lucha contra el delito propias del siglo XXI, como los análisis de ADN y de huellas dactilares, el seguimiento de armas es un proceso anticuado y laborioso que se realiza principalmente a mano.[5] Cuando un vendedor cierra su negocio por alguna razón, tiene que enviar todos sus registros en papel a este centro, donde se escanean dichos registros y se guardan en láminas de microfichas. El lector recordará que las microfichas son láminas de plástico transparente en las que se imprimen en miniatura páginas de documentos y requieren el uso de un equipo enorme para ampliar dicha impresión para poder leerla. Al gobierno se le ha prohibido poner los registros de tenencia de armas en un formato de más fácil acceso, por ejemplo, en una base de datos computadorizada donde se puedan hacer búsquedas específicas. Durante décadas, los cabilderos de la NRA han conseguido bloquear todo intento de realizar este tipo de computarización, pues se oponen al establecimiento de un registro nacional de propiedad de armas.[6]

Los esfuerzos realizados por la NRA para limitar las posibilidades de la ATF han politizado tremendamente el problema del tráfico de armas hacia el sur y han encontrado un eco muy eficaz desde que salieron a relucir las noticias sobre la operación *Rápido y Furioso*. La NRA llegó incluso a querer abolir por completo la ATF durante los años 80 y 90; y luego cambió de parecer, pues pensó que "prefería el mal conocido antes que alguna otra agencia regulatoria que pudiera hacerle la vida más difícil al grupo de cabildeo. En 2008, los vendedores de armas hicieron su agosto cuando la NRA puso anuncios en la televisión en los que decía que el presidente Obama tenía planes de prohibir las armas cortas y de cerrar el 90 por ciento de las tiendas de armas, a pesar de que el presidente nunca dijo semejante cosa". Lo que sí dijo Obama fue que estaba interesado en volver a imponer la prohibición de las armas de asalto y cerrar el resquicio legal de las exposiciones de armas, y que tenía planes de revocar la Enmienda Tiahrt, que restringe las funciones de la ATF. No obstante, hasta finales de 2010, la administración de Obama no ha cambiado prácticamente nada en cuanto a la legislación y las regulaciones relacionadas con las armas.[7]

En la actualidad, la ATF ni siquiera cuenta con personal suficiente para inspeccionar debidamente a los vendedores de armas de fuego y explosivos que ya tiene bajo su cargo. La oficina tiene unos 600 inspectores para abarcar a más de 115.000 vendedores de armas de fuego, divididos en unos 55.000 coleccionistas y unos 60.000 vendedores al por menor. Por ley, la ATF puede someter a inspección a los vendedores solamente una vez al año. Aun así, los funcionarios reconocen que, como promedio, estas inspecciones solo se realizan aproximadamente cada una década.

Cuando los inspectores documentan infracciones persistentes o severas, pueden enviar cartas de advertencia o celebrar conferencias a este fin con los titulares de licencias. Cuando los problemas rebasan cierto punto crítico, pueden intervenir y retirar la licencia. No obstante, los vendedores "pueden hacer que el proceso tome años y años y seguir vendiendo armas durante todo ese tiempo".[8]

Una de las preocupaciones principales de la ATF son las armas perdidas. A lo largo y ancho del país, los vendedores pierden el rastro a un enorme número de armas. Desde 2005, en las visitas de la ATF en las que se realizaron 3.847 inspecciones se documentaron 113.642 armas de fuego que no se han podido encontrar y se desconoce cuántas de estas han ido a parar a México. El proceso es complicado porque, por ley, los vendedores no tienen que llevar un inventario. Como resultado, los inspectores de la ATF a veces tienen que pasar días o semanas examinando detalladamente la documentación del vendedor y pareando físicamente los datos que encuentran con las armas objeto de investigación.[9] Estas circunstancias están muy por debajo de las condiciones ideales en las que debería trabajar una agencia del gobierno estadounidense, especialmente si se trata de una que tiene la enorme responsabilidad de refrenar el tráfico de armas hacia el sur.

Sé por experiencia personal que, para un agente que trabaja sobre el terreno, una de las cosas más difíciles que le toca hacer es decirles con firmeza a sus superiores (quienes a menudo trabajan desde una cómoda oficina muy lejos de las realidades que imperan en el terreno) que no es posible realizar la tarea asignada de la manera en que debe hacerse porque no hay suficiente personal o equipo. Es aun más duro que el agente logre comunicar esta necesidad a sus superiores y que estos reaccionen con la temida respuesta de "lo sentimos; tendrás que hacer más con menos". En vista del clima imperante en estos tiempos en la frontera del suroeste, ese tipo de actitud es totalmente inaceptable. Algunas medidas que puede tomar el DHS en particular, y el gobierno de Estados Unidos en general, son:

- Realizar una evaluación cabal para determinar (si es necesario, a través de informes anónimos de agentes sobre el terreno) las escaseces y limitaciones reales que afectan a las estaciones de patrulla y las oficinas sobre el terreno en la frontera.

- No responsabilizar únicamente a la ATF de la prevención del tráfico de armas hacia el sur; el USDOJ debe trabajar más de cerca con las agencias estatales de seguridad pública relacionadas con el control de armas. A menudo hay problemas de financiamiento de los propios estados (el estado de California eliminó recientemente su Oficina de Control de Drogas debido a sus problemas presupuestarios), pero es necesario que los estados se den cuenta de la necesidad de aportar sus propios agentes estatales a esta lucha.

- Desarrollar un procedimiento cabal, estricto y estandarizado de contabilización para realizar el seguimiento de los subsidios federales que se destinan a agencias estatales y locales de seguridad pública para las misiones de seguridad de la frontera. A veces los fondos se usan de forma sabia y adecuada, pero muchas veces no y, en esos casos, se trata de dinero de los contribuyentes que podría haberse invertido mejor en otras cosas si determinadas agencias demuestran que no son capaces de usarlo adecuadamente.

- Examinar muy de cerca las prioridades del gobierno federal. Si la seguridad en la frontera no está entre las primeras de la lista, es necesario que lo esté. Además, las prioridades de financiación deben redefinirse en función de esto y se debe examinar cuáles recursos se pueden retirar de otros usos y llevarlos a esas áreas prioritarias.

- Reformar y reconstruir la ATF para convertirla en una agencia que realmente pueda cumplir su misión, de modo que se vuelva a ganar la confianza del gobierno y del pueblo de Estados Unidos. Volver a estudiar la posibilidad de revocar la Enmienda Tiahrt y otras regulaciones que impiden que la ATF cumpla su misión y haga mella en el flujo de armas hacia el sur.

Es cierto que todo esto es más fácil de decir que de hacer. Muchos han podido ver de primera mano lo lentos que pueden ser los mecanismos del gobierno federal. Pero eso no significa que no se pueda o no se deba hacer nada. Por ejemplo, cuando hay una emergencia nacional, las políticas y las prioridades pueden ser modificadas muy rápidamente y el dinero puede asignarse sin demora. Ahora mismo la situación en la frontera con México no representa una emergencia nacional para Estados Unidos pero, ¿a quién le parecerá que es una decisión sabia esperar a que haya una emergencia para empezar a tomar decisiones que podrían haber evitado ese tipo de situación?

La inmigración ilegal y la reforma migratoria son dos temas candentes que afectan a la seguridad en la frontera. Los debates sobre cómo aplicar adecuadamente las leyes de inmigración se están realizando en el Congreso, en los análisis de noticias en los medios y en las más altas instancias judiciales del país. Resulta ser que las propias agencias que tienen la responsabilidad de proteger la frontera de los narcotraficantes, delincuentes y terroristas son las mismas que están encargadas de impedir la entrada de inmigrantes ilegales. De los cuatro grupos mencionados, este último es el que abarca a un mayor número de personas y exige la asignación de un gran volumen de recursos de las agencias federales. No obstante, algunos afirmarían que los tres primeros grupos, aunque sean menores en número, representan una amenaza mucho mayor para la seguridad nacional y, por lo tanto, deberían concentrarse en ellos los recursos limitados que se destinan a la seguridad pública. No es que deban ignorarse las leyes migratorias, todo lo contrario. Pero, cuando comience al fin el proceso de la reforma migratoria, en este debería incluirse un método para que las agencias de seguridad pública puedan separar más eficientemente a los grupos de inmigrantes de los sospechosos de terrorismo, narcotraficantes y otros delincuentes, para que los recursos de las agencias puedan concentrarse en las amenazas más importantes.

LAS LEYES CAMBIANTES EN ESTADOS UNIDOS SOBRE LA TENENCIA DE DROGAS Y DE ARMAS

Lo primero que se debe tener en cuenta al examinar los cambios que se podrían introducir en las leyes sobre las drogas es la necesidad de aclarar la diferencia entre la legalización y la despenalización. Esta es una distinción muy importante, en parte porque una de estas medidas ya se ha aplicado en México y, en parte, porque cada una tiene repercusiones muy diferentes. En esencia, con la despenalización, la gente no va a la cárcel por poseer ciertas pequeñas cantidades de determinadas drogas. Se sigue considerando ilegal la producción y venta de esos estupefacientes, pero ya no se condena a prisión a nadie por poseer pequeñas cantidades de drogas o por haber sido atrapado usándolas. Según el concepto de despenalización, las autoridades no se concentran en los usuarios como los verdaderos delincuentes, sino en los proveedores, porque estos son los que se enriquecen con la venta de las drogas ilícitas.

En junio de 2009, la legislatura mexicana, sin mucha publicidad, votó por despenalizar la posesión de pequeñas cantidades de marihuana, cocaína, metanfetamina y otras drogas. Increíblemente, esto fue idea del presidente Calderón, quien consideró que tenía sentido hacer una distinción entre los usuarios particulares y los grandes vendedores, con lo que se podrían canalizar los principales recursos de lucha contra la delincuencia hacia los vendedores y sus jefes: los capos de la droga. Según la iniciativa de despenalización aprobada en México, los usuarios que sean atrapados con cantidades pequeñas (hasta 5 gramos de marihuana, 500 miligramos de cocaína, 40 miligramos de metanfetamina o 50 miligramos de heroína) y que las hayan adquirido claramente "con fines de uso personal e inmediato", no serán procesados judicialmente. Se les dará información sobre las clínicas disponibles y se les sugerirá que se inscriban en un programa de rehabilitación.[10]

Un año después, resulta evidente que la controvertida medida no ha representado ninguna diferencia importante en los niveles de violencia en México, ni en los volúmenes de drogas ilícitas que fluyen por todo el país. En mayo de 2010, la revista *National Journal* entrevistó al embajador mexicano en Estados Unidos, Arturo Sarukhan. El entrevistador le preguntó específicamente sobre los resultados que hasta ahora había tenido su país con su política de despenalización. En su respuesta de dos párrafos, el embajador explicó el propósito de la ley, pero en ningún momento hizo la más mínima alusión a ningún resultado, ni positivo ni negativo. Esa respuesta insatisfactoria da entender que esta medida controvertida no está dando el resultado que esperaba la administración de Calderón y que las agencias de seguridad pública y el sistema de justicia de México siguen estando tan abrumados como siempre.

La legalización de las drogas es un asunto distinto porque, esencialmente, implica autorizar la producción, venta, distribución y uso de una o más sustancias ilegales. Muchas personas cometen el error de señalar que Portugal es un país que ha legalizado las drogas, pero esto no es completamente cierto. En Portugal, sigue siendo ilegal producir y distri-

buir drogas. De hecho, en ningún país del mundo se han legalizado verdaderamente las drogas. Esto se debe, principalmente, a que casi todos
los países son signatarios de la convención única de las Naciones Unidas
sobre estupefacientes, en la que en esencia se afirma que los países
miembros promulgarán leyes contra las drogas, con lo que la verdadera
legalización sería un infracción de lo previsto en la convención. A pesar
de esto, el movimiento de despenalización ha ido cobrando impulso en
años recientes, en parte porque un número cada vez mayor de estadounidenses reconocen que la política "tradicional" sobre las drogas prácticamente no ha contribuido a reducir la demanda de marihuana en
Estados Unidos, y también porque los carteles violentos de México traen
más marihuana que cualquier otra droga ilícita.

Téngase en cuenta que la derogación de la Ley Seca contribuyó hasta
cierto punto a paliar los efectos del crimen organizado, pero no los eliminó. Del mismo modo el debate sobre la legalización de la marihuana
en el país es algo que vale la pena porque probablemente mitigará algunos de los efectos negativos de la guerra contra la droga, pero no es la
respuesta perfecta que muchos creen.

La teoría económica básica de la oferta y la demanda nos dice que, si
muchas personas quieren algo que no se puede adquirir fácilmente, costará más obtenerlo. Esto añade un valor aun mayor al precio general de
las drogas ilícitas y, en consecuencia, implica la obtención de ganancias
aun mayores para los carteles que producen y distribuyen dichos estupefacientes. Los carteles funcionan de una forma muy parecida a las grandes corporaciones: su motivación principal para hacer lo que hacen es
generar ganancias. Ese es el propósito esencial de su existencia. Si por
algún motivo los carteles no pudieran obtener grandes ganancias, dejarían de tener razón para operar.

El debate actual sobre la legalización se refiere principalmente a la
marihuana. La legalización, la regulación y la aplicación de impuestos a
la venta, la producción y el uso de la marihuana en Estados Unidos haría
que su precio se redujera marcadamente y tendría un importante efecto
negativo en los márgenes de ganancia de los carteles mexicanos. Es así
como funciona el libre mercado y no tiene nada que ver con los aspectos
morales de la legalización. Sin embargo, esto no significa que los carteles
mexicanos quedarán fuera del negocio. Los grupos del crimen organiza-

do en Chicago y Nueva York no desaparecieron a principios de los años 30, cuando se derogó la Ley Seca. Lo que sucedió fue que se adaptaron y pasaron a dedicarse al comercio legal de bebidas alcohólicas. Mantuvieron además otras actividades ilícitas con las que podían ganar dinero, como el juego y la prostitución.

Es probable que resulte de la misma manera para los carteles mexicanos. Antiguamente los carteles ganaban casi todo su dinero mediante la venta de drogas ilícitas. Ahora, en algunos casos (particularmente en el de Los Zetas) los ingresos por la venta de drogas representan apenas la mitad de las ganancias de los carteles. El resto se deriva de actividades ilícitas como el secuestro a cambio de rescate, la extorsión, la piratería de DVD, CD y software, el robo de combustible e incluso el robo de ganado. A la marihuana le corresponde el mayor volumen de drogas vendidas por los carteles mexicanos, pero la cuota de beneficios que derivan de esta droga no es tan elevada como antes se pensaba. La Oficina de Política Nacional para el Control de Drogas (ONDCP) ha afirmado durante años que la marihuana representa el 60 por ciento de los ingresos de los carteles pero, según un estudio realizado en 2010 por la Corporación RAND, sería más preciso decir que la cifra más elevada en este caso sería de alrededor del 26 por ciento. Así pues, incluso si el gobierno estadounidense decidiera verdaderamente legalizar la marihuana, el efecto que esto tendría sobre las operaciones de los carteles mexicanos sería pequeño y efímero. Los carteles seguirían ganando toneladas de dinero con la venta de metanfetamina, cocaína, heroína y con otras actividades ilícitas.

Este dato puede parecer desalentador, pero no significa que el gobierno estadounidense deba excluir por completo la opción de la legalización o, por lo menos, de la despenalización. Según estudios internacionales realizados por el Banco Mundial en varios países del mundo, el consumo de tabaco disminuye cuando se aumentan los impuestos sobre los cigarrillos, y es posible que esta lógica también se aplique a la marihuana. Estos mismos estudios examinan además la eficacia de un enfoque combinado entre altos impuestos sobre el tabaco y campañas de educación y concienciación.[11] A la luz de estos estudios, hay varios pasos concretos que puede dar el gobierno estadounidense con respecto a la legalización de la marihuana a fin de determinar si es factible y si es potencialmente eficaz contra las actividades de los carteles mexicanos:

- Encargar la realización de un nuevo estudio, independiente y completamente transparente, sobre cómo las características económicas de la oferta y demanda de la marihuana, así como la aplicación de impuestos a este producto y la realización de campañas de concienciación pública, se compararían con las del tabaco y el alcohol.
- Explorar las opciones regulatorias para la producción, venta y distribución de marihuana en Estados Unidos, de modo similar a las aplicadas a la industria del tabaco.
- Explorar las opciones legales y de control en relación con el uso de la marihuana, similares a las aplicables al tabaco y alcohol (por ejemplo, requisitos mínimos de edad, pruebas sobre el terreno para determinar si un conductor ha usado marihuana recientemente, ampliación de las leyes sobre los choferes que conducen bajo el efecto de sustancias).
- Desarrollar posibles campañas de concienciación pública para menores de edad y adultos que sean usuarios de marihuana, similares a las campañas contra el tabaquismo.

Lo anterior es solo un puñado de sugerencias y hay muchos más pasos que sería necesario dar si se realizara un cambio de política tan importante en Estados Unidos. Pero esto no tendría que suceder de un día para otro, pues podría hacerse en forma mesurada para evitar que se quede atrás el sector de la salud pública (y, lo que es más importante, la mentalidad del propio público). Los beneficios a largo plazo serían numerosos: la reducción parcial de las ganancias para los carteles mexicanos, que son brutalmente violentos, el aumento de las ganancias para los cultivadores estadounidenses y los negocios conexos que entrarían en un gran mercado nuevo, una fuente nueva y muy necesaria de impuestos para los gobiernos federales y estatales e, idealmente, la reducción de la demanda de marihuana.

Tal vez sea prácticamente imposible cambiar las leyes estadounidenses sobre las drogas para permitir el uso de la marihuana con fines recreativos, pero la verdadera batalla será la relacionada con la modificación de las leyes relativas a la tenencia de armas. El acalorado debate sobre la manera adecuada de impedir que armas originadas en Estados Unidos terminen en México oscila entre la necesidad de crear nuevas leyes sobre la tenencia de armas y la de eliminar las leyes existentes. Algunos consideran que el restablecimiento de la prohibición sobre las armas de asalto es una de las soluciones al problema del tráfico de armas hacia el sur. No obstante, la mayoría de las armas que estaban incluidas en la prohibición original de 1994 no son las que van a parar a México. Otros afirman que la cifra del "90 por ciento" (el porcentaje de armas incautadas en México que se determina que provienen de Estados Unidos) no es más que un intento de los cabilderos opuestos a la tenencia de armas de imponer controles más estrictos sobre las ventas de armas en Estados Unidos.[12]

La ATF ha analizado las armas de fuego recuperadas en México desde 2005 hasta 2008 y ha identificado las que usan más comúnmente los carteles de la droga: pistolas de 9mm, revólveres de calibre .38, pistolas de 5.7mm, y fusiles de calibre .223, de calibre 7.62mm, y de calibre .50. Específicamente, a ciertas organizaciones de narcotráfico les gusta usar las pistolas Five-seveN y FN-P90 de Fabrique Nationale (FN), así como el fusil de francotirador Barrett de calibre .50. El AK-47 y el AR-15 son muy populares entre los carteles y están incluidos en la lista de armas de asalto prohibidas. No obstante, si alguna vez se restableciera la prohibición, muchos fusiles de imitación entrarían en el mercado de forma muy fácil y, además, legal.[13]

Además de la legislación relativa a las armas de asalto, algunos políticos han intentado cerrar el "resquicio legal de las exposiciones de armas de fuego" mediante la promulgación de nuevas leyes. En la actualidad, cualquier ciudadano privado que quiera vender armas de fuego (y que no se dedique a ese negocio) puede vender armas de su propiedad personal en una exposición de armas sin tener que revisar los antecedentes penales de los compradores. En 2009, el Senador Frank Lautenberg (Demócrata por el estado de New Jersey) presentó un proyecto de ley para cerrar el resquicio legal de las exposiciones de armas, según el cual se exigiría que una persona sin licencia que deseara vender un arma de fuego usara una Licencia Federal para Armas de Fuego (FFL, por su sigla en inglés) en una exposición de armas para terminar la transacción.

Sin embargo, nadie puede solicitar una licencia FFL con el único propósito de vender armas de fuego en una exposición de armas, pues esta licencia incluye el requisito de tener un lugar de negocio permanente para vender las armas. Si se llegara a aprobar una ley como la de Lauten-berg, aunque la mayoría de los vendedores privados tropezaría con el inconveniente de no poder vender sus armas de fuego en las exposiciones de armas, de todas maneras en algunos estados seguiría siendo legal ven-dérselas a personas en sus propias casas, en un estacionamiento o en cualquier otro lugar, siempre que no fuera en una exposición de armas.

Lo cierto es que la mayoría de las armas de fuego adquiridas en Esta-dos Unidos mediante compras por testaferro se compran legalmente (al menos, desde la perspectiva del vendedor), a vendedores con licencia o sin licencia. Quienes realizan las compras por testaferro no tienen ante-cedentes penales, llenan todos los formularios exigidos, afirman (aunque sea falso) que las armas son para su uso personal y, cuando salen de la tienda, se las pasan a cualquier otra persona que es quien las va a trans-portar a México. Lo más probable es que la aprobación de nuevas leyes para cerrar "el resquicio legal de las exposiciones de armas" y hacer que los vendedores sin licencia no puedan vender en las exposiciones de ar-mas no surtan ningún efecto en el problema del tráfico de armas porque de todas maneras los carteles las pueden comprar en otros lugares.

Detener el flujo de armas de Estados Unidos hacia México es compli-cado y difícil por muchas razones. Los gobiernos de ambos países son criticados por tener leyes débiles o hacer esfuerzos insuficientes para su aplicación, pero el problema tiene tantas facetas que es imposible lidiar con todas al mismo tiempo. Los sindicatos de la droga poseen recursos financieros virtualmente ilimitados y no tienen que seguir la ley para lograr sus objetivos. Las autoridades mexicanas tienen que vérselas con una corrupción generalizada, lo que permite que las armas de fuego in-cautadas vuelvan a entrar en circulación. Estados Unidos no cuenta con suficientes agentes del orden público o recursos, pero lo que sí tiene son leyes amparadas por la constitución de las que se aprovechan los carteles.

Tal vez sea imposible tratar de hacer frente a todos estos desafíos al mismo tiempo, pero se están realizando esfuerzos para lidiar con ellos uno por uno. Las autoridades mexicanas están haciendo un número ré-cord de confiscaciones de armas. La ATF colabora estrechamente con las autoridades de México para aumentar significativamente el número de armas incautadas a las que se les hace seguimiento. El gobierno estadou-nidense está poniendo una mayor cantidad de personal y de recursos financieros a disposición de la ATF y otras agencias involucradas en los esfuerzos de contrarrestar el flujo de armas hacia el sur.

Una pregunta importante es si las agencias de seguridad interna de Estados Unidos deberían tomar cartas en las inspecciones de vehículos que se dirigen al sur con el propósito de reducir el volumen de armas que entran en México. Sobre este tema hay dos filosofías. Algunos consideran que el gobierno estadounidense no debería realizar registros al azar de los vehículos que se dirigen hacia el sur, pues es a los mexicanos a quienes corresponde la responsabilidad de revisar a las personas y vehículos que entran en su país. Sin embargo, rara vez lo hacen. La Secretaria de Estado Hillary Clinton y la Secretaria Napolitano ya han asumido parte de la responsabilidad sobre este particular, por lo que no es realmente una opción dejar esto totalmente en manos del gobierno mexicano.

Queda entonces la otra filosofía, según la cual Estados Unidos debería asumir parte de la responsabilidad (o de la culpa, según a quién se le pregunte) de las inspecciones, pues muchas de las armas de fuego se originan en este país. Desafortunadamente, esto provocaría que muchos ciudadanos se quejaran de que su propio gobierno está creando un gran congestionamiento en los cruces fronterizos, lo que afectaría a las empresas estadounidenses cuyos camiones cruzan hacia territorio mexicano. Un funcionario de la ATF advirtió: "Desde el mismo instante en que empecemos a hacer inspecciones en la dirección sur y empiece a formarse una fila de camiones por 1.500 millas hasta la frontera con Canadá, alguien terminará pagando muy caro por eso. Tenemos que ser selectivos".[14] Aun así, cuando la CBP y las autoridades locales decidan que quieren realizar inspecciones a los vehículos que se dirigen al sur, los carteles simplemente colocarían a observadores al sur de la frontera para que observen las inspecciones. Según lo que estos observadores les digan, los carteles enviarían mensajes por radio a sus hombres que se encuentran en el lado de Estados Unidos en automóviles con armas destinadas a México y les advertirían que no cruzaran la frontera.

Siempre va a haber alguien a quien no le convengan los intentos de aplicar medidas drásticas contra el tráfico transfronterizo y la violencia en la frontera. No obstante, es esencial hacer algo en relación con el flujo de armas hacia el sur. Dado que, al parecer, gran parte de esa responsabilidad corresponderá al gobierno estadounidense, este necesita determinar las mejores formas de hacerlo. Modificar las leyes estadounidenses sobre tenencia de armas de fuego no va a ser la respuesta perfecta que resuelva el problema del tráfico de armas, del mismo modo que modificar las leyes antidrogas estadounidenses para permitir el uso de la marihuana no va a poner fin al narcotráfico ni a la violencia asociada con este.

Cuando se le preguntó a un supervisor de la ATF por qué creía que el pueblo estadounidense debería preocuparse por las armas que se venden en Estados Unidos y van a parar a los miembros de los carteles mexicanos, respondió vehementemente: "Los carteles mexicanos de la droga están formados por matones. Son delincuentes violentos. Si la gente piensa que no tienen influencia en este país, está equivocada. Las armas de fuego que tanto les gusta adquirir y traficar ilegalmente les están dando poder, los están haciendo más fuertes, más atroces y más violentos. Si consiguiéramos de alguna manera quitarles ese recurso, podríamos entonces dar una oportunidad a los mexicanos para tomar ventaja en el juego".[15]

A Terry Goddard, ex fiscal general de Arizona, le preocupa que la falta de interés de los estadounidenses los afecte a ellos mismos tarde o temprano. "Es solo cuestión de tiempo hasta que esas armas que se venden a los carteles se vuelvan a introducir en Estados Unidos y se utilicen contra las agencias de seguridad pública de aquí", dijo. "Las cifras son tan grandes que lo considero casi inevitable".[16]

Goddard cree que el ciclo de actividad delictiva de los carteles y los componentes de dicho ciclo (cuyo centro es el comercio de la droga) están interrelacionados. "Al igual que cualquier operación comercial integrada, si uno va a detenerla, habrá que eliminar sus componentes", dijo. "No hemos tenido mucho éxito en cuanto a la eliminación del componente de la droga, que es lo que lo mueve todo". Goddard sugirió que los gobiernos y las agencias de seguridad pública tendrían un mayor éxito si hicieran mayores esfuerzos contra los otros componentes, como el tráfico de armas, el lavado de dinero y el contrabando de seres humanos. Reconoció que en estos mismos momentos no se aprecia en Estados Unidos el comportamiento clásico de los carteles (como las decapitaciones, los ataques con granadas y los asesinatos masivos), pero el potencial está presente. Goddard aconseja: "Es absolutamente necesario realizar maniobras

de defensa robustas y vigorosas para hacer lo que podamos a fin de apoyar a México en la lucha contra los carteles [junto con] la adopción de
medidas decisivas por las agencias de seguridad pública estadounidenses.
Definitivamente no queremos que ese [tipo de violencia] tenga éxito en
México, ni en ningún otro lugar".[17]

No será fácil resolver el sinnúmero de problemas que hay a ambos lados de la frontera. Como dice el dicho, las situaciones extremas exigen
medidas extremas. Resulta desafortunado que tenga que suceder algo
drástico antes de que los líderes tomen las medidas necesarias que, desde
un inicio, hubieran podido evitar esas situaciones. Debido a las graves
repercusiones políticas y financieras asociadas con la introducción de
grandes cambios tanto en Estados Unidos como en México, es poco rea-
lista esperar que algunas de esas medidas lleguen siquiera a ser analiza-
das a menos que las cosas se pongan mucho peores en la frontera —lo
que siempre es una posibilidad— o que la administración federal y los
gobiernos estatales y locales de Estados Unidos empiecen a reconocer
que el desbordamiento de la violencia es un hecho y que la guerra contra
la droga ha llegado aquí oficialmente. Asimismo, es de esperar que el gobierno mexicano también se dé cuenta de que no se puede dar el lujo de
permitir que la guerra contra la droga empeore, y que los funcionarios
estadounidenses se den cuenta de que la situación ha rebasado el umbral
y se ha establecido cómodamente en la propia sala de la casa de Estados
Unidos.

CAPÍTULO 12

CONCLUSIONES: CÓMO CONTROLAR UNA GUERRA QUE NO SE PUEDE GANAR

¿Es posible ganar la guerra contra la droga en México? Histórica-mente, en algunos casos ha resultado muy difícil determinar si al-guien ha ganado o perdido un conflicto. Es fácil decir quién ganó la Guerra Civil de Estados Unidos o la Segunda Guerra Mundial pero, ¿se puede decir que Estados Unidos "ganó" en Iraq? Técnicamente, puede decirse que Iraq tiene algo que se asemeja a un gobierno democrático, pero sigue habiendo luchas políticas internas e insurgencia violenta, aun-que sea a menor escala. ¿Estados Unidos está ganando en Afganistán? Si los talibanes retoman el control al cabo de unos años, ¿significa esto que la supuesta victoria se convierte en derrota? ¿Qué parámetro podría utili-zarse para medir el éxito en México y llegar a declarar victoria? En una situación en la que todo el mundo sabe que el narcotráfico no se puede erradicar por completo y que a la violencia no se le puede poner fin en forma definitiva, ¿cuáles serían los niveles de narcotráfico y de violencia suficientemente bajos o aceptables como para decir que el gobierno me-xicano o el estadounidense han ganado?

La guerra contra la droga en México no se puede ganar. Es un conflic-to que tiene que verse desde la perspectiva de que solo se puede *contro-lar*. El narcotráfico y la violencia asociada a este tienen que ponerse bajo control para que el pueblo mexicano pueda experimentar un grado de seguridad suficiente como para permitirle prosperar. No hay diferencia entre esto y la realidad de que uno convive con la delincuencia común en Estados Unidos; la actividad delictiva está presente en todas partes, desde las grandes ciudades hasta los pueblos pequeños, y es algo con lo que todo el mundo tiene que lidiar en algún momento. No obstante, la preocupación de convertirse en víctima de un acto delictivo no impide que los ciudadanos estadounidenses lleven a sus hijos a la escuela, ni que vayan a votar en el día de las elecciones, ni que vayan a determinado restaurante o discoteca cuando salen a pasear con su pareja. A la mayoría de los estadounidenses no les simpatizan mucho los políticos, y a algunos tampoco les simpatiza mucho la policía. No obstante, en sentido general, tienen suficiente fe en el gobierno y el sistema de justicia como para vivir con paz y tranquilidad.

Obviamente, esto no es lo que sucede en muchas partes de México. Muchos han visto sus libertades básicas restringidas por la violencia relacionada con la droga, pero lo más triste es que muchos también se han resignado a ese destino. Se acepta como norma que los políticos sean corruptos y los policías sean más corruptos aun. Pocos ciudadanos comunes y corrientes poseen los medios o la fuerza de voluntad necesarios para combatir la plaga que ha consumido a su país. Los que lo hacen, a menudo tienen un final horrendo.

A finales de noviembre de 2010, varios miembros de un cartel se acercaron a Alejo Garza Támez, de 77 años, en su rancho de Ciudad Victoria. Le dieron un ultimátum: abandonar su rancho en 24 horas o morir. Támez les dijo a sus peones que se fueran a casa y luego colocó varias armas estratégicamente junto a las ventanas y puertas de su casa. Cuando los narcos regresaron, abrió fuego contra ellos. Mató a cuatro e hirió a otros dos antes de que los narcos lograran matarlo con una andanada de disparos y granadas. Pero nunca pudieron apoderarse del rancho y Támez se convirtió en héroe cuando su relato se dio a conocer en todo México.[1]

Algunos mexicanos dicen sentirse inspirados por la anécdota de cómo Támez defendió su rancho hasta la muerte, pero la mayoría de ellos simplemente prefieren no cruzarse en el camino de los narcos. No pueden hacer mucho más, pues la mayoría de los ciudadanos no pueden comprar armas para protegerse. Tampoco pueden confiar en que la policía acudirá en su ayuda si son secuestrados o si reciben amenazas. Votar por otros funcionarios públicos en las elecciones no representará un gran cambio porque, si los nuevos funcionarios no han sido corrompidos por los carteles desde el principio, lo más probable es que lo sean antes de que abandonen su puesto.

Realizar protestas públicas contra la falta de acción por parte de los funcionarios electos puede resultar tan peligroso como enfrentarse a los narcos. Marisela Escobedo es una mexicana cuya hija, Rubí, fue asesinada en Ciudad Juárez en 2008. La madre exigió respuestas y acción. A diferencia de lo que muchos podrán suponer, ni Marisela ni Rubí estaban de ningún modo involucradas en el narcotráfico. Un tribunal estatal absolvió al hombre que fue arrestado por el asesinato de Rubí —su novio— y Marisela empezó a proporcionar datos importantes sobre el caso a los fiscales y a la policía federal como una forma de buscar justicia para su hija. En diciembre de 2010, mientras se encontraba frente al Palacio de Gobierno recogiendo firmas para una petición, un hombre se acercó a Marisela y empezó a intercambiar unas palabras con ella. De pronto el hombre sacó una pistola y le dio un tiro en la cabeza mientras ella intentaba correr hacia un lugar seguro. Esto ocurrió a pesar de que se le habían asignado agentes de seguridad estatal para protegerla. Su asesino apagó un cigarrillo contra el suelo, se subió a un carro blanco y huyó. Las autoridades dicen que están investigando el asesinato de Marisela, pero lo más probable es que quien la mató nunca será llevado a la justicia, como mismo sucedió con el asesino de su hija.[2]

A pesar del elevado número de arrestos realizados en los dos últimos años por las autoridades mexicanas de los que se consideran los cabecillas más importantes de los carteles y lugartenientes de alto rango, resulta difícil mantener el optimismo cuando esto realmente no ha producido muchos cambios. Al gobierno y a los medios de información mexicanos les encanta anunciar a bombo y platillo que han capturado a determinado líder o cabecilla de un cartel. Pero la inmensa mayoría de las veces, el supuesto "líder" o "cabecilla" era un subalterno o, cuando más, estaba a cargo de una plaza local. Esto mismo sucede con las medidas gubernamentales a ambos lados de la frontera. En diciembre de 2010, la Operación *Xcellerator* tuvo como resultado el más fuerte golpe que ha propinado el gobierno federal estadounidense a la Federación (el cartel de Sinaloa), en el que se arrestó a 761 personas y se confiscaron 23 toneladas de narcóticos.

El Fiscal General de Estados Unidos, Eric Holder, y la jefa de la DEA, Michele Leonhart, dijeron que la operación había sido un "golpe aplastante" para el cartel. No obstante, la mayoría de los arrestados no era más que subalternos de rango intermedio o inferior, y la intervención no hizo mucha mella en las operaciones de la Federación.[3]

Desde el punto de vista estadístico, la Federación de Sinaloa ha sufrido considerablemente menos pérdidas —en el sentido de arrestos o muertes debido a acciones del gobierno—que cualquier otro de los carteles principales. Debido a esto, muchos observadores se preguntan si Calderón está en contubernio con El Chapo y compañía. Como todo lo demás en México en la actualidad, esta posibilidad no se puede excluir, pero tal vez haya una explicación plausible. Hace unos diez o 15 años, podría decirse razonablemente que en México había cierta paz. En ese entonces había pocos carteles grandes y los acuerdos de palabra y las treguas todavía significaban algo. Es posible que Calderón esté tratando de hacer que México vuelva a una situación similar. Recordemos que la violencia en México es ocasionada por las peleas de los carteles contra el ejército y la policía, y contra otros carteles para controlar territorios y rutas de contrabando de drogas. Mientras menos carteles haya, menos serán los enemigos de los que tendrá que preocuparse el gobierno y menos los narcotraficantes que luchan entre sí por el control.

Entre 2008 y 2010, la inmensa mayoría de los principales cabecillas de los carteles que fueron capturados o muertos por la policía o el ejército mexicano pertenecían a carteles pequeños o a otros que se habían debilitado significativamente en años recientes. Si el gobierno mexicano sigue golpeando a los carteles pequeños y débiles, esto abre la puerta para que los carteles grandes y fuertes, como la Federación de Sinaloa y Los Zetas, se apoderen de más territorios. Al final del día, la situación estaría controlada por dos o tres "megacarteles", en lugar de seis o siete.

En la realidad, la situación ha evolucionado más o menos hasta llegar a ese punto. En abril de 2012, la Federación y Los Zetas eran los dos carteles más grandes y poderosos de México. Si bien todavía existen y operan otros carteles "de la vieja escuela", como la organización Arellano Félix y el Cartel del Golfo, estos se han visto obligados a formar alianzas estratégicas con uno o con el otro para poder mantener sus operaciones. No hablemos ya de los "minicarteles" y grupos de crimen organizado locales, más pequeños, que dependen de los grandes carteles para conseguir trabajo y protección.

Por supuesto, esta posible estrategia tiene sus ventajas y desventajas. La ventaja principal es que la existencia de un menor número de carteles normalmente implicaría menos peleas, lo que se traduciría en una reducción de la violencia en general. Es posible que los carteles más grandes estén más dispuestos a negociar, porque saben que todas las partes involucradas poseen más recursos que pueden utilizar en una batalla. La desventaja evidente sería que el gobierno mexicano tendría enemigos más grandes y poderosos, aunque sea menos en número. La hipótesis extrema de esta estrategia implicaría que todo el negocio de la droga en México fuera controlado por completo por un solo cartel. Si esto llegara a suceder, habría una drástica reducción de la violencia en todo el país, pues las únicas batallas serían entre el cartel y las fuerzas del gobierno. Incluso ese tipo de conflicto estaría tal vez limitado, porque un megacartel de este tipo sería lo suficientemente poderoso como para funcionar como una especie de gobierno paralelo. A cambio de la paz, lo más probable es que el gobierno mexicano legítimo tendría que hacer algunas concesiones al negocio de la droga. Este tipo de acuerdo sería más o menos desventajoso según a quien se le pregunte y en cuál lado de la frontera se haga la pregunta. La existencia de un acuerdo entre los narcotraficantes y un gobierno electo democráticamente haría recordar los días de la dominación del PRI y de la cultura de mirar hacia el otro lado. Muchos consideran que esta dinámica fue precisamente lo que facilitó el auge de estos carteles. Otros aducirían que es como si México le vendiera el alma al diablo a cambio de una paz que, al final, no duraría mucho. En realidad, sería como tratar los síntomas sin curar la enfermedad.

Este libro irá a imprenta justo antes de las elecciones nacionales de México, por lo que aquí solo nos queda especular sobre cuál será el candidato que prevalecerá y que significará esto para el futuro inmediato de la guerra contra la droga. El candidato del PRI, Enrique Peña Nieto, tiene muy buenos resultados en las encuestas. Hay quienes creen que volver a poner al PRI en el poder podría representar un cambio diametral de estrategia, o el regreso a "los tiempos de antes", es decir, una componenda entre el gobierno y los carteles, y que ambas situaciones tendría más probabilidades de traer la paz. Pero México ya pasó el punto de donde no hay vuelta atrás. Antes del año 2000, el gobierno mexicano tenía a los carteles en un puño. Si se extralimitaban, el gobierno imponía el orden y los carteles obedecían. En la actualidad ocurre lo contrario. Los carteles poseen el control de muchas partes de México y no les resulta de gran beneficio llegar a ningún tipo de acuerdo con el gobierno.

A pesar de todas las noticias deprimentes, los desafíos aparentemente insuperables y la situación sin salida en que parece estar México, aún hay personas que tratan de hacer llegar un rayo de luz a la oscuridad.

Motivados por un tiroteo ocurrido en octubre de 2010 en el que la policía federal hirió a un estudiante de 19 años durante una protesta callejera pacífica, una veintena de estudiantes de la Universidad Autónoma de Juárez formaron la Asociación Estudiantil Juarense. Su objetivo principal es pedir justicia para su compañero de estudios, que sobrevivió a sus heridas, pero también ayudar a poner fin a la corrupción de la policía y el ejército en la ciudad. Han organizado varias marchas para protestar contra la violencia relacionada con las drogas y la corrupción del gobierno, y su mensaje ha llegado a otras partes de México.[4] Aunque estos estudiantes se están poniendo en una posición extremadamente vulnerable al manifestarse tan públicamente, sienten que lo más importante es llevar a sus compatriotas el mensaje de que ya están hartos.

Durante los últimos siete años, Fernando Gallegos ha entrenado a adolescentes de Juárez para que aprendan a jugar fútbol americano en una escuela de la ciudad especializada en ciencias. Gallegos dice que lo importante no es jugar bien al fútbol. "Estamos tratando de no perder a estos niños. La idea es mantener este terreno deportivo lleno de niños, para distraerlos", dijo. "No es mucho lo que podemos hacer acerca de la situación en que se encuentra la ciudad. Nuestra única arma es mantener a los niños activos". El equipo de fútbol perdió a dos jugadores en una masacre en enero de 2010 y, poco después, muchos jugadores dejaron de ir a los entrenamientos. Pero Gallegos y otras personas que lo apoyan persistieron en su esfuerzo y actualmente el equipo es más fuerte que nunca.[5]

Ahora mismo, es difícil imaginar qué aspecto tendría México en circunstancias "normales" e ideales. Si todos los problemas del país —tanto los que son propios como los que comparte con Estados Unidos— se hubieran resuelto ayer, Alejo Garza Támez todavía estaría trabajando en su rancho. Los asesinos de Marisela Escobedo y de su hija Rubí se estarían pudriendo en una cárcel mexicana sin posibilidades de escapar. Gallegos podría dedicarse a entrenar a futbolistas por amor al deporte y no porque tenga que evitar que un grupo de adolescentes de Ciudad Juárez se conviertan en los nuevos sicarios de la Federación de Sinaloa.

Si mañana se resolvieran todos los problemas del país, los pequeños negocios prosperarían a lo largo y ancho de México sin temor de ser víctimas de la extorsión, las mesas de los restaurantes se llenarían en la noche y las discotecas atraerían a visitantes después de ponerse el sol. En las elecciones, la mayoría de los mexicanos podrían acudir a las urnas sin temor y con la confianza de que su voto realmente signifique algo. Los políticos que eligieran tendrían que responder a sus electores y no a los carteles que actualmente los sobornan y amenazan a sus familias.

Al norte de la frontera, las personas que residen en Estados Unidos dejarían de perder a sus hijos, hermanos, padres, amigos y compañeros de trabajo por la drogadicción. La mayor preocupación de los inspectores de la CBP sería lidiar con los estudiantes universitarios que han perdido sus pasaportes durante sus vacaciones de primavera y que intentan volver a entrar en Estados Unidos sin dichos documentos. Los agentes de la Patrulla Fronteriza estarían más amenazados por los pumas y las serpientes que por los narcotraficantes que tratan de dispararles con fusiles automáticos. La ATF podría dedicar más tiempo al seguimiento de las armas de fuego utilizadas para cometer delitos en Estados Unidos que las compradas legalmente para llevarlas a México.

La relación de Estados Unidos con México podría florecer como nunca antes. No habría más acusaciones de un lado al otro de la frontera sobre las causas del narcotráfico, el tráfico de armas, el contrabando de seres humanos y la violencia fronteriza. El sector del turismo en México crecería exponencialmente y los estadounidenses viajarían a México por razones de negocio y de placer en números nunca antes vistos. Las ciudades fronterizas en ambos países recibirían una inyección de energía con el flujo sin obstáculos de visitantes hacia uno y otro lado. Como la corrupción ya no sería un problema en este mundo ideal, dejaría de obstruir el intercambio de datos de inteligencia entre los gobiernos y las agencias de seguridad pública de Estados Unidos y México. Los narcotraficantes, contrabandistas de seres humanos, terroristas y delincuentes de todo tipo no verían la frontera del suroeste como una opción para ingresar subrepticiamente en Estados Unidos.

Es realmente increíble pensar en las posibilidades que tendrían los dos países si no existiera esta guerra contra la droga. La situación se torna aun más inaceptable al saber que muchas de estas cosas podrían llegar a ser realidad si determinadas personas simplemente tomaran las decisiones adecuadas. México tiene un camino increíblemente largo por recorrer. Pero los estadounidenses también necesitan examinar seriamente las leyes y políticas internas de su país que facilitan los efectos de la guerra contra la droga y, particularmente, nuestro insaciable apetito de estupefacientes, que alimenta todo el conflicto.

La política actual de Estados Unidos con respecto a la marihuana debe ser examinada cuidadosamente y, si es posible, deberían darse pequeños pasos hacia la legalización con miras a reducir las ganancias de los carteles y el cultivo ilegal en las tierras de propiedad pública. La legislación promovida por los cabilderos en favor de la tenencia de armas debería ser derogada para que las agencias de seguridad pública como la ATF puedan identificar e investigar adecuadamente a quienes realizan compra por testaferro. Las agencias como la Patrulla Fronteriza y el Servicio Forestal necesitan un mayor número de agentes entrenados y suficiente equipo para cumplir sus respectivas misiones antidrogas.

Lo que es más importante, todas las instancias gubernamentales y de seguridad pública de Estados Unidos necesitan comprender mejor la realidad de la situación en México y cómo esto afecta la seguridad nacional de Estados Unidos mucho más allá de la frontera del suroeste. El debate acerca del desbordamiento de la violencia de la frontera corresponde al pasado. El desbordamiento de la violencia no solo existe, sino que afecta a todos los rincones del país. Esa sola razón bastaría para decir que las agencias encargadas de la seguridad de la frontera debe mejorar las comunicaciones entre sí y que las agencias federales relacionadas con este tema deben hacer llegar sus inquietudes a sus figuras principales en las sedes de la capital. De lo contrario, los encargados de la formulación de políticas en Washington tendrán una visión muy estrecha —y probablemente distorsionada— de lo que está sucediendo en el lado estadounidense de la frontera.

Del mismo modo que, después del 11 de septiembre, los estadounidenses abrimos los ojos ante el oscuro y preocupante mundo del terrorismo internacional, debemos empezar a darnos cuenta de la amenaza que suponen para nuestra seguridad nacional los carteles mexicanos que operan ante nuestras propias narices. Hoy en día los carteles son la mayor amenaza que existe contra nuestra seguridad nacional: hay decenas de miles de delincuentes violentos que trabajan para los carteles mexicanos y que viven y operan en nuestras ciudades, comunidades y terrenos públicos. Hemos invertido más de $518.000 millones en la guerra de Afganistán desde 2001 y más de 1.400 miembros del ejército estadounidense han perdido sus vidas en ese proceso. Nos hemos comprometido a invertir apenas $1.600 millones en la guerra contra la droga en México —y, de esa suma, solamente unos pocos cientos de millones se han llegado a usar en la realidad desde 2007— y a nuestro ejército no se le permite dar un solo paso en ese país a menos que sea con fines de entrenamiento.

El gobierno estadounidense necesita examinar bien sus prioridades en lo que se refiere a la seguridad nacional. En los cuatro últimos discursos sobre el Estado de la Nación, el presidente Obama no mencionó ni una vez a México ni la guerra contra la droga y, en enero de 2012, apenas usó dos oraciones para referirse a los esfuerzos relacionados con la seguridad de la frontera. Miles de estadounidenses mueren cada año como resultado del uso de drogas vendidas por los carteles mexicanos que operan en Estados Unidos. El gobierno también debe tener en cuenta el costo de interceptar tan solo un pequeño porcentaje de esas drogas en la frontera, así como el daño al medio ambiente que está produciendo el cultivo de marihuana dentro de nuestro propio país.

Es importante que todos los estadounidenses entiendan plenamente cómo la guerra contra la droga en México los afecta a ellos, a sus comunidades y al resto de su país. Quizás uno de estos días sus propios hijos vean un reportaje o lean una noticia sobre la violencia brutal reinante en Ciudad Juárez y le hagan un comentario sobre esto, o quizás usted se los haga a ellos. Esa sería una oportunidad excelente de enseñarles sobre algunas de las consecuencias que tiene el consumo de drogas en la vida real. Si usted usa drogas de vez en cuando, quizás lo pensará dos veces en la próxima ocasión que quiera fumar un porro en una fiesta, ahora que sabe que su dinero va a terminar en manos de asesinos y secuestradores. O quizás tendrá la oportunidad de hablar con alguna persona encargada de la formulación de políticas en Washington sobre el efecto que tiene la guerra contra la droga en nuestros bosques nacionales, o sobre la escasez de recursos en algunas estaciones de la Patrulla Fronteriza.

Mientras que no se haya puesto fin al consumo de drogas o que no se hayan legalizado por completo todos los estupefacientes en Estados Unidos y en otras partes del mundo, los carteles mexicanos y su efecto destructivo serán parte de la realidad nacional de Estados Unidos durante mucho tiempo. Tal vez el gobierno mexicano nunca logre reducir los niveles de violencia a una situación controlable y, si la violencia empieza a tomar rumbo más decisivamente hacia Estados Unidos, el país debe estar completamente preparado para lidiar con las consecuencias.

NOTAS

INTRODUCCIÓN

1. El nombre del agente de la Patrulla Fronteriza en este relato se cambió para proteger su identidad. Todos los detalles son reales, basados en una entrevista con un agente activo de la Patrulla Fronteriza de Estados Unidos.
2. *National Drug Threat Assessment*, US Department of Justice National Drug Intelligence Center, agosto de 2011, consultado el 5 de abril de 2012, http://www.justice.gov/ndic/pubs44/44849/44849p.pdf.

CAPÍTULO 1: LA GUERRA DENTRO DE MÉXICO

1. Malcolm Beith, *The Last Narco: Inside the Hunt for El Chapo, the World's Most Wanted Drug Lord* (New York: Grove Press, 2010), edición Kindle.
2. Ibid.
3. Ibid.
4. "#701 Joaquin Guzmán Loera", *Forbes* (en línea), 11 de marzo de 2009, consultado el 5 de octubre de 2010, http://rate.forbes.com/comments/CommentServlet?op=CPage&pageNumber=2&StoryURI=lists/2009/10/billionaires-2009-richest-people_Joaquin-Guzman-Loera_FS0Y.html&sourcename=story.
5. "#41 Joaquin Guzmán", *Forbes* (en línea), 11 de noviembre de 2009, consultado el 5 de octubre de 2010, http://www.forbes.com/lists/2009/20/power-09_Joaquin-Guzman_NQB6.html.
6. Beith, *Narco*.
7. David Luhnow y Jose de Cordoba, "The Drug Lord Who Got Away", *Wall Street Journal*, 13 de junio de 2009, consultado el 3 de octubre de 2010, http://online.wsj.com/article/SB124484177023110993.html.
8. Jen Phillips, "Mexico's New Super-Cartel Ups Violence in Power Play", *Mother Jones*, 13 de abril de 2010, consultado el 3 de octubre de 2010, http://motherjones.com/mojo/2010/04/evolution-mexicoscartel-war.
9. Sylvia Longmire y John P. Longmire IV, "Redefining Terrorism: Why Mexican Drug Trafficking Is More Than Just Organized Crime", *Journal of Strategic Security* 1, no. 1 (noviembre de 2008).
10. Ibid.
11. David Luhnow, "Mexican Kidnapping Takes Toll on Family", *The Wall Street Journal*, 21 de febrero de 2012, consultado el 5 de abril de 2012, http://online.wsj.com/article/SB10001424052970204059804577229693016454260.html.

12. Longmire y Longmire, *Journal of Strategic Security*.

13. Ibid.

14. Ibid.

15. Ibid.

16. Nick Miroff y William Booth, "Mexican Drug Cartels' Newest Weapon: Cold War–Era Grenades Made in U.S.", *Washington Post*, 17 de julio de 2010, consultado el 2 de marzo de 2011, http://www.washingtonpost.com/wp-dyn/content/article/2010/07/16/AR2010071606252.html.

17. Hannah Strange, "Mexican Drug Gang Killers Cut Out Victims' Hearts", *Times* (Londres), 8 de junio de 2010, consultado del 6 de septiembre de 2010, http://www.times online.co.uk/tol/news/world/us_and_americas/article7145669.ece.

18. "11 More Bodies Dumped in Mexico's Veracruz", CBS.com (AP), 23 de septiembre de 2011, consultado el 5 de abril de 2012, http://www.cbsnews.com/2100-202_162-20111062.html.

19. George W. Grayson, "La Familia: Another Deadly Mexican Syndicate", *E-Notes*, Instituto de Investigación de Política Exterior, febrero de 2009, http://www.fpri.org/enotes/200901.grayson.lafamilia.html.

20. "Juarez Death Toll Is 3,000 So Far in 2010", UPI.com, 15 de diciembre de 2010, consultado el 2 de marzo de 2011, http://www.upi.com/Top_News/World-News/2010/12/15/Juarez-death-toll-is-3000-sofar-in-2010/UPI-42941292417150/.

21. Ibid.

22. Diana Washington Valdez, "Juárez Reports 38% Fewer Homicides in 2011", *The El Paso Times* (a través de BorderlandBeat.com), 2 de enero de 2012, consultado el 5 de abril de 2012, http://www.borderlandbeat.com/2012/01/juarez-reports-38-fewer-homicides-in.html.

23. Tracy Wilkinson, "Mexico Cartel Kills Four in Car Bombing", *Los Angeles Times*, 17 de julio de 2010, consultado el 24 de agosto de 2010, http://articles.latimes.com/2010/jul/17/world/la-fg-mexico-carbomb-20100717.

24. "Chaotic Shootout in Mexican Tourist Paradise Leaves 6 Dead", eTurbo-News.com, 15 de abril de 2010, consultado del 5 de septiembre de 2010, http://www.eturbonews.com/15547/chaotic-shootoutmexican-tourist-paradise-leaves-6-dead?utm_source=feedburner&utm_medium=feed&utm_campaign=Feed%3A+eturbonews+%28eTurbo News%29&utm_content=Twitter.

25. "19 Patients Killed at Mexican Drug Rehab Facility", CNN (en línea), 11 de junio de 2010, consultado el 5 de septiembre de 2010, http://edition.cnn.com/2010/WORLD/americas/06/11/mexico.patient.killings/index.html.

26. Oscar Villalba, "Officials Say Gunmen Killed 17 at Party in Mexico", AOL News (Associated Press), 19 de julio de 2010, consultado el 6 de septiembre de 2010, http://www.aolnews.com/world/article/officials-say-gunmen-kill-17-at-party-in-mexico/19558786?icid=main%7Chtmlws-main-n%7Cdl1%7Clink4%7Chttp%3A%2F%2Fwww.aolnews.com%2Fworld%2Farticle%2Fofficialssay-gunmen-kill-17-at-party-in-mexico%2F19558786.

27. Francisco Roséndiz, "Nayarit: cancelan clases por miedo", *El Universal*, 16 de junio de 2010, consultado el 6 de septiembre de 2010, http://www.eluniversal.com.mx/primera/35095.html.

28. Chris Hawley, "Mexico's Drug Violence Leads Schools to Teach Students to Dodge Bullets", *Arizona Republic*, 8 de julio de 2010, consultado el 9 de septiembre de 2010, http://www.azcentral.com/arizonarepublic/news/articles/2010/07/08/20100708mexico-drug-violence-affecting-schools-and-students.html.

29. Tim Johnson, "Mexico's Drug Gangs Aim at New Target—Teachers", *Miami Herald*, 11 de diciembre de 2010, consultado el 13 de diciembre de 2010, http://www.

miamiherald.com/2010/12/11/1969153/mexicos-drug-gangs-aim-at-new.html#ixzz17
wzyBnKG.

30. "Deputy shot in Hidalgo County shootout, one dead", Action 4 News, 30 de octubre
de 2011, consultado el 5 de abril de 2012, http://www.valleycentral.com/news/story
.aspx?id=680609#.T33VBJhtqRc.

31. Dane Schiller, "Zeta soldiers launched Mexico-style attack in Harris County", *The
Houston Chronicle*, 23 de noviembre de 2011, consultado el 5 de abril de 2012, http://
www.chron.com/news/houston-texas/article/Zeta-soldiers-launched-Mexico-style-attack-
in-2283370.php.

32. Dane Schiller, "Mexican Cartels Infiltrate Houston", *Houston Chronicle*, 7 de marzo
de 2009, consultado el 12 de julio de 2010, http://www.chron.com/disp/story.mpl/
metropolitan/6299436.html.

33. Amanda Lee Myers, "Chandler Beheading Raises Fears of Drug Violence", *Arizona
Daily Star* (Associated Press), 30 de octubre de 2010, consultado el 15 de diciembre
de 2010, http://azstarnet.com/news/local/crime/article_c593bd79-e887-59e5-868a-a81
79cfe830b.html.

34. Pauline Arrillaga, "Grisly Slayings Bring Mexican Drug War to U.S.", Associated
Press, 19 de abril de 2009, consultado el 4 de junio de 2010, http://www.foxnews.com/
story/0,2933,517078,00.html.

35. Michelle Wayland, "DA: Brutal Kidnapping, Murder Crew Dismantled", NBC San
Diego (en línea), 14 de agosto de 2009, consultado el 6 de mayo de 2010, http://www
.nbcsandiego.com/news/local-beat/DA-Brutal-Kidnapping-Murder-Crew-Dismantled
----53146782.html.

36. Mary Papenfuss, "Mexican Cartel Crew Indicted in San Diego Kidnap-Murders",
Newser.com, 14 de agosto de 2009, consultado el 28 de abril de 2010, http://www
.newser.com/story/66901/mexican-cartelcrew-indicted-in-san-diego-kidnap-murders
.html.

37. Angela Kocherga, "Evidence Links U.S., Mexico Grenade Attacks", Texas Cable News,
17 de febrero de 2009, consultado el 5 de octubre de 2010, http://www.txcn.com/
sharedcontent/dws/txcn/houston/stories/khou090212_mh_mexico_grenade_attacks
.c16c1da.html.

38. Brady McCombs, "Focus in Krentz Killing on Suspect in US", *Arizona Daily Star*, 3
de mayo de 2010, consultado el 14 de mayo de 2010, http://azstarnet.com/news/
local/border/article_35ef6e3a-5632-5e58-abe7-e7697ee2f0d5.html.

39. Edwin Mora, "U.S. Alleges Mexican Drug Cartel Rented Apartments in U.S. to Re-
cruit Young Americans", CNSNews.com, 11 de enero de 2011, consultado el 19 de
enero de 2011, http://www.cnsnews.com/news/article/federal-court-hear-case-mexican-
drug-car.

40. Kristina Davis, "San Diego's Crime Rate Fell Again in '09, Stats Show", *San Diego
Union-Tribune*, 28 de enero de 2010, consultado el 14 de abril de 2010, http://www
.signonsandiego.com/news/2010/jan/28/citys-crime-rate-fell-again-in-09-stats-show/.

41. Dennis Wagner. "Violence Is Not Up on Arizona Border Despite Mexican Drug War",
Arizona Republic, 2 de mayo de 2010, consultado el 14 de mayo de 2010, http://www
.azcentral.com/news/articles/2010/05/02/20100502arizona-border-violence-mexico.html.

CAPÍTULO 2: EL NARCOTRÁFICO EN EL SIGLO XXI

1. *National Drug Threat Assessment 2011*, Centro Nacional de Información sobre Drogas, Departamento de Justicia de Estados Unidos, 11 de agosto de 2011, consultado el
5 de abril de 2012, http://www.justice.gov/ndic/pubs44/44849/44849p.pdf.

2. "Phoenix Bars Provide Recruiting Ground for Cartels, Authorities Say", FOX News
(en línea), 27 de agosto de 2010, consultado el 5 de octubre de 2010, http://www

.foxnews.com/us/2010/08/27/phoenixbars-provide-recruiting-ground-cartels-author
ities-say/.

3. *Border Crossing/Entry Data*, sitio web público del Buró de Estadísticas de Trans-porte de Estados Unidos, consultado el 29 de marzo de 2010, http://www.bts.gov/programs/international/transborder/TBDR_BC/TBDR_BCQ.html.

4. *CBP Border Wait Times*, sitio público del Oficina de Aduanas y Protección Fronteriza de los Estados Unidos, consultado el 29 de marzo de 2010, http://apps.cbp.gov/bwt/.

5. Brian Fraga, "Sophisticated Hidden Vehicle Compartment Reveals Tricks of Drug Trade", *Standard-Times*, 20 de febrero de 2009, consultado el 2 de abril de 2010, http://www.southcoasttoday.com/apps/pbcs.dll/article?AID=/20090220/NEWS/902200346.

6. Julián Aguilar, "Bill Would Bolster Efforts to Stop Clandestine Tunnels", *The Texas Tribune*, 7 de marzo de 2012, consultado el 5 de abril de 2012, http://www.texas tribune.org/texas-mexico-border-news/texas-mexico-border/bill-would-bolster-efforts-stop-clandestine-tunnel/.

7. "U.S., Mexican Authorities Investigating Cross-Border Tunnel near San Diego", sitio web público del Servicio de Inmigración y Control de Aduanas de Estados Unidos, 2 de diciembre de 2009, consultado el 18 de mayo de 2010, http://www.ice.gov/pi/nr/0912/091202sandiego.htm.

8. "DEA Intel Aids in Seizure of Fully-Operational Narco Submarine in Ecuador", parte de prensa de DEA, Oficina de Asuntos Públicos, 3 de julio de 2010, consultado el 5 de octubre de 2010, http://www.justice.gov/dea/pubs/pressrel/pr070310.html.

9. Robin Emmott, "Mexico Finds Cocaine Haul Hidden in Frozen Sharks", Reuters, 17 de junio de 2009, consultado el 2 de marzo de 2011, http://www.reuters.com/article/2009/06/17/us-mexico-drugsidUSN1631193420090617.

10. "Border Patrol Arrests Surfers Towing Marijuana-Loaded Surfboard", parte de prensa de CBP, 19 de junio de 2009, consultado el 2 de marzo de 2011, http://www.cbp.gov/xp/cgov/newsroom/news_releases/archives/2009_news_releases/june_2009/0619200 9_5.xml.

11. George W. Grayson, "Death of Arturo Beltrán Leyva: What Does It Mean for Me-xico's Drug War?", *E-Notes*, Instituto de Investigaciones Internacionales y de la De-fensa, febrero de 2010, consultado el 5 de octubre de 2010, http://www.fpri.org/enotes/201002.grayson.beltranleyva.html.

12. Lourdes Medrano, "Smugglers' air force? Drug war sees rise in use of ultralight planes", *The Christian Science Monitor*, 12 de enero de, 2012, consultado el 5 de abril de 2012, http://www.csmonitor.com/USA/Justice/2012/0112/Smugglers-air-force-Drug-war-sees-rise-en-use-of-ultralight-planes.

13. Tim Johnson, "Mexican Marijuana Smugglers Turn to Ultralight Aircraft", McClatchy Newspapers, 4 de junio de 2010, consultado el 16 de junio de 2010, http://www.mcclatchydc.com/2010/06/04/95370/mexican-marijuana-smugglers-turn.html.

14. "Southwest Border Region—Drug Transportation and Homeland Security Issues", *National Drug Threat Assessment 2008*, Centro Nacional de Información sobre Dro-gas, Departamento de Justicia de Estados Unidos, consultado el 5 de octubre de 2010, http://www.justice.gov/ndic/pubs25/25921/border.htm.

15. "35 Accused of Shipping Drugs from Juarez to Denver", FOX News, 8 de noviembre de 2010, consultado el 15 de diciembre de 2010, http://www.foxnews.com/us/2010/11/08/accused-shipping-drugsjuarez-denver/. En la fecha en que se imprimió este li-bro, este caso no ha sido resuelto.

16. Mariano Castillo, "3 men with military ties arrested in murder-for-hire sting, DEA says", CNN.com, 28 de marzo de 2012, consultado el 5 de abril de 2012, http://articles .cnn.com/2012-03-28/justice/justice_texas-soldiers-cartel-sting_1_drug-cartel-zetas-undercover-agents?_s=PM:JUSTICE.

17. *National Drug Threat Assessment 2010*, Centro Nacional de Información sobre Drogas.
18. Ben Conery, "Mexican Drug Cartels 'Hide in Plain Sight' in U.S.", *Washington Times*, 7 de junio de 2009, consultado el 6 de junio de 2010, http://www.washingtontimes.com/news/2009/jun/07/mexicandrug-cartels-hide-in-plain-sight-in-us/.
19. Ibid.
20. Registro Nacional de Laboratorios Clandestinos, Administración para Control de Drogas (DEA), consultado el 5 de abril de 2012, http://www.justice.gov/dea/seizures/index.html.
21. "Potent Mexican Crystal Meth on the Rise as States Curb Domestic Meth Production", Asociación para una América Libre de Drogas, 25 de enero de 2006, http://www.drugfree.org/Portal/DrugIssue/News/Potent_Mexican_Crystal_Meth_on_the_Rise.
22. Larry Hartstein, "Agents Raid Huge Lawrenceville Meth Lab as Part of Strike on Cartel", *Atlanta Journal-Constitution*, 22 de octubre de 2009, consultado el 15 de mayo de 2010, http://www.ajc.com/news/gwinnett/agents-raid-huge-lawrenceville-169790.html.

CAPÍTULO 3: DE MÉXICO AL VECINO DEL NORTE: VIAJE DE UNA DROGA ILÍCITA A ESTADOS UNIDOS

1. Jesus Bucardo et al., "Historical Trends in the Production and Consumption of Illicit Drugs in Mexico: Implications for the Prevention of Blood Borne Infections", Institutos Nacionales de la Salud, 1 de abril de 2005, consultado el 2 de noviembre de 2010, http://www.ncbi.nlm.nih.gov/pmc/articles/PMC2196212/.
2. "From Flowers to Heroin", Agencia Central de Inteligencia, consultado el 3 de noviembre de 2010, http://www.erowid.org/plants/poppy/poppy_article2.shtml.
3. "Afghanistan Identifies Cutting Agents for Heroin", World Drug Report 2009 Series, Oficina de las Naciones Unidas contra la Droga y el Delito, consultado el 5 de noviembre de 2010, http://www.unodc.org/unodc/en/frontpage/2009/June/afghanistan-identifies-cutting-agents-for-heroin.html.
4. Entrevista personal con Phil Jordan, antiguo Agente Especial Responsable de la Administración para Control de Drogas (DEA) (El Paso) y antiguo Director del Centro de Inteligencia de El Paso, realizada el 28 de octubre de 2010.
5. *West Texas High Intensity Drug Trafficking Area Drug Market Analysis 2009*, Centro Nacional de Información sobre Drogas, marzo de 2009, consultado el 5 de noviembre de 2010, http://www.justice.gov/ndic/pubs32/32792/production.htm#Transportation.
6. *National Drug Threat Assessment 2010*, Centro Nacional de Información sobre Drogas, Departamento de Justicia de Estados Unidos, febrero de 2010, consultado el 12 de noviembre de 2010, http://www.justice.gov/ndic/pubs38/38661/index.htm.
7. "Killings, Kin and Luck Helped Drug Lord", *Albuquerque Journal* (sin fecha), consultado el 12 de noviembre de 2010, http://www.abqjournal.com/news/drugs/6drug3-3.htm.
8. *DEA History, 1975–1980*, Publicaciones del Departamento de Justicia de Estados Unidos, consultado el 12 de noviembre de 2010, http://www.justice.gov/dea/pubs/history/1975-1980.html.
9. *Chicago HIDTA Drug Market Analysis 2010*, Centro Nacional de Información sobre Drogas, abril de 2010, consultado el 6 de noviembre de 2010, http://www.justice.gov/ndic/pubs40/40385/product.htm#Transportation.
10. "The Almighty Latin Kings Nation", Know Gangs website, consultado el 6 de noviembre de 2010, http://www.knowgangs.com/gang_resources/profiles/kings/.
11. *Chicago HIDTA*, Centro Nacional de Información sobre Drogas.

CAPÍTULO 4: EL EJÉRCITO MÁS GRANDE AL SUR DE LA FRONTERA

1. Leyes para las Armas de Fuego de la NRA/ILA para Arizona, Instituto de Acción Legistlativa de la NRA (AZ Rev. Statutes §§12-714, 13-2904, 13-3101, 13-3102, 13-3105, 13-31-07, 13-3109, 31-3112, 17-301, 17-301.1, 17-305, 17-312), febrero de 2006.
2. "Background Checks and Waiting Periods for Firearms Purchases: State-by-State Breakdown", Campaña Brady para Prevenir la Violencia con Armas de Fuego, consultado el 12 de abril de 2010, http://www.bradycampaign.org/facts/issues/?page=waitxstate.
3. Leyes para las Armas de Fuego de la NRA/ILA para Nuevo México, Instituto de Acción Legistlativa de la NRA (NM Stat. Ann. §§ 17-2-12; 17-2-33 hasta 35; 29-19-1 hasta 12; 30-3-8; 30-7-1 hasta 16; 32A-2-33), julio de 2006.
4. Leyes para las Armas de Fuego de la NRA/ILA para Texas, Instituto de Acción Legistlativa de la NRA (Código Penal de Texas § 46.01 et seq. y TX Govt. Code § 411.171 et seq.), enero de 2008.
5. Leyes para las Armas de Fuego de la NRA/ILA para Texas.
6. Código Penal del Estado de California §§ 12001.5, 12020(a)(1).
7. Código Penal del Estado de California § 12220.
8. Código Penal del Estado de California § 12280.
9. Código Penal del Estado de California §§ 12320, 12321.
10. Código Penal del Estado de California § 12072(a).
11. Las definiciones de armas y restricciones específicas de armas de fuego se deta-llan en el folleto del Departamento de Justicia de California *California Firearms Laws 2007*, http://ag.ca.gov/firearms/forms/pdf/Cfl2007.pdf.
12. "Background Checks and Waiting Periods", Campaña Brady.
13. Datos sobe rastros de armas provistos por la ATF indicaron que, de las aproximadamente 7.500 armas provistas por el gobierno mexicano para el rastreo en el año fiscal 2008, un 90 por ciento de esas armas de fuego fue rastreado hasta una persona que compró esa arma de fuego en Estados Unidos—lo que se conoce como un "rastreo exitoso". Esa cantidad bajó un 10 por ciento en mayo de 2010 cuando el Presidente Calderón dijo que de las 75.000 armas de fuego que México incautó en los tres años anteriores, un estimado de un 80 por ciento provenía de Estados Unidos.
14. Los medios de prensa no informan que un rastrero *fallido* de armas de fuego puede revelar de todos modos *dónde* se realizó la compra física de esa arma. Para muchos, esta estadística es más importante que los factores que rodean a quienes compran las armas. Sin embargo, las estadísticas disponibles al público solo cuentan los rastreos *exitosos*. Eso significa que no existen datos acerca de cuántas más armas de fuego incautadas en México que fueron sometidas a rastreo condujeron a los agentes de la ATF a un punto de venta en Estados Unidos sin identificar a un comprador real.
15. Sylvia Longmire, "Making Sense of the Southbound Weapons Flow to Mexico", MexiData.info, 17 de agosto de 2009, consultado el 6 de abril de 2010, http://mexidata.info/id2366.html.
16. Brian Ross et al., "ATF: Phoenix Gun Dealer Supplied Mexican Cartels", ABC News, 6 de mayo de 2008, consultado el 12 de abril de 2010, http://abcnews.go.com/Blotter/story?id=4796380&page=1.
17. Joel Millman, "U.S. Gun Trial Echoes in Drug-Torn Mexico", *Wall Street Journal*, 2 de marzo de 2009, consultado el 6 de octubre de 2010, http://online.wsj.com/article/SB123595012797004865.html.
18. Joel Millman, "Case Against Gun-Store Owner Dismissed", *Wall Street Journal*, 20 de marzo de 2009, consultado el 15 de abril de 2010, http://online.wsj.com/article/

SB123750753535390327.html. En la fecha en que se imprimió este libro, no había información disponible acerca de si la demanda civil había sido resuelta.

19. Ray Stern, "George Iknadosian, Accused of Supplying Mexican Cartels with Guns, Sues Arizona, City of Phoenix and Terry Goddard", *Phoenix New Times*, 24 de marzo de 2010, consultado el 6 de octubre de 2010, http://blogs.phoenixnewtimes.com/valleyfever/2010/03/george_iknadosian_accused_of_s.php.

20. "Brothers Plead Guilty to Unlawful Gun Trafficking", parte de prensa, Departamento de Justicia de Estados Unidos, 25 de noviembre de 2009, consultado el 5 de abril de 2010, http://www.atf.gov/press/releases/2009/11/112509-sf-brothers-plead-guilty.html.

21. Ibid.

22. Drew Griffin y John Murgatroyd, "Smugglers' Deadly Cargo, Cop-Killing Guns", CNN.com, 26 de marzo de 2008, http://www.cnn.com/2008/WORLD/americas/03/26/gun.smuggling/index.html.

23. Zeta Online, "CAF asesina a militar", http://www.zetatijuana.com/html/Edicion1803/Principal.html.

24. Estados Unidos contra Uvaldo Salazar-López, Queja Criminal, Tribunal de Distrito de Nevada, Caso 2:09-mj-00002-LRL-LRL, 1 de mayo de 2009, consultado mediante PACER en línea.

25. "U.S. Guns Pour into Mexico", *Arizona Republic*, 16 de enero de 2007, consultado el 4 de marzo de 2011, http://www.azcentral.com/arizonarepublic/news/articles/0116americanguns0116.html.

26. Dennis Wagner, "ATF gun probe: Behind the fall of Operation Fast and Furious", *The Arizona Republic*, 27 de noviembre de 2011, consultado el 6 de abril de 2012, http://www.azcentral.com/arizonarepublic/news/articles/2011/11/12/20111112atf-gun-probe-operation-fast-and-furious-fall.html.

27. Ibid.

28. Ibid.

29. "Review of ATF's Project Gunrunner", Departamento de Justicia de Estados Unidos, Oficina del Inspector General, División de Evaluaciones e Inspecciones, noviembre de 2010, consultado el 4 de marzo de 2011, http://www.justice.gov/oig/reports/ATF/e1101.pdf.

30. Sari Horwitz y James Grimaldi, "Firearms Watchdog on Short Leash", *Washington Post*, 26 de octubre de 2010, consultado el 26 de noviembre de 2010, http://www.washingtonpost.com/wp-dyn/content/article/2010/10/25/AR2010102505588.html?sid=ST2010102600379.

CAPÍTULO 5: LA SEGUNDA ACTIVIDAD MÁS LUCRATIVA DE LOS CARTELES: LOS SECUESTROS

1. Lawrence Mower, "Police Search for Boy Taken from Home", *Las Vegas Review-Journal*, 16 de octubre de 2008, consultado el 2 de mayo de 2010, http://www.lvrj.com/news/31095764.html.

2. Nicholas Riccardi, "Kidnapped Boy Is Safe", *Los Angeles Times*, 20 de octubre de 2008, consultado el 6 de mayo de 2010, http://articles.latimes.com/2008/oct/20/nation/na-kidnap20.

3. Mower, *Las Vegas Review-Journal*.

4. "Police Lift Amber Alert for Abducted Las Vegas Boy", CNN Online, 18 de octubre de 2008, consultado el 6 de octubre de 2010, http://www.cnn.com/2008/CRIME/10/18/nevada.boy.kidnapped/index.html.

5. Sandra Dibble, "Three Arrested in Rosarito Beach Kidnapping, Killing", *San Diego Union-Tribune*, 15 de abril de 2010, consultado el 7 de octubre de 2010, http://www.signon-san-diegos.com/news/2010/apr/15/three-arrested-rosarito-beach-kidnapping-killing/.

6. Los nombres han sido cambiados y los detalles de identificación omitidos en esta historia verdadera para proteger las identidades de las personas.

7. Gustavo Ruiz, "20 Kidnapped in Acapulco Had No Criminal Records", Associated Press, 5 de octubre de 2010, consultado el 6 de octubre de 2010, http://www.google .com/hostednews/ap/article/ALeqM5gMi5B2USfJStXxfqgWWr2xjRYpOgD9ILSLM0 1?docId=D9ILSLM01.

8. Sergio Chapa, "Reynosa: Police rescue 68 kidnapped bus passengers, arrest 2 Gulf Cartel members," ValleyCentral.com (via BorderlandBeat.com), 20 de abril de 2011, consultado el 6 de abril de 2012, http://www.borderlandbeat.com/2011/04/federal-police-rescue-68-kidnapped-bus.html.

9. Lauren Villagran, "Probes by Authorities Sputter as Violence in Mexico Mounts", *Dallas Morning News*, 7 de octubre de 2010, consultado el 7 de octubre de 2010, http://www.dallasnews.com/sharedcontent/dws/news/world/stories/DN-mexcrime_ 07int.ART.State.Edition1.488b5bf.html.

10. Eve Conant y Arian Campos-Flores, "The Enemy Within: Cartel-Related Violence Has Moved Well Beyond Border Towns", *Newsweek*, 14 de marzo de 2009, consultado el 22 de abril de 2010, http://www.newsweek.com/id/189246/page/1.

11. "McCain Says Phoenix Is the Second Kidnapping Capital in the World", Politifact.com, consultado el 20 de enero de 2011, http://politifact.com/texas/statements/2010/jun/ 28/john-mccain/mccainsays-phoenix-second-kidnapping-capital-worl/.

12. A principios de marzo de 2011, el Departamento de Policía de Phoenix admitió que las estadísticas de secuestro de la ciudad habían sido exageradas para obtener más dinero federal. También había una confusión considerable acerca de cómo los agentes que tomaban los informes clasificaban los casos de secuestro. El verdadero número fue estimado en los 200, y no en los 368 reportados originalmente para el año 2008. Al momento de la publicación de este libro, se está revisando el proceso de conteo de los casos de secuestro del departamento.

13. Dave Biscobing, "Feds: Phoenix PD used overstated kidnapping statistics", ABC15.com, 12 de marzo de 2012, consultado el 7 de abril de 2012, http://www.abc15 .com/dpp/news/local_news/investigations/feds-phoenix-pd-used-inflated-kidnapping-statistics.

14. "Trial: Kidnapping Victim 'Cooked' in Mexico", KGBT News, 20 de Enero de 2010, consultado el 7 de octubre de 2010, http://www.valleycentral.com/news/story.aspx?id= 404432.

15. "Mexican Police Rescue Man Kidnapped in Texas", *Latin American Herald Tribune*, 31 de mayo de 2010, consultado el 12 de junio de 2010, http://laht.com/article.asp ?CategoryId=14091&ArticleId=348190.

CAPÍTULO 6: EL PUEBLO MEXICANO

1. Dudley Althaus, "Mexico Confronting a Drug Addiction Epidemic", *Houston Chronicle*, 5 de octubre de 2009, consultado el 7 de octubre de 2010, http://www.chron.com/ disp/story.mpl/metropolitan/6652182.html.

2. Chris Hawley, "Drug Addiction Soars in Mexico", *USA Today*, De julio 22, 2008, consultado el 7 de octubre de 2010, http://www.usatoday.com/news/world/2008-07-22-mexaddicts_N.htm.

3. Ibid.

4. Ken Ellingwood, "Mexico Grapples with Drug Addiction", *Los Angeles Times*, 15 de octubre de 2008, consultado el 8 de octubre de 2010, http://www.latimes.com/news/ nationworld/world/la-fg-mexaddict15-2008oct15,0,4364637.story.

5. Rocío Gallegos, "Se han ido 230 mil de Juárez por la violencia", *Vanguardia Informativa*, 26 de agosto de 2010, consultado el 19 de septiembre de 2010, http://www.vanguardia

informativa.com/index.php/notas-rotativas/2454-se-han-ido-230-milde-juarez-por-la-violencia.

6. Adriana Gómez Licón, "Juárez Cancels Sept. 16 Celebration", *El Paso Times*, 30 de agosto de 2010, consultado el 13 de septiembre de 2010, http://www.elpasotimes .com/ci_15935968?source=most_viewed.

7. "Crime and Drug Cartels Top Concerns in Mexico", Pew Global Attitudes Project, Pew Research Center, 31 de agosto de 2011, consultado el 9 de abril de 2012, http:// www.pewglobal.org/2011/08/31/crime-and-drug-cartels-top-concerns-in-mexico/.

8. Nicholas Casey, "Mexico Under Siege", *Wall Street Journal*, 19 de agosto de 2010, consultado el 4 de marzo de 2011, http://online.wsj.com/article/SB100014240527487 04557704575437762646209270.html.

9. Ibid.

10. Ioan Grillo, "Burning Down Casino Royale: Mexico's Latest Drug Atrocity", *Time*, 26 de agosto de 2011, consultado el 9de abril de 2012, http://www.time.com/time/world/ article/0,8599,2090601,00.html.

11. Lourdes Cárdenas, "Chihuahua and Its Disenchantment with Elections", *El Paso Times* (blog), 15 de junio de 2010, consultado el 18 de septiembre de 2010, http:// elpasotimes.typepad.com/mexico/2010/06/chihuahua-and-its-disenchantment-with-elections.html.

12. Mica Rosenberg, "Mexico Drug Cartels Use Gory Videos to Spread Fear", Reuters, 4 de agosto de 2010, consultado el 6 de septiembre de 2010, http://www.reuters.com/ article/idUSTRE6734E720100804.

13. José Gil Olmos, "The Mexican *Ninis*", *Proceso* (Mexico), 3 de febrero de 2010, consultado el 10 de noviembre de 2010, http://bit.ly/g9A0Ca.

14. Ioan Grillo, "Mexico's Lost Youth: Generation Narco", *Time* (en línea), 7 de noviembre de 2010, consultado el 10 de noviembre de 2010, http://www.time.com/time/ world/article/0,8599,2028912,00.html.

15. Matt Sánchez, "In Mexico, Journalists Are Becoming an Endangered Species", FOX News (en línea), 18 de agosto de 2010, consultado el 6 de septiembre de 2010, http://www.fox news.com/world/2010/08/18/mexico-journalists-increasingly-endangered-species/.

16. Ibid.

17. Ibid.

18. Entrevista personal con "José" (nombre cambiado), conducida por e-mail el 28 de septiembre de 2010.

19. Ibid.

20. Entrevista personal con "Sonia" (nombre cambiado), conducida por e-mail el 30 de septiembre de 2010.

21. "Migrantes pierden 150 mdd por extorsiones: PRI", *El Universal*, 12 de diciembre de 2010, consultado el 16 de diciembre de 2010, http://www.eluniversal.com.mx/notas/ 729900.html.

22. Karl Penhall, "Brave Few Break Mexico Drug War's Code of Silence", CNN Online, 21 de junio de 2010, consultado el 16 de septiembre de 2010, http://edition.cnn.com/ 2010/WORLD/americas/06/21/mexico.drug.war/index.html.

23. "Ejecutan a tres los 'Mata Zetas,'" *El Universal*, 19 de junio de 2009, consultado el 4 de marzo de 2011, http://www.eluniversal.com.mx/nacion/169098.html.

24. "Video en Internet confirma existencia de Grupo 'Mata Zetas,'" *Terra*, 2 de julio de 2009, consultado el 4 de marzo de 2011, http://www.terra.com.mx/articulo.aspx ?articuloId=842793&ref=1.

25. Sylvia Longmire, "The More Deadly Side of Growing Vigilantism in Mexico", Mexi-Data.info, 2 de noviembre de 2009, consultado el 16 de septiembre de 2010, http:// www.mexidata.info/id2451.html.

26. "Is the Fuse Lit? Uprising/Lynching in Chihuahua", *Chihuahua News*, 22 de septiembre de 2010.

27. Ibid.

CAPÍTULO 7: EL PLAN DE FELIPE CALDERÓN PARA SALVAR A MÉXICO

1. "Profile: Felipe Calderón", BBC News, 5 de septiembre de 2006, consultado el 16 de noviembre de 2010, http://news.bbc.co.uk/2/hi/americas/5318434.stm.

2. Ibid.

3. "Mexican Military Losing Drug War Support", MSNBC.com (Associated Press), 26 de julio de 2010, consultado el 20 de septiembre de 2010, http://www.msnbc.msn .com/id/25851906/.

4. Ibid.

5. Steve Fainaru y William Booth, "Mexican Army Using Torture to Battle Drug Traffickers, Rights Groups Say", *Washington Post*, 9 de julio de 2009, consultado el 16 de diciembre de 2010, http://www.washingtonpost.com/wp-dyn/content/article/2009/07/08/AR2009070804197.html.

6. "Militarization of Mexico by 'Common Citizen,'" *Borderland Beat* (blog), 13 de abril de 2010, consultado el 16 de septiembre de 2010, http://www.borderlandbeat.com/2010/04/militarization-of-mexicoby-common.html#comments.

7. Tracy Wilkinson, "Mexico Army Handling of Civilian Death Inquiries Questioned", *Los Angeles Times*, 5 de mayo de 2010, consultado el 2 de septiembre de 2010, http://articles.latimes.com/2010/may/05/world/la-fg-mexico-dead-civilians-20100505.

8. "PRI impulsa ley contra excesos militares [PRI Pushes Law Against Military Abuses]", *El Universal*, 8 de septiembre de 2010, consultado el 18 de septiembre de 2010, http://www.eluniversal.com.mx/notas/707353.html.

9. "Mexico Sacks 10% of Police Force in Corruption Probe", BBC News (UK en línea), 30 de agosto de 2010, consultado el 15 de septiembre de 2010, http://www.bbc.co.uk/news/world-latin-america-11132589.

10. Chris Hawley, "Drug Cartels Outmatch, Outgun Mexican Forces", *Republic* Mexico City Bureau, *Borderland Beat* (blog), 16 de junio de 2010, consultado el 12 de septiembre de 2010, http://www.borderlandbeat.com/2010/06/drug-cartels-outmatch-outgun-mexican.html.

11. "Data: Limited Progress in Vetting Police Forces", *Reforma* (en línea), 19 de septiembre de 2010, consultado el 20 de septiembre de 2010.

12. Rodrigo Vera, "La Policía Federal pide auxilio [The Federal Police Asks for Help]", *Proceso* (en línea), 2 de agosto de 2010, consultado el 18 de septiembre de 2010, http://www.proceso.com.mx/rv/modHome/detalleExclusiva/81985.

13. Jorge Ramos et al., "Acuerdan una sola policía por entidad [Agreement on One Unified Police Force]", *El Universal*, 4 de junio de 2010, consultado el 22 de septiembre de 2010, http://www.eluniversal.com.mx/notas/685409.html.

14. "Alcaldes de la ZMG rechazan el mando único en la policía", *Milenio* (en línea), 24 de junio de 2010, consultado el 19 de septiembre de 2010, http://www.milenio.com/node/471947.

15. Chris Hawley y Sergio Colache, "Mexico Cracks Down on Police Corruption", *USA Today*, febrero 6 de 2008, consultado el 4 de marzo de 2011, http://www.policeone.com/international/articles/1658569-Mexico-cracks-down-on-police-corruption/.

16. "Mexico's Criminal Justice System: A Guide for U.S. Citizens Arrested in Mexico", Consulado de Estados Unidos en Tijuana, consultado el 16 de noviembre de 2010, http://tijuana.usconsulate.gov/root/pdfs/telegalcriminalguide.pdf.

17. Brady McCombs, "U.S. to Aid Mexico's Judicial Reforms", *Arizona Daily Star*, 27 de

septiembre de 2010, consultado el 16 de noviembre de 2010, http://azstarnet.com/news/local/border/article_7025a974-11b4-5544-b646-6a1f9e7215f7.html.

18. David Luhnow, "Presumption of Guilt", *Wall Street Journal*, 17 de octubre de 2009, consultado el 4 de marzo de 2011, http://online.wsj.com/article/SB10001424052748704322004574475492261338318.html.

19. Ken Ellingwood y Tracy Wilkinson, "Corruption Sweep in Mexico's Michoacan Unravels in the Courts", *Los Angeles Times*, 12 de diciembre de 2010, consultado el 15 de diciembre de 2010, http://www.latimes.com/news/nationworld/world/la-fg-mexico-michoacan-20101212,0,6080015.story.

20. Ibid.

21. "Resignation in Mexican Missing Girl Paulette Case", BBC News, 26 de mayo de 2010, consultado el 16 de noviembre de 2010, http://www.bbc.co.uk/news/10168243. Cuando este libro fue a imprenta no se sabía el resultado de este caso.

22. Ibid.

23. Tracy Wilkinson, "Mexico Sees Inside Job in Prison Break", *Los Angeles Times*, 18 de mayo de 2009, consultado el 16 de noviembre de 2010, http://articles.latimes.com/2009/may/18/world/fg-mexicoprison18.

24. Ibarra Ramirez y Mark Stevenson, "Guards confess in Mexican prison break", *The Sydney Morning Herald*, 21 de febrero de 2012, consultado el 9 de abril de 2012, http://news.smh.com.au/breaking-news-world/guards-confess-in-mexican-prison-break-20120221-1tk6z.html.

25. McCombs, *Arizona Daily Star*.

26. Miguel Sarré, "Mexico's Judicial Reform and Long-Term Challenges", presentado en el Policy Forum: U.S.-Mexico Security Cooperation and the Merida Initiative, realizado por el Instituto México del Woodrow Wilson Center for International Scholars, Capitolio, Washington, DC, 9 de mayo de 2008.

27. Tracy Wilkinson, "Mexico Moves Quietly to Decriminalize Minor Drug Use", *Los Angeles Times*, 21 de junio de 2009, consultado el 14 de septiembre de 2010, http://articles.latimes.com/2009/jun/21/world/fg-mexico-decriminalize21.

28. Jim DeMint, "Finish the Border Fence Now", *Human Events*, 17 de mayo de 2010, consultado el 27 de septiembre de 2010, http://www.humanevents.com/article.php?id=37025.

29. Christopher Sherman, "Texans on wrong side of border fence grow anxious", *The Houston Chronicle*, 21 de febrero de 2012, consultado el 9 de abril de 2012, http://www.chron.com/news/article/Texans-on-wrong-side-of-border-fence-grow-anxious-3292309.php.

30. "Mexico Still Indignant Over Wall", *Taipei Times* (Associated Press), 22 de diciembre de 2005, consultado el 4 de marzo de 2011, http://www.taipeitimes.com/News/world/archives/2005/12/22/2003285521.

31. "A Fence for the Southern Border of . . . Mexico", *The Blaze*, 22 de septiembre de 2010, consultado el 16 de noviembre de 2010, http://www.theblaze.com/stories/a-fence-for-the-southern-border-ofmexico/.

32. "How Mexico Treats Its Illegal Aliens", Creators.com, consultado el 16 de noviembre de 2010, http://www.creators.com/conservative/michelle-malkin/how-mexico-treats-its-illegal-aliens.html.

33. Chris Hawley, "Activists Blast Mexico's Immigration Law", *USA Today*, 25 de mayo de 2010, consultado el 16 de noviembre de 2010, http://www.usatoday.com/news/world/2010-05-25-mexico-migrants_N.htm.

34. "U.S. Foreign Economic and Military Aid Programs: 1980 to 2007", sitio web del Buró del Censo de Estados Unidos, consultado el 14 de septiembre de 2010, http://www.census.gov/compendia/statab/2010/tables/10s1262.pdf.

35. "Mérida Initiative: The United States Has Provided Counternarcotics and Anticrime Support but Needs Better Performance Measures", Oficina de Responsabilidad del Gobierno (GAO-10-837), 21 de julio de 2010, consultado el 20 de septiembre de 2010, http://www.gao.gov/products/GAO-10-837.

36. Tracy Wilkinson, "Mexican drug traffickers undermine elections", *The Los Angeles Times*, 14 de noviembre de 2011, consultado el 9 de abril de 2012, http://articles .latimes.com/2011/nov/14/world/la-fg-mexico-michoacan-elections-20111114.

CAPÍTULO 8: LA LUCHA POR DETENER A LOS CARTELES AL NORTE DE LA FRONTERA

1. El nombre del agente de la Patrulla Fronteriza en este relato se cambió para proteger su identidad. Todos los detalles son reales, basados en una entrevista con un agente activo de la Patrulla Fronteriza de Estados Unidos.

2. "This Is CBP", sitio web público del Oficina de Aduanas y Protección Fronteriza de los Estados Unidos, consultado el 12 de mayo de 2010, http://www.cbp.gov/xp/cgov/ about/mission/cbp_is.xml.

3. "Who We Are and What We Do", sitio web público de la Patrulla Fronteriza de Estados Unidos, consultado el 12 de mayo de 2010, http://www.cbp.gov/xp/cgov/border _security/border_patrol/who_we_are.xml.

4. "Hereford Ranch Hand Accused of Smuggling", KSWT13 News (en línea), 18 de diciembre de 2010, consultado el 19 de diciembre de 2010, http://www.kswt.com/ Global/story.asp?S=13708128. Cuando este libro fue a imprenta no se sabía el resultado de este caso.

5. "ICE Operation in Florida Nets 95 Arrests", *USA Today*, 13 de diciembre de 2010, consultado el 19 de diciembre de 2010, http://www.miamiherald.com/2010/12/13/ 1971290/ice-operation-in-floridanets.html.

6. "Francisco Javier Arellano-Felix Sentenced to Life in Prison", *Imperial Valley News*, 6 de noviembre de 2007, consultado el 19 de diciembre de 2010, http://imperialvalley news.com/index.php?option=com_content&task=view&id=277&Itemid=2.

7. "DEA Mission Statement", sitio web público de la Administración para Control de Drogas (DEA), consultado el 12 de mayo de 2010, http://www.justice.gov/dea/agency/ mission.htm.

8. "Strategic Plan—Fiscal Years 2010–2016", sitio web público del Buró de Control de Bebidas Alcohólicas, Tabaco, Armas de Fuego y Explosivos consultado el 13 de mayo de 2010, http://www.atf.gov/publications/general/strategic-plan/.

9. Alicia Caldwell, "Mexico Army Likely Part of Border Incident (Says Hudspeth County Sheriff)", Free Republic (Associated Press), 27 de enero de 2006, consultado el 21 de diciembre de 2010, http://www.freerepublic.com/focus/f-news/1566642/posts.

10. "Homeland Security Support", sitio web público de la Fuerza de Tarea Conjunta del Comando Norte, consultado el 18 de mayo de 2010, http://www.jtfn.northcom.mil/ subpages/homeland_s.html.

11. Maria Recio, "Obama May Send Guard to Help Stem Border Violence", *Houston Chronicle*, 12 de marzo de 2009, consultado el 20 de mayo de 2010, http://www.chron.com/disp/story.mpl/nation/6306226.html.

12. "Border Enforcement Security Task Forces", sitio web público del Servicio de Inmigración y Control de Aduanas de Estados Unidos, 3 de noviembre de 2009, consultado el 18 de mayo de 2010, http://www.ice.gov/pi/news/factsheets/080226best_fact_ sheet.htm.

13. "El Paso Intelligence Center", sitio web público de la Administración para Control de Drogas (DEA), consultado el 18 de mayo de 2010, http://www.justice.gov/dea/pro grams/epic.htm.

14. Los nombres de los dos agentes de la Patrulla Fronteriza en este relato se cambiaron

para proteger sus identidades. Todos los detalles son reales, basados en una entrevista con un agente activo de la Patrulla Fronteriza de Estados Unidos.

15. "ATF, ICE Update Partnership Agreement to Maximize Investigative Efforts", parte de prensa, Servicio de Inmigración y Control de Aduanas de Estados Unidos, 30 de junio de 2010, consultado el 19 de noviembre de 2010, http://www.ice.gov/news/releases/0906/090630albuquerque.htm.

16. Michael Isikoff, "U.S. Bid to Stem Flow of Weapons to Mexico Cartels Misfires", MSNBC.com, 21 de septiembre de 2010, consultado el 21 de enero de 2011, http://www.msnbc.msn.com/id/39282887/ns/us_news-crime_and_courts/.

17. Rick Jervis, "Arrests of Border Agents on the Rise", USA Today, 24 de abril de 2009, consultado el 19 de noviembre de 2010, http://www.usatoday.com/news/nation/2009-04-23-borderagent_N.htm.

18. "Investigation into Corruption Amongst U.S. Border Patrol Agents Released", KVEO23 News, 11 de junio de 2011, consultado el 9 de abril de 2012, http://www.kveo.com/news/investigation-into-corruption-amongst-us-border-patrol-agents-released.

19. Ibid.

20. Ceci Connolly, "Woman's Links to Mexican Drug Cartel a Saga of Corruption on U.S. Side of Border", Washington Post, 25 de septiembre de 2010, consultado el 19 de noviembre de 2010, http://www.washingtonpost.com/wp-dyn/content/article/2010/09/11/AR2010091105687.html?tid=nn_twitter.

21. Richard Marosi, "U.S. Border Inspector Charged with Drug Conspiracy", Los Angeles Times, 25 de septiembre de 2010, consultado el 19 de noviembre de 2010, http://www.latimes.com/news/local/la-mecorruption-20100925,0,6470787.story.

22. Richard Marosi, "U.S. Border Officer Accused of Accepting Bribes to Allow Illegal Immigrants to Cross Border", Los Angeles Times, 30 de septiembre de 2010, consultado el 19 de noviembre de 2010, http://latimesblogs.latimes.com/lanow/2010/09/us-border-officer-accused-of-accepting-bribes-toallow-illegal-immigrants-to-cross-border.html.

23. Connolly, Washington Post.

24. Julia Preston, "Officers on Border Team Up to Quell Violence", New York Times, 25 de marzo de 2010, consultado el 19 de noviembre de 2010, http://www.nytimes.com/2010/03/26/world/americas/26border.html?_r=1&src=tptw.

25. Mark Mazetti y Ginger Thompson, "U.S. Widens Role in Mexican Fight", The New York Times, 26 de agosto de 2012, consultado el 9 de abril de 2012, http://www.nytimes.com/2011/08/26/world/americas/26drugs.html?pagewanted=all.

CAPÍTULO 9: LOS CULTIVADORES DE MARIHUANA EN ESTADOS UNIDOS

1. John Gettman, "Marijuana Production in the United States (2006)", The Bulletin of Cannabis Reform, diciembre de 2006, consultado el 14 de mayo de 2010, http://www.drugscience.org/Archive/bcr2/MJCropReport_2006.pdf.

2. "Marihuana Grow Sites Found on National Forests in 20 States", Environmental News Service, 9 de diciembre de 2011, consultado el 10 de abril de 2012, http://www.ens-newswire.com/ens/dec2011/2011-12-09-093.html.

3. Cynthia Schweigert, "Growing Marijuana on Public Land", WKBT.com, 13 de mayo de 2010, consultado el 22 de noviembre de 2010, http://www.wkbt.com/global/story.asp?s=12473429.

4. "National Forests Urge Awareness of Drug Operations", The Daily Reporter, 22 de noviembre de 2010, consultado el 24 de noviembre de 2010, http://www.thedailyreporter.com/newsnow/x96441365/National-forests-urge-awareness-of-drug-operations.

5. "Sheriff: Mexican Cartels Growing Pot in Georgia Parks", WSBTV.com, 9 de noviembre de 2010, consultado el 24 de noviembre de 2010, http://www.wsbtv.com/news/25675125/detail.html.

6. "State of Kentucky Profile of Drug Indicators", Oficina de Política Nacional para el Control de Drogas, Drug Policy Information Clearinghouse, febrero de 2008, consultado el 5 de marzo de 2011, http://www.whitehousedrugpolicy.gov/statelocal/ky/ky.pdf.

7. Russell Jones, "Marijuana Found Growing at Fort Smith Park", KFSM5 News Online, 2 de junio de 2010, consultado el 16 de junio de 2010, http://www.kfsm.com/news/kfsm-news-marijuana-found-at-citypark,0,2583938.story.

8. Sean Markey, "Marijuana War Smolders on U.S. Public Lands", *National Geographic News*, 4 de noviembre de 2003, consultado el 20 de noviembre de 2010, http://news.nationalgeographic.com/news/2003/11/1103_031104_marijuana.html.

9. Katherine Peters, "Losing Ground", *Government Executive*, 1 de diciembre de 2010, consultado el 20 de noviembre de 2010, http://www.govexec.com/story_page.cfm?file path=/features/1203/1203s2.htm.

10. Markey, *National Geographic News*.

11. Lt. John Nores Jr. y James A. Swan, *War in the Woods: Combating Drug Cartels on Our Public Lands*, citado en *Crime Magazine*, 14 de noviembre 2010, consultado el 20 de noviembre de 2010, http://www.crimemagazine.com/war-woods-combating-marijuana-cartels-our-public-lands.

12. Alicia Caldwell y Manuel Valdés, "Public Lands Sprouting Marijuana Farms", *San Francisco Chronicle*, 14 de marzo de 2010, consultado el 20 de noviembre de 2010, http://articles.sfgate.com/2010-03-14/news/18831119_1_drug-gangs-marijuana-farms-mexican-growers/2.

13. Nores y Swan, *War in the Woods*.

14. Phil Taylor, "Cartels Turn U.S. Forests into Marijuana Plantations, Creating Toxic Mess", E&E Publishing, 30 de julio de 2009, consultado el 21 de noviembre de 2010, http://www.eenews.net/public/Landletter/2009/07/30/1.

15. "Operation Trident Results in Seizure of Thousands of Marijuana Plants Worth More Than $1.7 Billion", nota de prensa, Administración para Control de Drogas (DEA), 11 de agosto de 2010, consultado el 21 de noviembre de 2010, http://www.justice.gov/dea/pubs/states/newsrel/2010/sanfran081110.html.

16. Environmental News Service, 9 de diciembre de 2011.

17. Markey, *National Geographic News*.

18. NDIC 2011.

19. Taylor, E&E Publishing.

20. Steve Fainaru y William Booth, "Cartels Face an Economic Battle", *Washington Post*, 7 de octubre de 2009, consultado el 22 noviembre de 2010, http://www.washington post.com/wp-dyn/content/article/2009/10/06/AR2009100603847.html?sid=ST20091 00603892.

21. Ibid.

22. Sylvia Longmire, "Mexican Cartels Are Taking Over U.S. Marijuana Production", MexiData.info, 19 de octubre de 2009, consultado el 10 de mayo de 2010, http://www.mexidata.info/id2437.html.

23. Taylor, E&E Publishing.

24. Scott Imler, "Medical Marijuana in California: A History", *Los Angeles Times*, 6 de marzo de 2009, consultado el 22 de noviembre de 2010, http://www.latimes.com/features/health/la-oew-gutwillig-imler6-2009mar06,0,2951626.story.

25. 21 U.S.C. Capítulo 13, *Drug Abuse Prevention and Control*, 1 de febrero de 2010, consultado el 22 de noviembre 2010, http://uscode.house.gov/download/pls/21C13.txt.

26. "NorCal Cities Bring Pot Growing into the Light", FOX News (Associated Press), De noviembre de 20, 2010, consultado el 23 de noviembre de 2010, http://www.foxnews .com/us/2010/11/20/norcal-citiesbring- pot-growing-light/.

27. Patrick Stack y Clare Suddath, "A Brief History of Medical Marijuana", *Time*, 21 de octubre de 2009, consultado el 22 de noviembre de 2010, http://www.time.com/time/ health/article/0,8599,1931247,00.html.

28. Ibid.

29. Mica Rosenberg, "Mexico Marijuana Growers Learn New Tricks from U.S.", Reuters, 14 de diciembre de 2010, consultado el 16 de diciembre de 2010, http://af.reuters .com/article/worldNews/idAFTRE6BD3LA20101214?sp=true.

30. "Sheriff: Mexican Cartels Growing Pot in Georgia Parks", WSBTV.com, 9 de noviembre de 2010, consultado el 5 de marzo de 2011, http://www.wsbtv.com/news/25675 125/detail.html.

31. "Exploring the Problem of Domestic Marihuana Cultivation", declaración de David Ferrell, Director de seguridad pública e investigaciones del Servicio Forestal, Departamento de Agricultura de Estados Unidos, ante el grupo del Senado estadounidense sobre el control internacional de narcóticos, 7 de diciembre de 2011, consultado el 10 de abril de 2012, http://drugcaucus.senate.gov/hearing-12-7-11/Ferrell -Testimony.pdf.

CAPÍTULO 10: RESTABLECER LA FE Y RESCATAR A MÉXICO DE LAS MANOS DE LOS NARCOS

1. Sylvia Longmire y John P. Longmire IV, "Redefining Terrorism: Why Mexican Drug Trafficking Is More Than Just Organized Crime", *Journal of Strategic Security* 1, no. 1 (noviembre de 2008).

2. "Diputados cambian ley para que narcos sean considerados terroristas", SDPNoticias.com, 15 de diciembre de 2010, consultado el 29 de diciembre de 2010, http:// sdpnoticias.com/sdp/contenido/nacional/2010/12/15/1003/1179591.

3. Gerardo Carrillo, "Felipe Calderón and the National Security Dialog", *Borderland Beat* (blog), 13 de agosto de 2010, consultado el 26 de noviembre de 2010, http:// www.borderlandbeat.com/2010/08/felipe-calderon-and-national-security.html.

4. "Mexico: Detailed Assessment Report on Anti–Money Laundering and Combating the Finance of Terrorism", Fondo Monetario Internacional, 11 de septiembre de 2008, consultado el 2 de mayo de 2010, http://www.imf.org/external/pubs/ft/scr/ 2009/cr0907.pdf.

5. George Friedman, "Mexico and the Failed State Revisited", STRATFOR Geopolitical IntelligenceReport, 6 de abril de 2010, consultado el 26 de noviembre de 2010, http://www.stratfor.com/weekly/20100405_mexico_and_failed_state_revisited?utm_ source=facebook&utm_medium=official&utm_campaign=link.

6. Tracy Wilkinson, "Money laundering, tax evasion suck billions from Mexican economy", *The Los Angeles Times*, 30 de enero de 2012, consultado el 10 de abril de 2012, http://latimesblogs.latimes.com/world_now/2012/01/money-laundering-tax-evasion-suck-billions-from-mexican-economy-study.html.

7. Sylvia Longmire, "Mexico: Why Calderón Isn't Going After Drug Money", Examiner.com, 14 de julio de 2009, consultado el 2 de mayo de 2010, http://www.examiner .com/x-17196-South-America-Policy-Examiner~y2009m7d14-Mexico-Why-isnt-Cal deron-going-after-drug-money.

8. "In Mexico, Transactions with Dollars Face Scrutiny", *The New York Times* (Associated Press), 15 de junio de 2010, consultado el 26 de noviembre de 2010, http://www .nytimes.com/2010/06/16/world/americas/16mexico.html.

9. Michael Smith, "Banks Financing Mexico Gangs Admitted in Wells Fargo Deal", Bloomberg.com, 28 de junio de 2010, consultado el 26 de noviembre de 2010,

http://www.bloomberg.com/news/2010-06-29/banks-financing-mexico-s-drug-cartels-admitted-in-wells-fargo-s-u-s-deal.html.

10. Ibid.

11. Julian Cardona, "'Cops and Narcos' Playground Games for Mexico Kids", Reuters, 17 de mayo de 2010, consultado el 26 de noviembre de 2010, http://www.reuters.com/article/idUSTRE64G5FJ20100517.

12. Catherine Bremer, "Special Narcos' Playground Games for Mexico Kids", Reuters, 6 de octubre de 2010, consultado el 26 de noviembre de 2010, http://af.reuters.com/article/worldNews/idAFTRE69530J20101006?sp=true.

13. Ibid.

14. Julian Cardona, "Youth Orchestra a Ray of Hope in Mexico Drug War", Reuters, 6 de diciembre de 2010, consultado el 15 de diciembre de 2010, http://uk.reuters.com/article/idUKTRE6B541D20101206.

CAPÍTULO 11: CÓMO MEJORAR LA SEGURIDAD EN LA FRONTERA Y MÁS ALLÁ

1. *Southwest Border Violence: Issues in Identifying and Measuring Spillover Violence*, Informe CRS Report al Congreso, Servicio de Investigación del Congreso, 16 de febrero de 2010, consultado el 5 de marzo de 2011, http://trac.syr.edu/immigration/library/P4351.pdf.

2. Kristina Davis, "San Diego's Crime Rate Fell Again in '09, Stats Show", *San Diego Union-Tribune*, 28 de enero 28 de 2010, consultado el 14 de abril de 2010, http://www.signonsandiego.com/news/2010/jan/28/citys-crime-rate-fell-again-in-09-stats-show/.

3. Dennis Wagner, "Violence Is Not Up on Arizona Border Despite Mexican Drug War", *Arizona Republic*, 2 de mayo de 2010, consultado el 14 de mayo de 2010, http://www.azcentral.com/news/articles/2010/05/02/20100502arizona-border-violence-mexico.html.

4. "AP Impact: Despite Calls for More Troops, Data Shows US-Mexico Border Is Actually PrettySafe", FOXNews.com (Associated Press), 3 de junio de 2010, consultado el 16 de junio de 2010, http://www.foxnews.com/world/2010/06/03/ap-impact-despite-calls-troops-data-shows-mexico-borderactually-pretty-safe/.

5. Sari Horwitz y James Grimaldi, "Firearms Watchdog on Short Leash", *Washington Post*, 26 de octubre de 2010, consultado el 26 de noviembre de 2010, http://www.washingtonpost.com/wp-dyn/content/article/2010/10/25/AR2010102505588.html?sid=ST2010102600379.

6. Ibid.

7. Sari Horwitz y James Grimaldi, "NRA-Led Gun Lobby Wields Powerful Influence Over ATF, U.S. Politics", *Washington Post*, 15 de diciembre de 2010, consultado el 29 de diciembre de 2010, http://www.washingtonpost.com/wp-dyn/content/article/2010/12/14/AR2010121406045.html?hpid=topnews&sid=ST2010121406431.

8. Horwitz y Grimaldi, *Washington Post*, 26 de octubre de 2010.

9. Ibid.

10. Tracy Wilkinson, "Mexico Moves Quietly to Decriminalize Minor Drug Use", *Los Angeles Times*, 21 de junio de 2009, consultado el 23 de enero de 2011, http://articles.latimes.com/2009/jun/21/world/fgmexico-decriminalize21.

11. *Tobacco Control in Developing Countries*, publicado por el OUP para el Banco Mundial y la Organización Mundial de la Salud, 2000, consultado el 14 de abril de 2010, http://www1.worldbank.org/tobacco/tcdc.asp.

12. Sylvia Longmire, "Making Sense of the Southbound Weapons Flow", MexiData.info, 17 de agosto de 2009, consultado el 5 de marzo de 2011, http://mexidata.info/id2366.html.

13. Ibid.
14. Entrevista telefónica con un funcionario principal de la ATF que prefirió mantener su anonimato.
15. Ibid.
16. Entrevista telefónica con el Procurador General de Arizona, Terry Goddard, 22 de diciembre de 2010.
17. Ibid.

CAPÍTULO 12: CONCLUSIONES: CÓMO CONTROLAR UNA GUERRA QUE NO SE PUEDE GANAR

1. Will Ripley, "Rancher's Last Stand", KRGV.com, 25 de noviembre de 2010, consultado el 25 de noviembre de 2010, http://www.krgv.com:80/news/local/story/Ranchers-Last-Stand/pBhPy5JwMUmR52HL7IB1Hg.cspx?rss=1652.
2. Daniel Borunda, "Woman Activist Slain in Chihuahua: Quest to Find Daughter's Killer Drove Self-Made Investigator", *El Paso Times*, 18 de diciembre de 2010, consultado el 29 de diciembre de 2010, http://www.elpasotimes.com/news/ci_16889727.
3. Martha Mendoza y Elliot Spagat, "AP IMPACT: Big Crackdowns on Mexican Drug Cartels Had Little, If Any, Effect on Drug Trade", *Star Tribune* (Associated Press), 1 de diciembre de 2010, consultado el 15 de diciembre de 2010, http://www.startribune.com/nation/111106914.html.
4. Alex Peña, "No Mas: Mexico Students Unite to Stop Drug War", ABC News (en línea), 23 de diciembre de 2010, consultado el 29 de diciembre de 2010, http://abcnews.go.com/International/mas-mexicostudents-unite-stop-drug-war/story?id=12462284.
5. Dudley Althaus, "Inside Juarez: Hope Amid the Despair", *Houston Chronicle*, 19 de diciembre de 2010, consultado el 29 de diciembre de 2010, http://www.chron.com/disp/story.mpl/world/7346645.html.

BIBLIOGRAFÍA

"#41 Joaquín Guzmán". *Forbes* (en línea), 11 de noviembre de 2009. Consultado el 5 de octubre de 2010. http://www.forbes.com/lists/2009/20/power-09_Joaquin-Guzman_NQB6.html.

"#701 Joaquín Guzmán Loera". *Forbes* (en línea), 11 de marzo de 2009. Consultado el 5 de octubre de 2010. http://rate.forbes.com/comments/CommentServlet?op=CPage&pageNumber=2&StoryURI=lists/2009/10/billionaires-2009-richest-people_Joaquin-Guzman-Loera_FS0Y.html&sourcename=story.

"11 More Bodies Dumped in Mexico's Veracruz," CBS.com (Associated Press), 23 de septiembre de 2011. Consultado el 5 de abril de 2012. http://www.cbsnews.com/2100-202_162-20111062.html.

"19 Patients Killed at Mexican Drug Rehab Facility". CNN (en línea), 11 de junio de 2010. Consultado el 5 de septiembre de 2010. http://edition.cnn.com/2010/WORLD/americas/06/11/mexico.patient.killings/index.html.

21 U.S.C. Capítulo 13, *Drug Abuse Prevention and Control*, 1 de febrero de 2010. Consultado el 22 noviembre de 2010. http://uscode.house.gov/download/pls/21C13.txt.

"35 Accused of Shipping Drugs from Juarez to Denver". FOX News, 8 de noviembre de 2010. Consultado el 15 de diciembre de 2010. http://www.foxnews.com/us/2010/11/08/accused-shipping-drugs-juarez-denver/.

"55 Persons Charged in Federal Court in Connection with Multi-Agency Marijuana Eradication Effort".

Nota de prensa, Departamento de Justicia de Estados Unidos, 29 de julio de 2010. Consultado el 21 de noviembre de 2010. http://www.justice.gov/usao/cae/press_releases/docs/2010/07-29-10TridentPR.pdf.

"A Fence for the Southern Border of . . . Mexico". *The Blaze*, 22 de septiembre de 2010. Consultado el 16 de noviembre de 2010. http://www.theblaze.com/stories/a-fence-for-the-southern-border-of-mexico/.

"Afghanistan Identifies Cutting Agents for Heroin". Informe Mundial sobre las Drogas de 2009, Oficina de Naciones Unidas contra las Drogas y el Delito. Consultado el 5 de noviembre de 2010. http://www.unodc.org/unodc/en/frontpage/2009/June/afghanistan-identifies-cutting-agents-for-heroin.html.

Aguilar, Julián. "Bill Would Bolster Efforts to Stop Clandestine Tunnels," *The Texas Tribune*, 7 de marzo de 2012. Consultado el 5 de abril de 2012. http://www.texastribune.org/texas-mexico-border-news/texas-mexico-border/bill-would-bolster-efforts-stop-clandestine-tunnel/.

Aguilar, Julián. "Law Enforcement Indicate Jailbreak Was to Swell Cartel Ranks". *Texas Tribune*, 18 de diciembre de 2010. Consultado el 30 de diciembre de 2010. http://www.texastribune.org/texas-mexicoborder-news/texas-mexico-border/law-enforcement-indicate-jailbreak-was-swell-carte/.

"Alcaldes de la ZMG rechazan el mando único en la policía". *Milenio* (en línea), 24 de junio de 2010. Consultado el 19 de septiembre de 2010. http://www.milenio.com/node/471947.

"The Almighty Latin Kings Nation". Sitio web de Know Gangs. Consultado el 6 de noviembre de 2010. http://www.knowgangs.com/gang_resources/profiles/kings/.

Althaus, Dudley. "Inside Juarez: Hope Amid the Despair". *Houston Chronicle*, 19 de diciembre de 2010. Consultado el 29 de diciembre de 2010. http://www.chron.com/disp/story.mpl/world/7346645.html.

———. "Mexico Confronting a Drug Addiction Epidemic". *Houston Chronicle*, 5 de octubrede 2009. Consultado el 7 de octubre de 2010. http://www.chron.com/disp/story.mpl/metropolitan/6652182.html.

"AP Impact: Despite Calls for More Troops, Data Shows US-Mexico Border Is Actually Pretty Safe".

FOXNews.com (Associated Press), 3 de junio de 2010. Consultado el 16 de junio de 2010. http://www.foxnews.com/world/2010/06/03/ap-impact-despite-calls-troops-data-shows-mexico-border-actuallypretty-safe/.

Arrillaga, Pauline. "Grisly Slayings Bring Mexican Drug War to U.S". Associated Press, 19de abril de 2009. Consultado el 4 de junio de 2010. http://www.foxnews.com/story/0,2933,517078,00.html.

"ATF, ICE Update Partnership Agreement to Maximize Investigative Efforts". Nota de prensa, Servicio de Inmigración y Control de Aduanas de Estados Unidos, 30 de junio de 2010. Consultado el 19 de noviembre de 2010. http://www.ice.gov/news/releases/0906/090630albuquerque.htm.

"ATF Says E. Washington Source of Mexico Guns". *The Spokesman-Review* (Associated Press), 13 de noviembre de 2009. http://www.spokesman.com/stories/2009/nov/13/atf-says-e-washington-sourcemexico-guns/.

"Authorities: Arrests 'Major' Blow to Trans-National Gangs". KETV7 News, 3 de junio de 2009. http://www.ketv.com/news/19647462/detail.html.

"Background Checks and Waiting Periods for Firearms Purchases: State-by-State Breakdown". Campaña Brady para la Prevención de la Violencia con Armas de Fuego. Consultado el 12 de abril de 2010. http://www.bradycampaign.org/facts/issues/?page=waitxstate.

Beith, Malcolm. *The Last Narco: Inside the Hunt for El Chapo, the World's Most Wanted Drug Lord*. New York: Grove Press de 2010. Edición Kindle.

Biscobing, Dave. "Feds: Phoenix PD used overstated kidnapping statistics". ABC15.com, 12 de marzo de 2012. Consultado el 7 de abril de 2012. http://www.abc15.com/dpp/news/local_news/investigations/feds-phoenix-pd-used-inflated-kidnapping-statistics.

Border Crossing/Entry Data. Sitio web del Buró de Estadísticas del Transporte de Estados Unidos. Consultado el 29 de marzo de 2010. http://www.TranStats.bts.gov/BorderCrossing.aspx.

"Border Enforcement Security Task Forces". Sitio web del Servicio de Inmigración y Control de Aduanas de Estados Unidos, 3 de noviembre de 2009. Consultado el 18 de mayo de 2010. http://www.ice.gov/pi/news/factsheets/080226best_fact_sheet.htm.

Borja, Elizabeth. *Brief Documentary History of the Department of Homeland Securityde 2001–2008*. Oficina de Historia, Departamento de Seguridad Nacional de Estados Unidos, 2008. http://www.dhs.gov/xlibrary/assets/brief_documentary_history_of_dhs_ 2001_2008.pdf.

Borunda, Daniel. "Activist Slain in Chihuahua: Quest to Find Daughter's Killer Drove Self-Made Investigator".
El Paso Times, 18 de diciembre de 2010. Consultado el 29 de diciembre de 2010. http://www.elpasotimes.com/news/ci_16889727.
Bremer, Catherine. "Special Narcos' Playground Games for Mexico Kids". Reuters, 6 de octubre de 2010. Consultado el 26 de noviembre de 2010. http://af.reuters.com/article/worldNews/idAFTRE69530J20101006?sp=true.
"Brothers Plead Guilty to Unlawful Gun Trafficking". Nota de prensa, Departamento de Justicia de Estados Unidos, 25 de noviembre de 2009. Consultado el 5 de abril de 2010. http://www.atf.gov/press/releases/2009/11/112509-sfbrothers-plead-guilty.html.
Bucardo, Jesús, Kimberly C. Brouwer, Carlos Magis-Rodríguez, Rebeca Ramos, Miguel Fraga, Saida G. Perez, Thomas L. Patterson y Steffanie A. Strathdee. "Historical Trends in the Production and Consumption of Illicit Drugs in Mexico: Implications for the Prevention of Blood Borne Infections". Institutos Nacionales de la Salud, 1 de abril de 2005. Consultado el 2 de noviembre de 2010. http://www.ncbi.nlm.nih.gov/pmc/articles/PMC2196212/.
Burton, Fred y Ben West. "The Barrio Azteca Trial and the Prison Gang-Cartel Interface". STRATFOR, Informe Global de Seguridad e Inteligencia, 19 de noviembre de 2008. http://www.stratfor.com/weekly/20081119_barrio_azteca_trial_and_prison_gang_cartel_interface.
Burton, Fred y Scott Stewart. "Mexico: The Third War". STRATFOR, 19 de febrero de 2009. Consultado el 5 de marzo de 2011. http://www.stratfor.com/weekly/20090218_mexico_third_war.
———. "Worrying Signs from Border Raids". STRATFOR, Informe Global de Seguridad e Inteligencia, 12 de noviembre de 2008. http://www.stratfor.com/weekly/20081112_worrying_signs_border_raids/?utm_source=Tweekly-utm.
Caldwell, Alicia. "Mexico Army Likely Part of Border Incident (Says Hudspeth County Sheriff)". Free Republic (Associated Press), 27 de enero de 2006. Consultado el 21 de diciembre de 2010. http://www.freerepublic.com/focus/f-news/1566642/posts.
Caldwell, Alicia y Manuel Valdés. "Public Lands Sprouting Marijuana Farms". *San Francisco Chronicle*, 14 de marzo de 2010. Consultado el 20 de noviembre de 2010. http://articles.sfgate.com/2010-03-14/news/18831119_1_drug-gangs-marijuana-farms-mexican-growers/2.
California Firearms Laws 2007. Departamento de Justicia de California. http://ag.ca.gov/firearms/forms/pdf/Cfl2007.pdf.
Cárdenas, Lourdes. "Chihuahua and Its Disenchantment with Elections". *El Paso Times* (blog), 15 de junio de 2010. Consultado el 18 de septiembre de 2010. http://elpasotimes.typepad.com/mexico/2010/06/chihuahua-and-its-disenchantment-with-elections.html.
———. "Renewing the Mexican Police . . . Is It possible?" *El Paso Times* (blog), 4 de junio de 2010. http://elpasotimes.typepad.com/mexico/2010/06/renewing-the-mexican-policeis-it-possible.html.
———. "Vulnerable Citizens in the Middle of the Drug War". *El Paso Times* (blog), 19 de julio de 2010. http://elpasotimes.typepad.com/mexico/2010/07/vulnerable-citizens-in-the-middle-of-thedrug-war-.html.
Cardona, Julián. " 'Cops and Narcos' Playground Games for Mexico Kids". Reuters, 17 de mayo de 2010. Consultado el 26 de noviembre de 2010. http://www.reuters.com/article/idUSTRE64G5FJ20100517.
———. "Youth Orchestra a Ray of Hope in Mexico Drug War". Reuters, 6 de diciembre de 2010. Consultado el 15 de diciembre de 2010. http://uk.reuters.com/article/idUKTRE6B541D20101206.
Carrillo, Gerardo. "Felipe Calderón and the National Security Dialog". *Borderland Beat*

(blog), 13 de agosto de 2010. Consultado el 26 de noviembre de 2010. http://www
.borderlandbeat.com/2010/08/felipecalderon-and-national-security.html.

Casey, Nicholas. "Mexico Under Siege". *Wall Street Journal*, 19 de agosto de 2010. http://
online.wsj.com/article/SB10001424052748704557704575437762646209270.html.

Castañeda, Jorge. "Mexico's Failed Drug War". Boletín de Desarrollo Económico del Instituto CATO, No. 13, 6 de mayo de 2010. http://www.cato.org/pub_display.php?pub_id
=11746.

Castillo, Mariano. "3 men with military ties arrested in murder-for-hire sting, DEA says".
CNN.com, 28 de marzo de 2012. Consultado el 5 de abril de 2012. http://articles.cnn
.com/2012-03-28/justice/justice_texas-soldiers-cartel-sting_1_drug-cartel-zetas-under
cover-agents?_s=PM:JUSTICE.

CBP Border Wait Times. Sitio web del Servicio de Aduanas y Protección Fronteriza de
Estados Unidos. Consultado el 29 de marzo de 2010. http://apps.cbp.gov/bwt/.

Chapa, Sergio. "Reynosa: Police rescue 68 kidnapped bus passengers, arrest 2 Gulf Cartel
members". ValleyCentral.com (vía BorderlandBeat.com), 20 de abril de 2011. Consultado el 6 de abril de 2012, http://www.borderlandbeat.com/2011/04/federal-police-
rescue-68-kidnapped-bus.html.

"Chaotic Shootout in Mexican Tourist Paradise Leaves 6 Dead". eTurboNews.com, 15 de
abril de 2010. Consultado el 5 de septiembre de 2010. http://www.eturbonews.com/
15547/chaotic-shootout-mexicantourist-paradise-leaves-6-dead?utm_source=feedbur
ner&utm_medium=feed&utm_campaign=Feed%3A+eturbonews+%28eTurboNews
%29&utm_content=Twitter.

Chicago HIDTA Drug Market Analysis 2010. Centro Nacional de Información sobre Drogas, abril de 2010. Consultado el 6 de noviembre de 2010. http://www.justice.gov/
ndic/pubs40/40385/product.htm#Transportation.

Clark, Jonathan. "Elite Team Was Trained to Flush Out Border Bandits". *Nogales International*, 17 de diciembre de 2010. Consultado el 19 de diciembre de 2010. http://
www.nogalesinternational.com/articles/2010/12/17/news/doc4d0b842a54a0f7343793
56.txt.

Conant, Eve y Arian Campos-Flores. "The Enemy Within: Cartel-Related Violence Has
Moved Well Beyond Border Towns". *Newsweek*, 14 de marzo de 2009. Consultado el
22 de abril de 2010. http://www.newsweek.com/id/189246/page/1.

Conery, Ben. "Drug Cartels 'Hide in Plain Sight' in U.S". *Washington Times*, 7 de junio de
2009. Consultado el 6 de junio de 2010. http://www.washingtontimes.com/news/
2009/jun/07/mexican-drug-cartels-hidein-plain-sight-in-us/.

Connolly, Ceci. "Woman's Links to Mexican Drug Cartel a Saga of Corruption on U.S.
Side of Border". *Washington Post*, 12 de septiembre de 2010. Consultado el 19 de noviembre de 2010. http://www.washingtonpost.com/wp-dyn/content/article/2010/09/
11/AR2010091105687.html?tid=nn_twitter.

Cook, Colleen. "Mexico's Drug Cartels". Servicio de Investigación del Congreso, 5 de
febrero de 2008. http://www.fas.org/sgp/crs/row/RL34215.pdf.

"Crime and Drug Cartels Top Concerns in Mexico", Proyecto Global de Actitudes y Tendencias de Pew, Centro de Investigaciones Pew, 31 de agosto de 2011. Consultado el 9
de abril de 2012, http://www.pewglobal.org/2011/08/31/crime-and-drug-cartels-top-
concerns-in-mexico/.

"Data: Limited Progress in Vetting Police Forces". *Reforma* (en línea), 19 de septiembre de
2010. Consultado el 20 de septiembre de 2010.

Davis, Kristina. "San Diego's Crime Rate Fell Again in '09, Stats Show". San Diego Union-
Tribune, 28 de enero de 2010. Consultado el 14 de abril de 2010. http://www.signon
sandiego.com/news/2010/jan/28/citys-crime-rate-fell-again-in-09-stats-show/.

DEA History, 1975–1980. Publicaciones del Departamento de Justicia de Estados Unidos.

Consultado el 12 de noviembre de 2010. http://www.justice.gov/dea/pubs/history/ 1975-1980.html.

"DEA Intel Aids in Seizure of Fully-Operational Narco Submarine in Ecuador". Nota de prensa de la DEA, Oficina de Asuntos Públicos, 3 de julio de 2010. Consultado el 5 de octubre de 2010. http://www.justice.gov/dea/pubs/pressrel/pr070310.html.

"DEA Mission Statement". Sitio web de la Dirección Antidrogas de Estados Unidos (DEA). Consultado el 12 de mayo de 2010. http://www.justice.gov/dea/agency/ mission.htm.

"Deputy shot in Hidalgo County shootout, one dead," Action 4 News, 30 de octubre de 2011. Consultado el 5 de abril de 2012. http://www.valleycentral.com/news/story.aspx ?id=680609#.T33VBJhtqRc.

DeMint, Jim. "Finish the Border Fence Now". Human Events, 17 de mayo de 2010. Consultado el 27 de septiembre de 2010. http://www.humanevents.com/article.php?id= 37025.

Dibble, Sandra. "Three Arrested in Rosarito Beach Kidnapping, Killing". San Diego Union-Tribune, 15 de abril de 2010. Consultado el 7 de octubre de 2010. http://www. signon-san-diegos.com/news/2010/apr/15/three-arrested-rosarito-beach-kidnapping-killing/.

"Diputados cambian ley para que narcos sean considerados terroristas". SDPNoticias.com, 15 de diciembre de 2010. Consultado el 29 de diciembre de 2010. http://sdp noticias.com/sdp/contenido/nacional/2010/12/15/1003/1179591.

"Drug Interdiction". Sitio web de la Guardia Costera de Estados Unidos. Consultado el 12 de mayo de 2010. http://www.uscg.mil/hq/cg5/cg531/drug_interdiction.asp.

Ellingwood, Ken. "Mexico Grapples with Drug Addiction". Los Angeles Times, 15 de octubre de 2008. Consultado el 8 de octubre de 2010. http://www.latimes.com/news/ nationworld/world/la-fg-mexaddict15-2008oct15,0,4364637.story.

Ellingwood, Ken y Tracy Wilkinson. "Corruption Sweep in Mexico's Michoacan Unravels in the Courts". Los Angeles Times, 12 de diciembre de 2010. Consultado el 15 de diciembre de 2010. http://www.latimes.com/news/nationworld/world/la-fg-mexico-michoacan-20101212,0,6080015.story.

"El Paso Intelligence Center". Sitio web de la Dirección Antidrogas de Estados Unidos (DEA). Consultado el 18 de mayo de 2010. http://www.justice.gov/dea/programs/ epic.htm.

Emmott, Robin y Julián Cardona. "85 Prisoners Escape Jail on Mexico-U.S. Border". Reuters, 10 de septiembre de 2010. Consultado el 16 de noviembre de 2010. http:// www.reuters.com/article/idUSTRE68944P20100910.

"Exploring the Problem of Domestic Marijuana Cultivation", Informe de David Ferrell, Director, Fuerzas Legales e Investigaciones, Servicio Forestal, Departamento de Agricultura de EE.UU, ante la Comisión del Senado de Estados Unidos sobre el Control Internacional de Narcóticos, 7 de diciembre de 2011. Consultado el 10 de abril de 2012. http://drugcaucus.senate.gov/hearing-12-7-11/Ferrell-Testimony.pdf.

Fainaru, Steve y William Booth. "Cartels Face an Economic Battle". Washington Post, 7 de octubre de 2009. Consultado el 22 de noviembre de 2010. http://www.washington post.com/wp-dyn/content/article/2009/10/06/AR2009100603847.html?sid=ST200910 0603892.

———. "Mexican Army Using Torture to Battle Drug Traffickers, Rights Groups Say". Washington Post, 9 de julio de 2009. Consultado el 16 de diciembre de 2010. http:// www.washingtonpost.com/wp-dyn/content/article/2009/07/08/AR2009070804197.html.

Fraga, Brian. "Sophisticated Hidden Vehicle Compartment Reveals Tricks of Drug Trade". Standard-Times, 20 de febrero de 2009. Consultado el 2 de abril de 2010. http://www .southcoasttoday.com/apps/pbcs.dll/article?AID=/20090220/NEWS/902200346.

"Francisco Javier Arellano-Felix Sentenced to Life in Prison". *Imperial Valley News*, 6 de noviembre de 2007. Consultado el 19 de diciembre de 2010. http://imperialvalleynews .com/index.php?option=com_content&task=view&id=277&Itemid=2.

Friedman, George. "Mexico and the Failed State Revisited". Informe de Inteligencia Geopolítica de STRATFOR, 6 de abril de 2010. Consultado el 26 de noviembre de 2010. http://www.stratfor.com/weekly/20100405_mexico_and_failed_state_revisited?utm_s ource=facebook&utm_medium=official&utm_campaign=link.

"From Flowers to Heroin". Agencia Central de Inteligencia. Consultado el 3 de noviembre de 2010. http://www.erowid.org/plants/poppy/poppy_article2.shtml.

"Fiscal Year 2011: The Interior Budget in Brief". Departamento del Interior de Estados Unidos, febrero de 2010. Consultado el 24 de noviembre de 2010. http://www.doi.gov/ budget/2011/11Hilites/2011_Highlights_Book.pdf.

"FY 2011 Budget in Brief". Departamento de Seguridad Nacional de Estados Unidos. Consultado el 24 de noviembre de 2010. http://www.dhs.gov/xlibrary/assets/budget_ bib_fy2011.pdf.

Gallegos, Rocío. "Se han ido 230 mil de Juárez por la violencia". *Vanguardia Informativa*, 26de agosto de 2010. Consultado el 19 de septiembre de 2010. http://www.vanguardia informativa.com/index.php/notas-rotativas/2454-se-han-ido-230-mil-de-juarez-porla-violencia.

Gettman, John. "Marijuana Production in the United States (2006)". *The Bulletin of Cannabis Reform*, diciembre de 2006. Consultado el 14 de mayo de 2010. http://www.drug science.org/Archive/bcr2/MJCropReport_2006.pdf.

Gómez Licón, Adriana. "Juárez Cancels Sept. 16 Celebration". *El Paso Times*, 30 de agosto de 2010. Consultado el 13 de septiembre de 2010. http://www.elpasotimes.com/ci_ 15935968?source=most_viewed.

González, Daniel y Dan Nowicki. "Napolitano Confirms Gang Killed Border Agent in Battle". *USA Today*, 18 de diciembre de 2010. Consultado el 19 de diciembre de 2010. http://www.usatoday.com/news/nation/2010-12-18-border-agent-killed_N.htm.

Grayson, George. *Mexico: Narco-Violence and a Failed State?* (Piscataway, NJ: Transactionde 2009).

Grayson, George W. "Death of Arturo Beltrán Leyva: What Does It Mean for Mexico's Drug War?" *E-Notes*, Instituto de Investigación de Política Extranjera, febrero de 2010. Consultado el 5 de octubre de 2010. http://www.fpri.org/enotes/201002.grayson .beltranleyva.html.

———. "La Familia: Another Deadly Mexican Syndicate". *E-Notes*, Instituto de Investigación de Política Extranjera, febrero de 2009. http://www.fpri.org/enotes/200901.gray son.lafamilia.html.

Griffin, Drew y John Murgatroyd, "Smugglers' Deadly Cargo, Cop-Killing Guns," CNN.com, 26 de marzo de 2008, http://www.cnn.com/2008/WORLD/americas/03/ 26/gun.smuggling/index.html.

Grillo, Ioan. "Burning Down Casino Royale: Mexico's Latest Drug Atrocity". *Time*, 26 de agosto de 2011. Consultado el 9 de abril de 2012, http://www.time.com/time/world/ article/0,8599,2090601,00.html.

Grillo, Ioan. "Mexico's Lost Youth: Generation Narco". *Time* (en línea), 7 de noviembre de 2010. Consultado el 10 de noviembre de 2010. http://www.time.com/time/world/ article/0,8599,2028912,00.html.

Hartstein, Larry. "Agents Raid Huge Lawrenceville Meth Lab as Part of Strike on Cartel". *Atlanta Journal-Constitution*, 22 de octubre de 2009. Consultado el 15 de mayo de 2010. http://www.ajc.com/news/gwinnett/agents-raid-huge-lawrenceville-169790 .html.

Hawley, Chris. "Activists Blast Mexico's Immigration Law". *USA Today*, 25 de mayo de

2010. Consultado el 16 de noviembre de 2010. http://www.usatoday.com/news/world/2010-05-25-mexico-migrants_N.htm.

———. "Drug Addiction Soars in Mexico". *USA Today*, 22 de julio de 2008. Consultado el 7 de octubre de 2010. http://www.usatoday.com/news/world/2008-07-22-mexaddicts_N.htm.

———. "Drug Cartels Outmatch, Outgun Mexican Forces". Buró de la Ciudad de México Republic, *Borderland Beat* (blog), 16 de junio de 2010. Consultado el 12 de septiembre de 2010. http://www.borderlandbeat.com/2010/06/drug-cartels-outmatch-outgun-mexican.html.

———. "Drug Violence Leads Schools to Teach Students to Dodge Bullets". *Arizona Republic*, 8 de julio de 2010. Consultado el 9 de septiembre de 2010. http://www.azcentral.com/arizonarepublic/news/articles/2010/07/08/20100708mexico-drug-violence-affecting-schools-and-students.html.

———. "Mexico Focuses on Police Corruption". *USA Today*, 5 de febrero de 2008. http://www.usatoday.com/news/world/2008-02-05-mexico-police_N.htm.

Hawley, Chris, y Sergio Colache. "Mexico Cracks Down on Police Corruption". *USA Today*, 6 de febrero de 2008. Consultado el 4 de marzo de 2011. http://www.policeone.com/international/articles/1658569-Mexico-cracks-down-on-police-corruption/.

"Hereford Ranch Hand Accused of Smuggling". KSWT13 News (en línea), 18 de diciembre de 2010. Consultado el 19 de diciembre de 2010. http://www.kswt.com/Global/story.asp?S=13708128.

Holstege, Sean. "More Drug Tunnels Being Found on Border". *Arizona Republic*, 25 de noviembre de 2008. Consultado el 22 abril de 2010. http://www.azcentral.com/news/articles/2008/11/25/20081125tunnels1125.html.

"Homeland Security Support". Sitio web de la Fuerza de Tarea Conjunta – Norte. Consultado el 18 de mayo de 2010. http://www.jtfn.northcom.mil/subpages/homeland_s.html.

Hoover, William, Director Interino para las Operaciones de Campo de la ATF. Informe ante el Comité del Senado en el Subcomité Judicial sobre Crímenes y Drogas, 17 de marzo de 2009.

Horwitz, Sari y James Grimaldi. "Firearms Watchdog on Short Leash". *Washington Post*, 26 de octubre de 2010. Consultado el 26 de noviembre de 2010. http://www.washingtonpost.com/wp-dyn/content/article/2010/10/25/AR2010102505588.html?sid=ST2010102600379.

———. "NRA-Led Gun Lobby Wields Powerful Influence Over ATF, U.S. Politics". *Washington Post*, 15 de diciembre de 2010. Consultado el 29 de diciembre de 2010. http://www.washingtonpost.com/wp-dyn/content/article/2010/12/14/AR2010121406045.html?hpid=topnews&sid=ST2010121406431.

"How Mexico Treats Its Illegal Aliens". Creators.com. Consultado el 16 de noviembre de 2010. http://www.creators.com/conservative/michelle-malkin/how-mexico-treats-its-illegal-aliens.html.

H. Res. 1540 for the 111th Congress, 8 de diciembre de 2010. Consultado el 15 de diciembre de 2010. http://thomas.loc.gov/cgi-bin/query/D?c111:2:./temp/~c111aFRZHb::.

"ICE Operation in Florida Nets 95 Arrests". *USA Today*, 13 de diciembre de 2010. Consultado el 19 de diciembre de 2010. http://www.miamiherald.com/2010/12/13/1971290/ice-operation-in-florida-nets.html.

Imler, Scott. "Medical Marijuana in California: A History". *Los Angeles Times*, 6 de marzo de 2009. Consultado el 22 de noviembre de 2010. http://www.latimes.com/features/health/la-oew-gutwillig-imler6-2009mar06,0,2951626.story.

"In Mexico, Transactions with Dollars Face Scrutiny". *The New York Times* (Associated Press), 15 de junio de 2010. Consultado el 26 de noviembre de 2010. http://www.nytimes.com/2010/06/16/world/americas/16mexico.html.

"Investigation into Corruption Amongst U.S. Border Patrol Agents Released". KVEO23 News, 11 de junio de 2011. Consultado el 9 de abril de 2012. http://www.kveo.com/news/investigation-into-corruption-amongst-us-border-patrol-agents-released.

Isackson, Amy. "Mexican Southbound Screening Snarling San Ysidro Traffic". KPBS.org, 28 de octubre de 2009. http://www.kpbs.org/news/2009/oct/28/mexican-southbound-screening-snarling-san-ysidro-t/.

Isikoff, Michael. "U.S. Bid to Stem Flow of Weapons to Mexico Cartels Misfires". MSNBC.com, 21 de septiembre de 2010. Consultado el 21 de enero de 2011. http://www.msnbc.msn.com/id/39282887/ns/us_news-crime_and_courts/.

"Is the Fuse Lit? Uprising/Lynching in Chihuahua". *Chihuahua News*, 22 de septiembre de 2010.

Jervis, Rick. "Arrests of Border Agents on the Rise". *USA Today*, 24 de abril de 2009. Consultado el 19 de noviembre de 2010. http://www.usatoday.com/news/nation/2009-04-23-borderagent_N.htm.

Johnson, Tim. "Mexican Corruption: Getting Worse?" *Mexico Unmasked* (McClatchy blogs), 10 de diciembre de 2010. Consultado el 15 de diciembre de 2010. http://blogs.mcclatchydc.com/mexico/2010/12/mexican-corruption-getting-worse.html.

———. "Mexican Marijuana Smugglers Turn to Ultralight Aircraft". McClatchy Newspapers, 4 de junio de 2010. Consultado el 16 de junio de 2010. http://www.mcclatchydc.com/2010/06/04/95370/mexicanmarijuana-smugglers-turn.html.

———. "Mexico's Drug Gangs Aim at New Target—Teachers". *Miami Herald*, 11 de diciembre de 2010. Consultado el 13 de diciembre de 2010. http://www.miamiherald.com/2010/12/11/1969153/mexicosdrug-gangs-aim-at-new.html#ixzz17wzyBnKG.

Jones, Russell. "Marijuana Found Growing at Fort Smith Park". KFSM5 News Online, 2 de junio de 2010. Consultado el 16 de junio de 2010. http://www.kfsm.com/news/kfsm-news-marijuana-found-at-city-park,0,2583938.story.

"Juarez Death Toll Is 3,000 So Far in 2010". UPI.com, 15 de diciembre de 2010. Consultado el 2 de marzo de 2011. http://www.upi.com/Top_News/World-News/2010/12/15/Juarez-death-toll-is-3000-so-farin-2010/UPI-42941292417150/.

"Killings, Kin and Luck Helped Drug Lord". *Albuquerque Journal* (sin fecha). Consultado el 12 de noviembre de 2010. http://www.abqjournal.com/news/drugs/6drug3-3.htm.

Knight, Meribah. "Families Fear Phone Call from Mexico's Cartels". *The New York Times*, 31 de julio de 2010. http://www.nytimes.com/2010/08/01/us/01cnccartel.html?_r=1.

Kocherga, Angela. "Evidence Links U.S., Mexico Grenade Attacks". Texas Cable News, 17 de febrero de 2009. Consultado el 5 de octubre de 2010. http://www.txcn.com/sharedcontent/dws/txcn/houston/stories/khou090212_mh_mexico_grenade_attacks.c16c1da.html.

Lomnitz, Claudio. "Understanding History of Corruption in Mexico". *University of Chicago Chronicle* 15, no. 6 (27 de noviembre de 1995). http://chronicle.uchicago.edu/951127/lomnitz.shtml.

Longmire, Sylvia. "Are Mexican Cartels Expanding for Profit or Survival?" MexiData.info, 21 de septiembre de 2009. http://www.mexidata.info/id2411.html.

———. "Making Sense of the Southbound Weapons Flow to Mexico". MexiData.info, 17 de agosto de 2009. Consultado el 6 de abril de 2010. http://mexidata.info/id2366.html.

———. "Mexican Cartels Are Taking Over U.S. Marijuana Production". MexiData.info, 19 de octubre de 2009. Consultado el 10 de mayo de 2010. http://www.mexidata.info/id2437.html.

———. "Mexico: Why Calderón Isn't Going After Drug Money". Examiner.com, 14 de julio de 2009. Consultado el 2 de mayo de 2010. http://www.examiner.com/x-17196-

South-America-Policy-Examiner~y2009m7d14-Mexico-Why-isnt-Calderon-going-after-drug-money.

———. "Mexico's Rising Drug Use and Addiction—Who Is to Blame?" MexiData.info, 12 de octubre de 2009. http://mexidata.info/id2430.html.

———. "The More Deadly Side of Growing Vigilantism in Mexico". MexiData.info, 2 de noviembre de 2009. Consultado el 16 de septiembre de 2010. http://www.mexidata.info/id2451.html.

Longmire, Sylvia y John P. Longmire IV. "Redefining Terrorism: Why Mexican Drug Trafficking Is More Than Just Organized Crime". *Journal of Strategic Security* 1, no. 1 (noviembre de 2008).

Luhnow, David. "Presumption of Guilt". *Wall Street Journal*, 17 de octubre de 2009. Consultado el 4 marzo de 2011. http://online.wsj.com/article/SB100014240527487043220 04574475492261338318.html.

Luhnow, David y José de Córdoba. "The Drug Lord Who Got Away". *Wall Street Journal*, 13 de junio de 2009. Consultado el 3 de octubre de 2010. http://online.wsj.com/article/SB124484177023110993.html.

Luhnow, David. "Mexican Kidnapping Takes Toll on Family," *The Wall Street Journal*, 21 de febrero de 2012. Consultado el 5 de abril de 2012. http://online.wsj.com/article/SB10001424052970204059804577229693016454260.html.

"Marijuana Grow Sites Found on National Forests in 20 States". Servicio de Noticias Ambientales, 9 de diciembre de 2011. Consultado el 10 de abril de 2012. http://www.ens-newswire.com/ens/dec2011/2011-12-09-093.html.

Markey, Sean. "Marijuana War Smolders on U.S. Public Lands". *National Geographic News*, 4 de noviembre de 2003. Consultado el 20 de noviembre de 2010. http://news.nationalgeographic.com/news/2003/11/1103_031104_marijuana.html.

Marosi, Richard. "U.S. Border Inspector Charged with Drug Conspiracy". *Los Angeles Times*, 25 de septiembre de 2010. Consultado el 19 de noviembre de 2010. http://www.latimes.com/news/local/la-mecorruption-20100925,0,6470787.story.

———. "U.S. Border Officer Accused of Accepting Bribes to Allow Illegal Immigrants to Cross Border". *Los Angeles Times*, 30 de septiembre de 2010. Consultado el 19 de noviembre de 2010. http://latimesblogs.latimes.com/lanow/2010/09/us-border-officer-accused-of-accepting-bribes-to-allow-illegalimmigrants-to-cross-border.html.

Mazetti, Mark y Ginger Thompson. "U.S. Widens Role in Mexican Fight". *The New York Times*, 26 de agosto de 2012. Consultado el 9 de abril de 2012. http://www.nytimes.com/2011/08/26/world/americas/26drugs.html?pagewanted=all.

"McCain Says Phoenix Is the Second Kidnapping Capital in the World". Politifact.com. Consultado el 20 de enero de 2011. http://politifact.com/texas/statements/2010/jun/28/john-mccain/mccain-saysphoenix-second-kidnapping-capital-worl/.

McCombs, Brady. "Focus in Krentz Killing on Suspect in US". *Arizona Daily Star*, 3 de mayo de 2010. Consultado el 14 de mayo de 2010. http://azstarnet.com/news/local/border/article_35ef6e3a-5632-5e58-abe7-e7697ee2f0d5.html.

———. "U.S. to Aid Mexico's Judicial Reforms". *Arizona Daily Star*, 27 de septiembre de 2010. Consultado el 16 de noviembre de 2010. http://azstarnet.com/news/local/border/article_7025a974-11b4-5544-b646-6a1f9e7215f7.html.

Medrano, Lourdes. "Smugglers' air force? Drug war sees rise in use of ultralight planes," *The Christian Science Monitor*," 12 de enero de 2012. Consultado el 5 de abril de 2012. http://www.csmonitor.com/USA/Justice/2012/0112/Smugglers-air-force-Drug-war-sees-rise-in-use-of-ultralight-planes.

Mendoza, Martha y Elliot Spagat. "AP IMPACT: Big Crackdowns on Mexican Drug Cartels Had Little, If Any, Effect on Drug Trade". *Star Tribune* (Associated Press), 1 de di-

ciembre de 2010. Consultado el 15 de diciembre de 2010. http://www.startribune
.com/nation/111106914.html.

"Merida Initiative: The United States Has Provided Counternarcotics and Anticrime Support but Needs Better Performance Measures". Oficina de Responsabilidad Financiera
del Gobierno de Estados Unidos (GAO-10-837), 21 de julio de 2010. Consultado el 20
de septiembre de 2010. http://www.gao.gov/ products/GAO-10-837.

"Mexican Drug Cartels: Two Wars and a Look Southward". STRATFOR, 16 de diciembre
de 2009.

"Mexican Military Losing Drug War Support". MSNBC.com (Associated Press), 26 de
julio de 2010. Consultado el 20 de septiembre de 2010. http://www.msnbc.msn.com/
id/25851906/.

"Mexican Police Rescue Man Kidnapped in Texas". *Latin American Herald Tribune*, 31 de
mayo de 2010. Consultado el 12 de junio de 2010. http://laht.com/article.asp
?CategoryId=14091&ArticleId=348190.

"Mexicans Continue Support for Drug War". Proyecto Global de Actitudes y Tendencias de Pew, Centro de Investigación Pew, 12 de agosto de 2010. Consultado el 12
de septiembre de 2010. http://pewglobal.org/2010/08/12/mexicanscontinue-support-
for-drug-war/.

*Mexico: Detailed Assessment Report on Anti–Money Laundering and Combating the Fi-
nance of Terrorism.* Fondo Internacional Monetario, 11 de septiembre de 2008. Consultado el 2 de mayo de 2010. http://www.imf.org/external/pubs/ft/scr/2009/cr09
07.pdf.

"Mexico Sacks 10% of Police Force in Corruption Probe". BBC News (UK online), 30 de
agosto de 2010. Consultado el 15 de septiembre de 2010. http://www.bbc.co.uk/news/
world-latin-america-11132589.

"Mexico's Ambassador on Controlling the Border". *Nation Journal*, 18 de mayo de 2010.
http://insiderinterviews.nationaljournal.com/2010/05/mexico.php.

"Mexico's Criminal Justice System: A Guide for U.S. Citizens Arrested in Mexico". Consulado de Estados Unidos en Tijuana. Consultado el 16 de noviembre de 2010. http://
tijuana.usconsulate.gov/root/pdfs/telegalcriminalguide.pdf.

"Migrantes pierden 150 mdd por extorsiones: PRI". *El Universal*, 12 de diciembre de 2010.
Consultado el 16 de diciembre de 2010. http://www.eluniversal.com.mx/notas/7299
00.html.

"Militarization Increased Drug Violence in Mexico, According to Experts". EFE News, 26
de agosto de 2010. http://mywordismyweapon.blogspot.com/2010/08/militarization-
increased-drug-violence.html.

"Militarization of Mexico by 'Common Citizen.'" *Borderland Beat* (blog), 13 de abril de
2010. Consultado el 16 de septiembre de 2010. http://www.borderlandbeat.com/2010/
04/militarization-of-mexico-by-common.html#comments.

Millman, Joel. "Case Against Gun-Store Owner Dismissed". *Wall Street Journal*, 20 de
marzo de 2009. Consultado el 15 de abril de 2010. http://online.wsj.com/article/SB12
3750753535390327.html.

———. "U.S. Gun Trial Echoes in Drug-Torn Mexico". *Wall Street Journal*, 2 de marzo de
2009. Consultado el 6 de octubre de 2010. http://online.wsj.com/article/SB12359501
2797004865.html.

Miroff, Nick y William Booth. "Mexican Drug Cartels' Newest Weapon: Cold War–Era
Grenades Made in U.S". *Washington Post*, 17 de julio de 2010. http://www.washington
post.com/wp-dyn/content/article/2010/07/16/AR2010071606252.html?sid=ST201007
2106244.

Mora, Edwin. "U.S. Alleges Mexican Drug Cartel Rented Apartments in U.S. to Re-
cruit Young Americans". CNSNews.com, 11 de enero de 2011. Consultado el 19 de

enero de 2011. http://www.cnsnews.com/news/article/federal-court-hear-case-mexican-drug-car.

Mower, Lawrence. "Search for Boy Taken from Home". *Las Vegas Review-Journal*, 16 de octubre de 2008. Consultado el 2 de mayo de 2010. http://www.lvrj.com/news/3109 5764.html.

Myers, Amanda Lee. "Chandler Beheading Raises Fears of Drug Violence". *Arizona Star* (Associated Press), 30 de octubre de 2010. Consultado el 15 de diciembre de 2010. http://azstarnet.com/news/local/crime/article_c593bd79-e887-59e5-868a-a8179cfe83 0b.html.

Registro Nacional de Laboratorios Clandestinos. Dirección Antidrogas de Estados Unidos (DEA). Consultado el 19 de enero de 2011. http://www.justice.gov/dea/seizures/index.html.

National Drug Threat Assessment 2010. Centro Nacional Antidrogas, Departamento de Justicia de Estados Unidos, febrero de 2010. Consultado el 12 de noviembre de 2010. http://www.justice.gov/ndic/pubs38/38661/index.htm.

National Drug Threat Assessment, Centro Nacional Antidrogas del Departamento de Justicia de Estados Unidos, agosto de 2011. Consultado el 5 de abril de 2012. http://www.justice.gov/ndic/pubs44/44849/44849p.pdf.

"National Forests Urge Awareness of Drug Operations". *Daily Reporter*, 22 de noviembre de 2010. Consultado el 24 de noviembre de 2010. http://www.thedailyreporter.com/newsnow/x96441365/National-forestsurge-awareness-of-drug-operations.

"NorCal Cities Bring Pot Growing into the Light". FOX News (Associated Press), 20 de noviembre de 2010. Consultado el 23 de noviembre de 2010. http://www.foxnews .com/us/2010/11/20/norcal-cities-bring-potgrowing-light/.

Nores, Lt. John Jr. y James A. Swan. *War in the Woods: Combating Drug Cartels on Our Public Lands*. Citado en *Crime Magazine*, 14 de noviembre de 2010. Consultado el 20 de noviembre de 2010. http://www.crimemagazine.com/war-woods-combating-marijuana-cartels-our-public-lands.

North Carolina Drug Threat Assessment. Centro Nacional Antidrogas, abril de 2003. http://www.justice.gov/ndic/pubs3/3690/247mericas247.htm.

NRA/ILA Firearms Laws for Arizona, Instituto de Acción Legislativa del NRA (AZ Rev. Statutes §§12-714, 13-2904, 13-3101, 13-3102, 13-3105, 13-31-07, 13-3109, 31-3112, 17-301, 17-301.1, 17-305, 17-312), febrero de 2006.

NRA/ILA Firearms Laws for New Mexico, Instituto de Acción Legislativa del NRA (NM Stat. Ann. §§ 17-2-12; 17-2-33 hasta 35; 29-19-1 hasta 12; 30-3-8; 30-7-1 hasta 16; 32A-2-33), julio de 2006.

NRA/ILA Firearms Laws for Texas, Instituto de Acción Legislativa del NRA (TX Penal Code § 46.01 et seq. and TX Govt. Code § 411.171 et seq.), enero de 2008.

Olmos, José Gil. "The Mexican *Ninis*". *Proceso* (Mexico), 3 de febrero de 2010. Consultado el 10 de noviembre de 2010. http://bit.ly/g9A0Ca/

"Operation Trident Results in Seizure of Thousands of Marijuana Plants Worth More Than $1.7 Billion". Nota de prensa, Dirección Antidrogas de Estados Unidos (DEA), 11 de agosto de 2010. Consultado el 21 de noviembre de 2010. http://www.justice.gov/dea/pubs/states/newsrel/2010/sanfran081110.html.

Papenfuss, Mary. "Mexican Cartel Crew Indicted in San Diego Kidnap-Murders". Newser.com, 14 de agosto de 2009. Consultado el 28 de abril de 2010. http://www.newser .com/story/66901/mexican-cartel-crewindicted-in-san-diego-kidnap-murders.html.

Peña, Alex. "No Mas: Mexico Students Unite to Stop Drug War". ABC News (en línea), 23 de diciembre de 2010. Consultado el 29 de diciembre de 2010. http://abcnews.go .com/International/mas-mexico-studentsunite-stop-drug-war/story?id=12462284.

Penhall, Karl. "Brave Few Break Mexico Drug War's Code of Silence". CNN Online, 21 de junio de 2010. Consultado el 16 de septiembre de 2010. http://edition.cnn.com/2010/WORLD/americas/06/21/mexico.drug.war/index.html.

Peters, Katherine. "Losing Ground". *Government Executive*, 1 de diciembre de 2010. Consultado el 20 de noviembre de 2010. http://www.govexec.com/story_page.cfm?file path=/features/1203/1203s2.htm.

Phillips, Jen. "Mexico's New Super-Cartel Ups Violence in Power Play". *Mother Jones*, 13 de abril de 2010. Consultado el 3 de octubre de 2010. http://motherjones.com/mojo/2010/04/evolution-mexicos-cartel-war.

"Phoenix Bars Provide Recruiting Ground for Cartels, Authorities Say". FOX News (en línea), 27 de agosto de 2010. Consultado el 5 de octubre de 2010. http://www.foxnews.com/us/2010/08/27/phoenix-barsprovide-recruiting-ground-cartels-authorities-say/.

"Police Lift Amber Alert for Abducted Las Vegas Boy". CNN Online, 18 de octubre de 2008. Consultado el 6 de octubre de 2010. http://www.cnn.com/2008/CRIME/10/18/nevada.boy.kidnapped/index.html.

"Potent Mexican Crystal Meth on the Rise as States Curb Domestic Meth Production". Asociación Pro-América Libre de Drogas, 25 de enero de 2006. http://www.drugfree.org/Portal/DrugIssue/News/Potent_Mexican_Crystal_Meth_on_the_Rise.

"PRI impulsa ley contra excesos militares [PRI Pushes Law Against Military Abuses]". *El Universal*, 8 de septiembre de 2010. Consultado el 18 de septiembre de 2010. http://www.eluniversal.com.mx/notas/707353.html.

Preston, Julia. "Officers on Border Team Up to Quell Violence". *New York Times*, 25 de marzo de 2010. Consultado el 19 de noviembre de 2010. http://www.nytimes.com/2010/03/26/world/americas/26border.html?_r=1&src=tptw.

"Profile: Felipe Calderón". BBC News, 5 de septiembre de 2006. Consultado el 16 de noviembre de 2010. http://news.bbc.co.uk/2/hi/248mericas/5318434.stm.

"Project Gunrunner". Hoja Informativa de ATF, División de Asuntos Públicos del Buró de Alcohol, Tabaco, Armas de Fuego y Explosivos, agosto de 2008. http://www.atf.gov/publications/factsheets/factsheet-projectgunrunner.Html.

Ramírez, Ibarra y Mark Stevenson. "Guards confess in Mexican prison break". *The Sydney Morning Herald*, 21 de febrero de 2012. Consultado el 9 de abril de 2012. http://news.smh.com.au/breaking-news-world/guards-confess-in-mexican-prison-break-20120221-1tk6z.html.

Ramos, Jorge, Gerardo Mejía y Ricardo Gómez. "Acuerdan una sola policía por entidad". *El Universal*, 4 de junio de 2010. Consultado el 22 de septiembre de 2010. http://www.eluniversal.com.mx/notas/685409.html.

Recio, María. "Obama May Send Guard to Help Stem Border Violence". *Houston Chronicle*, 12 de marzo de 2009. Consultado el 20 de mayo de 2010. http://www.chron.com/disp/story.mpl/nation/6306226.html.

"Review of ATF's Project Gunrunner". Departamento de Justicia de Estados Unidos, Oficina del Inspector General, División de Evaluaciones e Inspecciones, noviembre de 2010. Consultado el 4 de marzo de 2011. http://www.justice.gov/oig/reports/ATF/e1101.pdf.

"Resignation in Mexican Missing Girl Paulette Case". BBC News, 26 de mayo de 2010. Consultado el 16 de noviembre de 2010. http://www.bbc.co.uk/news/10168243.

Riccardi, Nicholas. "Kidnapped Boy Is Safe". *Los Angeles Times*, 20 de octubre de 2008. Consultado el 6 de mayo de 2010. http://articles.latimes.com/2008/oct/20/nation/na-kidnap20.

Ríos, Viridiana. "Evaluating the Economic Impact of Drug Traffic in Mexico". Departamento del Gobierno, Harvard University, 2007.

Ripley, Will. "Rancher's Last Stand". KRGV.com, 25 de noviembre de 2010. Consultado el

25 de noviembre de 2010. http://www.krgv.com:80/news/local/story/Ranchers-Last-Stand/pBhPy5JwMUmR52HL7IB1Hg.cspx?rss=1652.

Roebuck, Jeremy. "McAllen Man Kidnapped, Held in Mexico Returned to U.S. Soil". *The Monitor*, 30 de noviembre de 2009. http://www.themonitor.com/articles/mcallen-33018-soil-held.html.

Rosenberg, Mica. "Mexico Drug Cartels Use Gory Videos to Spread Fear". Reuters, 4 de agosto de 2010. Consultado el 6 de septiembre de 2010. http://www.reuters.com/article/idUSTRE6734E720100804.

―――. "Mexico Marijuana Growers Learn New Tricks from U.S". Reuters, 14 de diciembre de 2010. Consultado el 16 de diciembre de 2010. http://af.reuters.com/article/worldNews/idAFTRE6BD3LA20101214?sp=true.

Roséndiz, Francisco. "Nayarit: cancelan clases por miedo" [Nayarit: Classes Canceled due to Fear]. *El Universal*, 16 de junio de 2010. Consultado el 6 de septiembre de 2010. http://www.eluniversal.com.mx/primera/35095.html.

Ross, Brian, Richard Espósito y Joseph Rhee. "ATF: Phoenix Gun Dealer Supplied Mexican Cartels". ABC News, 6 de mayo de 2008. Consultado el 12 de abril de 2010. http://abcnews.go.com/Blotter/story?id=4796380&page=1.

Ruiz, Gustavo. "20 Kidnapped in Acapulco Had No Criminal Records". Associated Press, 5 de octubre de 2010. Consultado el 6 de octubre de 2010. http://www.google.com/hostednews/ap/article/ALeqM5gMi5B2UsfJStXxfqgWWr2xjRYpOgD9ILSLM01?docId=D9ILSLM01.

Sabalow, Ryan. "UPDATED: Marijuana on Public Lands: Herger Urges Feds to Devise a Strategy". Redding.com, 29 de julio de 2010. Consultado el 24 de noviembre de 2010. http://www.redding.com/news/2010/jul/29/marijuana-on-public-lands-herger-urges-feds-to-a/.

Sánchez, Matt. "In Mexico, Journalists Are Becoming an Endangered Species". FOX News (en línea), 18 de agosto de 2010. Consultado el 6 de septiembre de 2010. http://www.foxnews.com/world/2010/08/18/mexico-journalists-increasingly-endangered-species/.

Sarré, Miguel. "Mexico's Judicial Reform and Long-Term Challenges". Presentado en el Foro de Política: Cooperación EE.UU-México y la Iniciativa Mérida, convocado por el Instituto Mexicano del Centro Woodrow Wilson para Becas Internacionales, Capitolio, Washington, DC, 9 de mayo de 2008.

Schiller, Dane. "Mexican Cartels Infiltrate Houston". *Houston Chronicle*, 7 de marzo de 2009. Consultado el 12 de julio de 2010. http://www.chron.com/disp/story.mpl/metropolitan/6299436.html.

Schiller, Dane. "Zeta soldiers launched Mexico-style attack in Harris County," *The Houston Chronicle*, 23 de noviembre de 2011. Consultado el 5 de abril de 2012. http://www.chron.com/news/houston-texas/article/Zeta-soldiers-launched-Mexico-style-attack-in-2283370.php.

Schweigert, Cynthia. "Growing Marijuana on Public Land". WKBT.com, 13 de mayo de 2010. Consultado el 22 de noviembre de 2010. http://www.wkbt.com/global/story.asp?s=12473429.

"Secretary Napolitano Announces Major Southwest Border Security Initiative". Nota de prensa, Oficina de la Secretaría de Prensa, Departamento de Seguridad Nacional de Estados Unidos, 24 de marzo de 2009. http://www.dhs.gov/ynews/releases/pr_1237909530921.shtm.

Seelke, Clare R. "Mexico-U.S. Relations: Issues for Congress". Servicio Congresional de Investigación, 17 de marzo de 2010. Consultado el 11 de marzo de 2011. http://www.dtic.mil/cgi-bin/GetTRDoc?Location=U2&doc=GetTRDoc.pdf&AD=ADA517310.

"Sheriff: Mexican Cartels Growing Pot in Georgia Parks". WSBTV.com, 9 de noviembre de 2010. Consultado el 24 de noviembre de 2010. http://www.wsbtv.com/news/25675125/detail.html.

Sherman, Christopher. "Texans on wrong side of border fence grow anxious". *The Houston Chronicle*, 21 de febrero de 2012. Consultado el 9 de abril de 2012. http://www.chron.com/news/article/Texans-on-wrong-side-of-border-fence-grow-anxious-3292309.php.

Smith, Michael. "Banks Financing Mexico Gangs Admitted in Wells Fargo Deal". Bloomberg.com, 28 de junio de 2010. Consultado el 26 de noviembre de 2010. http://www.bloomberg.com/news/2010-06-29/banks-financing-mexico-s-drug-cartels-admitted-in-wells-fargo-s-u-s-deal.html.

"Southwest Border HIDTA California Partnership". Sitio web de la Oficina Nacional para la Política de Control de las Drogas, Areas de Más Intensidad en el Tráfico de Drogas. Consultado el 18 de mayo de 2010. http://www.ncjrs.gov/ondcppubs/publications/enforce/hidta2001/ca-fs.html.

"Southwest Border Region—Drug Transportation and Homeland Security Issues". *National Drug Threat Assessment 2008*. Centro Nacional Antidrogas. Consultado el 5 de octubre de 2010. http://www.justice.gov/ndic/pubs25/25921/border.htm.

Southwest Border Violence: Issues in Identifying and Measuring Spillover Violence. Informe del CRS al Congreso, Servicio de Investigación Congresional, 10 de febrero de 2010. Consultado el 5 de marzo de 2011, http://trac.syr.edu/immigration/library/P4351.pdf.

Stack, Patrick y Clare Suddath. "A Brief History of Medical Marijuana". *Time*, 21 de octubre de 2009. Consultado el 22 de noviembre de 2010. http://www.time.com/time/health/article/0,8599,1931247,00.html.

Código Penal del Estado de California §§ 12001.5, 12020(a)(1).

Código Penal del Estado de California § 12072(a).

Código Penal del Estado de California § 12220.

Código Penal del Estado de California § 12280.

Código Penal del Estado de California §§ 12320, 12321.

Stern, Ray. "George Iknadosian, Accused of Supplying Mexican Cartels with Guns, Sues Arizona, City of Phoenix and Terry Goddard". *Phoenix New Times*, 24 de marzo de 2010. Consultado el 6 de octubre de 2010. http://blogs.phoenixnewtimes.com/valleyfever/2010/03/george_iknadosian_accused_of_s.php.

Strange, Hannah. "Mexican Drug Gang Killers Cut Out Victims' Hearts". *Times* (UK), 8 de junio de 2010. Consultado el 6 de septiembre de 2010. http://www.timesonline.co.uk/tol/news/world/us_and_americas/article7145669.ece.

"Strategic Plan—Fiscal Years 2010–2016". Sitio web del Buró de Alcohol, Tabaco, Armas de Fuego y Explosivos. Consultado el 13 de mayo de 2010. http://www.atf.gov/publications/general/strategic-plan/.

Taylor, Phil. "Cartels Turn U.S. Forests into Marijuana Plantations, Creating Toxic Mess". E&E Publishing, 30 de julio de 2009. Consultado el 21 de noviembre de 2010. http://www.eenews.net/public/Landletter/2009/07/30/1.

"This Is CBP". Sitio web de Protección Fronteriza y de Aduanas de Estados Unidos. Consultado el 12 de mayo de 2010. http://www.cbp.gov/xp/cgov/about/mission/cbp_is.xml.

Tobacco Control in Developing Countries. Publicado por el OUP para el Banco Internacional y la Organización Mundial de la Salud del 2000. Consultado el 14 de abril de 2010. http://www1.worldbank.org/tobacco/tcdc.asp.

"Trial: Kidnapping Victim 'Cooked' in Mexico". KGBT News, 20 de enero de 2010. Consultado el 7 de octubre de 2010. http://www.valleycentral.com/news/story.aspx?id=404432.

Estados Unidos de América Vs Uvaldo Salazar-López. Querella Criminal, Corte del Distrito de Nevada de Estados Unidos. Caso 2:09-mj-00002-LRL-LRL, 1 de mayo de 2009. Consultado mediante PACER en línea.

"U.S. Foreign Economic and Military Aid Programs: 1980 to 2007". Sitio web del Buró del Censo de Estados Unidos. Consultado el 14 de septiembre de 2010. http://www .census.gov/compendia/statab/2010/tables/10s1262.pdf.

"U.S. Guns Pour into Mexico". *Arizona Republic*, 16 de enero de 2007.

"U.S., Mexican Authorities Investigating Cross-Border Tunnel near San Diego". Sitio web del Servicio de Inmigración y Control de Aduanas de Estados Unidos, 2 de diciembre de 2009. Consultado el 18 de mayo de 2010. http://www.ice.gov/pi/nr/0912/091202 sandiego.htm.

Valdez, Diana Washington. "Juárez Reports 38% Fewer Homicides in 2011," *The El Paso Times* (vía BorderlandBeat.com), 2 de enero de 2012. Consultado el 5 de abril de 2012. http://www.borderlandbeat.com/2012/01/juarez-reports-38-fewer-homicides-in .html.

Vera, Rodrigo. "La Policía Federal pide auxilio". *Proceso* (en línea), 2 de agosto de 2010. Consultado el 18 de septiembre de 2010. http://www.proceso.com.mx/rv/modHome/ detalleExclusiva/81985.

Villagran, Lauren. "Probes by Authorities Sputter as Violence in Mexico Mounts". *Dallas Morning News*, 7 de octubre de 2010. Consultado el 7 de octubre de 2010. http://www .dallasnews.com/sharedcontent/dws/news/world/stories/DN-mexcrime_07int.ART .State.Edition1.488b5bf.html.

Villalba, Oscar. "Officials Say Gunmen Killed 17 at Party in Mexico". AOL News (Associated Press), 19 de julio de 2010. Consultado el 6 de septiembre de 2010. http://www .aolnews.com/world/article/officials-saygunmen-kill-17-at-party-in-mexico/19558786 ?icid=main%7Chtmlws-main-n%7Cdl1%7Clink4%7Chttp%3A%2F%2Fwww.aolnews .com%2Fworld%2Farticle%2Fofficials-say-gunmen-kill-17-at-party-in-mexico%2F19 558786.

"Violence Along the Southwest Border". Ante el Comité de Apropiaciones del Senado, Subcomité sobre el Comercio, Justicia, Ciencia y Agencias Relacionadas, 24 de marzo de 2009. (Informe de Joseph M. Arabit, Agente Especial, División de El Paso de la Dirección Antidrogas -DEA). http://www.usdoj.gov/dea/speeches/s032409.pdf.

Wagner, Dennis. "ATF gun probe: Behind the fall of Operation Fast and Furious". *The Arizona Republic*, 27 de noviembre de 2011. Consultado el 6 de abril de 2012. http:// www.azcentral.com/arizonarepublic/news/articles/2011/11/12/20111112atf-gun-probe- operation-fast-and-furious-fall.html.

Wagner, Dennis. "Violence Is Not Up on Arizona Border Despite Mexican Drug War". *The Arizona Republic*, 2 de mayo de 2010. Consultado el 14 de mayo de 2010. http://www.azcentral.com/news/articles/2010/05/02/20100502arizona-border-violence- mexico.html.

Wayland, Michelle. "DA: Brutal Kidnapping, Murder Crew Dismantled". NBC San Diego (en línea), 14 de agosto de 2009. Consultado el 6 de mayo de 2010. http://www.nbc sandiego.com/news/local-beat/DABrutal-Kidnapping-Murder-Crew-Dismantled---- 53146782.html.

West Texas High Intensity Drug Trafficking Area Drug Market Analysis 2009. Centro Nacional Antidrogas, marzo de 2009. Consultado el 5 de noviembre de 2010. http://www .justice.gov/ndic/pubs32/32792/production.htm#Transportation.

"Who We Are and What We Do". Sitio web de Patrullas Fronterizas de Estados Unidos. Consultado el 12 de mayo de 2010. http://www.cbp.gov/xp/cgov/border_security/ border_patrol/who_we_are.xml.

Wilkinson, Tracy. "Mexican drug traffickers undermine elections". *The Los Angeles Times*,

14 de noviembre de 2011. Consultado el 9 de abril de 2012. http://articles.latimes.com/2011/nov/14/world/la-fg-mexico-michoacan-elections-20111114.

———. "Mexico Army Handling of Civilian Death Inquiries Questioned". *Los Angeles Times*, 5 de mayo de 2010. Consultado el 2 de septiembre de 2010. http://articles .latimes.com/2010/de mayo de/05/world/lafg-mexico-dead-civilians-20100505.

———. "Mexico Cartel Kills Four in Car Bombing". *Los Angeles Times*, 17 de julio de 2010. Consultado el 24 de agosto de 2010. http://articles.latimes.com/2010/jul/17/world/la-fg-mexico-car-bomb-20100717.

———. "Mexico Moves Quietly to Decriminalize Minor Drug Use". *Los Angeles Times*, 21 de junio de 2009. Consultado el 14 de septiembre de 2010. http://articles.latimes.com/2009/jun/21/world/fg-mexicodecriminalize21.

———. "Mexico Sees Inside Job in Prison Break". *Los Angeles Times*, 18 de mayo de 2009. Consultado el 16 de noviembre 2010. http://articles.latimes.com/2009/de mayo de/18/world/fg-mexico-prison18.

———. "Money laundering, tax evasion suck billions from Mexican economy," *The Los Angeles Times*, 30 de enero de 2012, Consultado el 10 de abril de 2012, http://latimes blogs.latimes.com/world_now/2012/01/money-laundering-tax-evasion-suck-billions-from-mexican-economy-study.html.

"Window on State Government—Demographics". Sitio web del Controlador de Cuentas Públicas de Texas. Consultado el 29 de marzo de 2010. http://www.window.state.tx .us/specialrpt/tif/population.html.

Zeta Online. "CAF asesina a military". http://www.zetatijuana.com/html/Edicion1803/Principal.html.